中国经济
不平衡与平衡转换研究
——多层次转换经济发展理论

吴庆军◎著

中国财经出版传媒集团

经济科学出版社

Economic Science Press

·北京·

图书在版编目（CIP）数据

中国经济不平衡与平衡转换研究：多层次转换经济
发展理论／吴庆军著 . -- 北京：经济科学出版社，
2024.11. --（序伦财经文库）. -- ISBN 978 - 7 - 5218
- 6063 - 4

Ⅰ . F124

中国国家版本馆 CIP 数据核字第 2024F3Q765 号

责任编辑：杜　鹏　胡真子
责任校对：王苗苗
责任印制：邱　天

中国经济不平衡与平衡转换研究
——多层次转换经济发展理论

ZHONGGUO JINGJI BUPINGHENG YU PINGHENG ZHUANHUAN YANJIU
——DUOCENGCI ZHUANHUAN JINGJI FAZHAN LILUN

吴庆军◎著

经济科学出版社出版、发行　新华书店经销
社址：北京市海淀区阜成路甲 28 号　邮编：100142
编辑部电话：010 - 88191441　发行部电话：010 - 88191522
网址：www. esp. com. cn
电子邮箱：esp_bj@ 163. com
天猫网店：经济科学出版社旗舰店
网址：http：//jjkxcbs. tmall. com
固安华明印业有限公司印装
710 × 1000　16 开　18 印张　320000 字
2024 年 11 月第 1 版　2024 年 11 月第 1 次印刷
ISBN 978 - 7 - 5218 - 6063 - 4　定价：118.00 元
（图书出现印装问题，本社负责调换。电话：010 - 88191545）
（版权所有　侵权必究　打击盗版　举报热线：010 - 88191661
QQ：2242791300　营销中心电话：010 - 88191537
电子邮箱：dbts@ esp. com. cn）

序　言

　　长期以来，经济学理论界对发展问题大致可分为均衡发展学派和非均衡发展学派。前一学派的典型代表是奥地利学派的均衡发展理论，这种传统的静态均衡的分析方法，早在 1927 年就遭到了保尔·罗森斯坦·罗丹的批判，因为在他看来，理解经济发展的关键问题不是静态传统的均衡理论，而是对非均衡增长过程的分析。但长期以来，均衡学派和非均衡学派的分析方法似乎是两条平行演化的轨迹，本书作者则试图打破上述两大学派之间的界限，提出了非均衡与均衡统一逻辑的新发展理论，即非均衡发展启动—统筹协调发展助推加速—高水平高质量综合平衡发展的多层次转换经济发展理论，简称多层次转换经济发展理论。通过应用这种新的研究范式，作者的理论探索突破了国际上某些流行观点的局限性。例如，具有巨大影响力的保尔·罗森斯坦·罗丹在《自然增长：非均衡增长过程分析》中主要研究了四个主题（隐蔽失业和就业不足、资金的外部经济性、社会资本、技术上的外部经济性），却明显缺乏对非均衡增长的阶段性特征进行研究和分析，而本书的研究恰恰弥补了这一不足，体现在作者分析了经济非均衡性对经济发展的阶段性功能，即发现经济非均衡性在经济不同发展阶段作用不同：经济发展初期时，经济发展非均衡性对经济发展有促进作用；经济发展中后期时，经济发展非均衡对经济发展具有阻碍作用，统筹协调发展对经济发展有促进作用。这种对经济非均衡发展阶段的分析，不仅可解释改革开放以来中国经济从非均衡发展走向统筹协调发展，最终走向高水平综合均衡发展的历史进程，同时也可以为世界上其他发展中国家实现经济腾飞和促进稳定发展提供理论借鉴。

中国社会科学院经济研究所研究员
中国社会科学院大学教授
中国《资本论》研究会副会长
清华大学政治经济学
研究中心学术委员会主席
王振中
2024 年 4 月 26 日

前　言

　　中国经济在过去几十年里取得了举世瞩目的伟大成就，但伴随着经济快速发展，不平衡、不充分的问题也日益凸显。这些问题不仅关系到经济的持续健康发展，也关系到社会的和谐稳定。因此，探索中国经济不平衡的产生原因，以及经济如何实现由不平衡向平衡进行转换，对于理论和实践都具有重要的意义。

　　中国经济的不平衡表现在多个层面，包括区域发展不平衡、城乡差距、产业结构失衡等。这些不平衡现象的存在，不仅制约了经济的进一步发展，也对社会的公平正义提出了挑战。本书试图从多层次转换的角度出发，构建一个理论框架，用以分析和解释中国经济不平衡的现状及其由不平衡向平衡的转换机制。

　　本书首先以马克思主义政治经济学的经济发展理论为基础，运用系统动力学、计量经济学、统计学、运筹学等量化方法，对理论进行学理化、系统化、模型化和实证化，并且结合中国特色社会主义的丰富实践，运用历史唯物主义和辩证唯物主义方法，进行理论提炼和抽象，最终融合升华形成了多层次转换经济发展理论。其次度量了中国经济发展不平衡的绝对水平和相对水平，综合测量中国经济发展不平衡程度，进而构造中国经济社会统筹协调发展综合指数。再次分析了经济不平衡对经济发展的作用，发现了经济不平衡性在经济不同发展阶段的作用不同：经济发展初期，不平衡性对经济发展有促进作用；经济发展中后期，不平衡对经济发展具有阻碍作用，统筹协调发展对经济发展有促进作用。最后对经济发展不平衡的原因进行剖析，提出解决中国经济发展不平衡的有效对策。

本节可能的创新包括：

（1）提出了不平衡与平衡发展统一逻辑解释的新经济发展理论，称为不平衡启动、协调推进、综合平衡的多层次转换经济发展理论，即多层次转换经济发展理论。

（2）构建新的概念和指标，主要有中国经济的小康达标率、中国经济的发达达标率、中国经济不平衡发展综合指数、中国经济社会统筹协调发展综合指数。

（3）得出新结论：改革开放以来中国经济发展水平绝对差距持续扩大，但相对差距不断缩小。

多层次转换经济发展理论的主要观点：

（1）不平衡在不同发展阶段利弊不同，对经济的影响程度也有差异。

（2）同一层级中，发展分为三个阶段：不平衡发展启动、统筹协调发展助推、综合平衡高水平发展。

（3）经济发展的不平衡性在经济发展初期对经济发展有促进作用，在经济发展中后期对经济发展具有阻碍作用；统筹协调发展在经济发展的中后期对经济发展有促进作用。

（4）发展又分为多层次，应积极创造条件并逐级适时推进升级，实现发展层级跃升需要借助国家宏观调控、科技创新和生产关系的及时调整。

（5）发展阶段选择的判断标准要有利于社会经济健康可持续发展和全体人民生活水平共同提高。

（6）先富帮后富的最终实现是先富者应该是通过勤劳手段致富和具有社会主义理想和情怀、道德高尚的人群。

（7）始终坚持公有制经济的主体地位是确保实现经济平衡发展的根本保障。

（8）建立国家帮扶基金是缩小贫富差距的必要手段。

（9）教育均衡化和普及化是实现经济平衡发展的重要途径。

在写作风格上，作者力求做到通俗易懂、深入浅出，尽量用简洁明了的语言来表达，以便读者能够更好地理解和吸收。本书的目标读者是政策制定者以及对中国经济感兴趣的学者和对中国经济关注的读者。作者希望通过此书，能够为读者提供一个全新的视角来观察和理解中国经济的不平衡现象，并为不平衡发展向平衡发展的过渡提供有效实现路径。

吴庆军

2024 年 4 月

目　　录

第一章

导　论

第一节　研究意义与研究价值

一、研究意义

中国特色社会主义发展存在不平衡，探索中国特色社会主义不平衡的原因以及不平衡如何向平衡进行转换是一个重大的理论和现实问题。中国特色社会主义进入新时代，社会的主要矛盾发生转变，发展的不平衡不充分成为社会广泛关注的重要问题。不平衡发展表现在许多领域，但首先表现在经济领域发展不平衡。党的十九大报告明确指出，2050 年全体人民共同富裕基本实现；党的二十大报告提出，到 2035 年全体人民共同富裕取得更为明显的实质性进展。这些目标实现与解决经济发展不平衡问题密切相关。如何找到不平衡性原因和克服经济发展的不平衡，至关重要。本书重点研究中国经济不平衡与平衡转换问题，提出了多层次转换经济发展理论，详细分析不平衡在经济不同发展阶段作用不同，剖析经济协调发展对经济的促进作用，综合测量中国经济发展不平衡程度，探寻我国经济发展不平衡的各种原因，提出化解中国经济发展不平衡性的有效对策。因此，本书所研究问题是新时代中国实现共同富裕需要解决的极为重要的理论问题和现实问题。

中国经济不平衡与平衡转换研究的理论意义在于探讨如何实现中国经济可持续、稳定、均衡的发展。这种研究有助于阐明经济发展的内部逻辑和机制以及政府应采取的政策措施来促进经济转型和升级，同时也可帮助理解和解释中国经济的发展路径和特点，以及为制定经济政策提供参考。此外，该研究还对推动全球经济增长和发展具有重要的启示作用。

中国经济不平衡与平衡转换研究的实践意义在于指导和促进中国经济的实际发展。这种研究可以帮助政府制定更加精准、有效的经济政策，以便解决当前经济存在的结构性问题和不平衡现象。

二、研究价值

（一）从理论经济学的学科发展动向角度看，本研究的学术价值

中国经济不平衡与平衡转换研究在理论经济学领域具有重要的学术价值。这一研究方向涉及政治经济学领域、宏观经济学、产业组织、劳动经济学、公共经济学等多个领域，对于经济学理论的发展和完善都有着积极的推动作用。

首先，中国经济不平衡与平衡转换研究可为当前中国经济学提供更为全面的研究途径。随着中国经济的迅速发展，经济结构、地区发展和社会阶层分化等问题日益突出，对于解决这些问题，需要深入探讨不同因素对经济结构和地区发展的影响，进而寻求实现经济平衡转换的途径和方法。这一研究涉及宏观经济政策、产业政策、城乡发展差距、收入分配等多个领域，对于政府制定政策、企业战略、社会公平等方面都有着重要的指导意义。

其次，中国经济不平衡与平衡转换研究可为政治经济学提供一个更加全面和深入的视角。政治经济学强调政治、社会和经济三者之间的相互关系，而中国经济不平衡与平衡转换研究所涉及的产业政策、资源配置、社会阶层分化等问题，都是政治、社会和经济之间相互交织的问题。因此，这一研究方向可以为政治经济学理论提供一个更加丰富和多元化的研究视野。

最后，长期以来，经济学理论界对发展问题大致分为平衡发展理论学派和不平衡发展理论学派。本书研究经济不平衡与平衡转换试图打破两大学派的界限，建立更广视域和视野的研究范式。

总之，中国经济不平衡与平衡转换研究对于经济学的理论方面都具有重要的学术价值。它可以为中国经济学提供一个更加完整和全面的视角，也可以拓展中国经济学理论的研究范式，促进中国经济学发展理论的完善。

（二）从对服务社会经济发展角度说明本研究的应用价值

首先，通过中国经济不平衡与平衡转换研究，可以深入探讨产业结构优化和转型升级的策略和路径。随着互联网技术和信息技术的发展，新一代服务业如智能制造、数字经济等迅速崛起，这些新兴服务业既是经济发展的主要动力，也是解决经济不平衡现象的重要途径。通过研究不同地区的经济发展现状及其影响因素，可以为政府制定服务业发展战略提供更加科学的依据。

其次，中国经济不平衡与平衡转换研究还可以为城乡发展差距和收入分配问题提供解决方案。服务业的发展对于城乡之间的差距缩小和收入分配均衡具有重要作用，但是在实践中，仍然存在着一些困难和挑战。通过研究中国经济不平衡与平衡转换的现象及其影响因素，可以为政府制定相关政策提供更加具体和有效的建议。

最后，中国经济不平衡与平衡转换研究可以为政治经济学提供一个更加实证和深入的研究案例。通过对中国经济不平衡与平衡转换现象的深入研究，可以进一步揭示政治、社会和经济之间的相互作用机制，为政治经济学理论的完善提供实证支持。

综上所述，中国经济不平衡与平衡转换研究对于服务社会经济发展具有重要的应用价值。它可以为政府制定产业政策、城乡发展战略、收入分配政策等提供科学的依据，促进服务社会经济的可持续发展。

第二节 框架结构与研究方法

一、框架结构

本书对中国经济平衡及不平衡进行理论分析和实证研究，找到经济平衡及不平衡的影响显著的直接原因和深层次的社会原因，研究其运行变化的规律，提出化解经济发展不平衡的有效对策。从系统分析视角，围绕上述研究对象，设计总体框架，如图 1 - 1 所示。

系统梳理和追踪国内外经济发展理论→提出多层次转换经济发展理

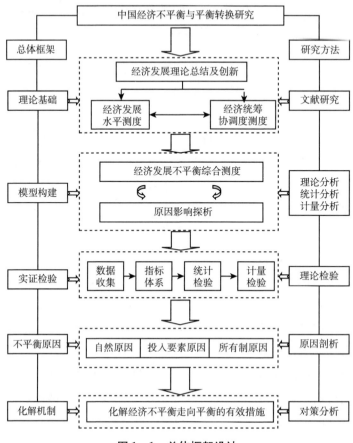

图1-1 总体框架设计

论→中国经济发展水平的绝对测度和相对测度→中国经济发展不平衡性的综合测度→中国经济统筹协调性对经济发展水平的影响进行测度→经济发展不平衡性原因分析→根据显著的影响原因，提出化解经济不平衡性的有效措施。

二、基本思路

（一）已有经济平衡和不平衡理论的文献综述和研究动态

（二）提出不平衡与平衡统一逻辑的多层次转换经济发展理论

（三）中国经济发展水平的绝对测度和相对测度

（四）中国经济发展不平衡性的综合测度

（五）中国经济发展综合不平衡性对经济发展影响分析

（六）中国经济社会发展统筹协调性的综合测度

（七）中国统筹协调发展对经济发展影响分析

（八）中国经济发展不平衡原因剖析

（九）提出中国化解经济不平衡性的有效措施

三、研究方法

本书在马克思主义的历史唯物主义和辩证唯物主义的指导下，综合使用马克思主义哲学、马克思主义政治经济学、系统动力学、发展经济学、产业经济学、计量经济学、统计学等进行理论分析和实证研究。具体采用如下方法。

（1）文献分析法：通过查阅文献，梳理国内外相关的研究成果汲取精华。

（2）经济学理论分析法：以马克思主义经济发展理论为指导，吸收系统动力学的合理成分，充分吸取其他众多理论精华，融合升华提出新经济发展理论。

（3）经济学实证分析法：综合指标体系评价方法、计量经济学的格兰杰因果检验方法、多元统计分析的回归分析、主成分分析和因子分析等方法得出具体的量化结论。

（4）定性分析和定量分析相结合方法：事物是由质的规定和量的规定综合构成，所以，若要获得事物全面认识，就应该将定性分析和定量分析相结合全面分析。马克思在当时年代运用了当时最先进的数学分析，《资本论》就是定性研究与定量研究相结合的典范。

（5）动态分析与静态分析进行结合分析。

（6）相对分析与绝对分析进行结合分析。

四、概念界定与辨析

（一）发展

发展的概念在哲学、经济学、社会学有不同理解。马克思主义则认为发展是旧的、落后的事物被新生的、进步事物所代替的过程，是进步的、上升的运动过程。《现代汉语词典》定义："发展是事物由小到大、由简单到复杂、由低级到高级的变化。"①

（二）发展观

发展观是对社会和经济发展总体的世界观，探究发展的本质和规律。

（三）社会发展

社会的量变发展，包括科学技术的发展、生产力的发展、人民生活水平的提高和精神生活的改善、社会风气进步、社会秩序好转、资源环境改善等。社会的质变发展指人类的社会社会形态不断由低级形态向高级形态演变。

（四）经济发展

经济发展不是单纯数量的扩张，而是数量、质量和效益的统一。《萨缪尔森辞典》定义，"经济发展是指一国由不发达状态变为发达状态，不仅包括经济增长，而且包括社会制度和经济结构的变化"②。

（五）平衡

《现代汉语词典》定义："平衡是对立的各方面在数量或质量上相等或相抵。"③

平衡体现在各个领域，如物理力学的平衡、化学物质结构中的平衡、财务管理中的收支平衡、医疗保健中的生理平衡、环境保护中的生态平衡、经济领域的平衡、哲学范畴的平衡等。哲学范畴的平衡概念，从特殊走向一般，分为形而上学的平衡以及辩证的平衡。平衡的概念从片面的、孤立的、静止的发展到全面的、联系的、运动的发展，就进入辩证唯物主义和历史唯物主义的哲学范畴。平衡又分静态平衡和动态平衡。

---

① 中国社会科学院语言研究所词典编辑室编：《现代汉语词典》（第6版），北京：商务印书馆，2014，第351页。

② 保罗·A. 萨缪尔森：《萨缪尔森辞典》，北京：京华出版社，2001，第483页。

③ 中国社会科学院语言研究所词典编辑室编：《现代汉语词典》（第6版），北京：商务印书馆，2014，第1000页。

1. 静态平衡

停滞的平衡是形而上学的，孤立、片面、静止的纠结状态。

2. 动态平衡

矛盾双方在斗争中处于一种势均力敌状态，是相对的平衡。

（六）综合平衡

综合平衡指矛盾双方的和谐状态，双方对立统一相对稳定；综合平衡要求事物的发展要保持各方面综合发展保持结构的平衡。

（七）不平衡

哲学范畴的不平衡是矛盾双方在斗争中处于一种力量悬殊状态，又可分为静态不平衡和动态不平衡。

（八）均衡

《萨缪尔森辞典》定义："经济中各种经济力量处在一种均衡静止、不在发生变化的状态就是均衡。"[①]

（九）非均衡

自然禀赋差异及社会资源不均而使经济区域空间存在差异。

（十）统筹兼顾

"统"就是统揽全局、宏观调控；"筹"就是指筹划、协调；统筹就是统一、全面地筹划；"兼顾"即照顾到方方面面，平衡各种关系。统筹兼顾就是从全局出发，协调各种利益关系，加强薄弱环节，实现整体发展。

（十一）协调

《现代汉语词典》定义："协调是使配合得当。"[②]

---

① 保罗·A. 萨缪尔森：《萨缪尔森辞典》，北京：京华出版社，2001，第 224 页。
② 中国社会科学院语言研究所词典编辑室编：《现代汉语词典》（第 6 版），北京：商务印书馆，2014，第 1440 页。

（十二）协调发展

协调发展指社会各方面、各领域之间相互适应、相互促进、共同推进的状态，强调各组成部分之间的和谐和协同关系。其实质就是非平衡发展中努力做到相对平衡，注重各个要素之间的联系、相互制约、相互影响的关系，强调发展布局、发展的整体性和系统性。系统论中，协调发展指相对独立的子系统在经历相互对立、相互制约的阶段后相互结合，相互转化，进而形成新的大系统。

（十三）马克思主义政治经济学的平衡概念与西方经济学的均衡概念的比较

西方经济学的"均衡"，英文为 Equilibrium，马歇尔最早在经济领域使用均衡的概念。《萨缪尔森辞典》解释："经济中各种对立的、变化的力量处于一种均衡静止和不再变化的状态，其价格和数量使得供应商和购买者达到愿望的一致。"①

在马克思主义政治经济学中，"平衡"的英文为 Balance，有三种含义：（1）各部门的实物量需要与供给相等；（2）各部门的价值量需求与供给相等；（3）各部门之间投资及各部门内部投资的比例要协调。

西方经济学的均衡仅是数量均衡，马克思政治经济学的平衡是数量与结构的共同平衡。

（十四）马克思主义政治经济学的不平衡发展理论与西方经济学的非均衡发展理论比较

马克思主义政治经济学的不平衡发展理论的理论基础是唯物主义辩证法和历史唯物主义，起源于马克思和恩格斯，由马克思主义者进行了空间化发展。

西方经济学的非均衡发展理论，包括冈纳·缪尔达尔的循环累积因果论、阿尔伯特·赫希曼的不平衡增长论、佩鲁的增长极理论、弗里德曼的中心—外围理论、区域经济梯度推移理论、威廉姆逊的倒"U"型理论。

---

① 保罗·A. 萨缪尔森：《萨缪尔森辞典》，北京：京华出版社，2001，第 224 页。

（十五）马克思主义政治经济学的平衡分析法与西方经济学的均衡分析法比较

在《资本论》中，马克思的社会资本再生产理论使用了平衡分析思想，揭示了社会再生产过程中的价值补偿和实物补偿。社会资本再生产要求，部门Ⅰ和部门Ⅱ直接的供给和需求不仅实物平衡而且价值平衡，而且第Ⅰ、第Ⅱ部类以及部类内部各部门协调发展，即总量和结构都要保持平衡。

西方经济学的均衡分析，研究问题提炼出影响变量，假定变量不变，分析当因变量达到均衡时所需条件。均衡分析包括局部均衡分析和一般均衡分析。局部均衡分析，假设某些变量固定不变的前提条件下，考察单一市场的均衡条件，分析各种变量对单个市场的影响。[①] 一般均衡分析则考察整体系统达到均衡的条件。

西方经济学的均衡分析认为，供求双方自然会达到均衡，若政府干预会破坏均衡，故主张自由主义，放弃政府调控。马克思主义的平衡分析认为平衡的实现依赖于政府宏观调控。

第三节　创新之处与独到之处

一、创新之处

（一）提出了新的经济发展理论

现有发展理论分有两类，不平衡（不均衡）发展理论和平衡（均衡）发展理论，本书打破了两类理论的界限，提出了不平衡与平衡统一逻辑的新发展理论，即不平衡启动—协调助推—综合平衡的多层次转换经济发展理论，全称为：不平衡发展启动—统筹协调发展助推加速—高水平高质量综合平衡发展的多层次转换经济发展理论，简称为多层次转换经济发展理论，也称为 Uncovbamus 转换经济发展理论。此发展理论可解释改革开放以来中国经济从不平衡

---

① 保罗·A. 萨缪尔森：《萨缪尔森辞典》，北京：京华出版社，2001，第230页。

发展走向统筹协调发展，最终走向高水平综合均衡发展的历史进程，同时也为世界上其他发展中国家实现经济腾飞和促进稳定发展提供理论借鉴。

（二）构建了新的概念和指标

（1）经济发展水平国际坐标系下的相对测量：小康达标率；用小康达标率作为衡量中国经济发展是否达到全面小康的相对指标。

（2）经济发展水平国际坐标系下的相对测量：发达达标率；用发达达标率作为衡量中国经济发展水平追赶世界发达水平的指标。

（3）中国经济不平衡发展综合指数。

（4）中国经济社会统筹协调发展综合指数。

（三）作出了新的分析和预测

改革开放以来，中国经济发展水平绝对差距扩大，但相对差距在缩小。

二、独到之处

（一）在学术思想的独到之处

首先，本书为中国特色社会主义经济理论的发展提供了新的思路和途径。这种研究方法注重宏观政策、产业政策以及地区协调等多方面因素的综合考虑，强调制度创新和政策创新的重要性，符合中国特色社会主义市场经济的实践特点，为中国经济发展提供了更加有效的路径。

其次，在研究方法上，本书采用了较为系统化的研究方法和模型。该研究方法从产业结构优化、资源配置、环境保护等多个方面入手，充分考虑了政策导向和市场机制的相互作用，将宏观政策和微观机制相结合，较好地解决了传统理论所忽视的问题。

最后，在实证研究方面，本书始终紧扣中国的实际情况，通过大量的数据分析和实地调研，对中国经济不平衡与平衡转换现象进行了深入的剖析和探讨。这种实证研究方法可以为政策制定提供更加科学、精准的依据，同时也有利于推动理论创新。

综上所述，本书在学术思想方面具有其独到之处，既符合中国特色社会主义市场经济的实践特点，又采用了较为系统化的研究方法和模型，在实证研究方面也作出了贡献。这些独特的特点使得本书的研究成果在国内外同类著作中占据了重要位置。

（二）在内容范围的独到之处

首先，本书的研究涉及中国经济发展中的重要问题，如产业结构升级、资源配置优化、城乡发展差距、收入分配不平等。这些问题针对的是中国经济发展的特殊背景和社会现实，与国内外同类著作相比更加贴近中国的实际情况。

其次，本书还涉及中国政府在制定宏观调控政策和地方政府在推进产业政策的过程中所面临的挑战，如政策协调难度、利益分配问题等。这种基于政治经济学的考虑，使得该研究关注点更加广泛，内容更加全面。

最后，在研究方法上，本书采用了多种研究方法，如理论分析、案例研究、定量分析等，兼顾了宏观和微观的视角。此外，本书也积极借鉴国外相关研究成果，与国内外同类著作相比具有较强的开放性和包容性。

综上所述，本书在内容范围上的独到之处在于关注中国经济发展中的重要问题、考虑政治经济学因素、采用多种研究方法等。这些特点使得本书的研究成果在国内外同类著作中占据了重要位置，并提供了对于中国经济发展的有益启示。

（三）在结构体系的独到之处

首先，本书在结构体系上作出了较为系统和完整的理论和实证分析。本书从宏观政策、产业政策、地区发展差异等多个方面入手，建立了一套完整的理论框架，同时通过大量的实证分析，从多个角度全面评估了中国经济不平衡与平衡转换现象的影响因素和作用机制。这种以理论框架为基础、以实证分析为支撑的方法，使得研究具有一定的科学性和可操作性。

其次，本书在结构体系上注重跨学科交叉和理论创新。本书既借鉴了国外的相关研究成果，又融合了中国特色社会主义市场经济的理论和实践，将经济学、政治学、社会学等多个学科的视角融为一体，进行了跨学科交叉和理论创新。这种综合性的研究方法和思路，使得研究的结构体系具有较强的适应性和可持续性。

最后，在研究内容上，本书注重政策建议和实践操作。本书针对中国经济发展的特殊背景和社会现实，提出了一系列有针对性的政策建议和实践操作，既具有一定的可行性，又能够有效地促进中国经济的可持续发展。这种将学术研究与实践操作相结合的方法，使得研究在实践中具有较高的指导意义和实用价值。

综上所述，本书在结构体系上的独到之处在于建立了较为系统和完整的理论和实证分析、注重跨学科交叉和理论创新、提出了有针对性的政策建议和实践操作等。这些特点使得本书的研究成果在国内外同类著作中占据了重要地位，并在相关领域产生了广泛的影响。

（四）在写作特点的独到之处

首先，本书在结构和逻辑上较为清晰和有条理。开头部分提出了对于中国经济不平衡与平衡转换现象的分析和评估，中间部分则详细剖析了影响因素和作用机制，最后部分则提出了政策建议和实践操作。这种清晰而有条理的结构框架，使得读者能够更好地理解文章内容和思路。

其次，在表述方式上，本书采用了简洁明了的语言风格。本书没有过多使用专业术语或者复杂的句式，而是尽可能用通俗易懂的语言来表达观点，使得文章更加容易阅读和理解。

最后，在实证分析方面，本书注重数据来源和分析方法的描述。本书对于数据来源和实证分析方法进行了详细的描述和说明，并且充分利用图表等方式来呈现分析结果，使得读者能够更加直观地理解研究成果。

综上所述，本书在写作特点上的独到之处在于文章结构和逻辑清晰、表述方式简洁明了、实证分析方法描述详细等。这些特点使得该研究成果既具有较高的学术性和科学性，又能够为读者提供更加直观和易懂的阅读体验。

本书打破了两类理论的界限，提出了不平衡与平衡统一逻辑的多层次转换经济发展理论，今后将进一步深入、拓展和完善。

第四节　读者对象和社会需求

一、主要读者对象

（1）各级政府决策者。他们在实践中可以应用此理论，促进中国经济由不平衡向平衡发展，并助推在新发展理念下实现经济高质量发展，推动中国经济可持续健康发展。

（2）经济学、政治经济学等相关学科的研究者和教师。他们关注中国经济发展中的不平衡问题和转型过程，对于政策建议和理论研究都有指导意义。

（3）企业界人士和投资者。他们需要通过了解中国经济的结构和发展趋势，来作出正确的商业决策和投资决策。

（4）广大公众。他们对于中国经济发展的态势和趋势都非常关注，通过阅读本书可以更加全面地了解中国经济的现状和未来走向。

综上所述，本书的主要读者对象涵盖了多个方面，既包括政府官员、学术界研究者和教师，也包括企业界人士和广大公众。

二、社会需求

本书的出版，源于社会对于中国经济发展中存在的不平衡问题和转型升级的需求。具体来说，本书的出版满足了以下社会需求。

（1）理论指导。随着中国经济由高速增长阶段转向高质量发展阶段，经济结构调整和转型升级已经成为当前和未来一段时间内的重点任务之一。因此，需要有一部理论指导性较强的专著，提供针对性的政策建议和实践操作。

（2）科学评估。针对中国经济发展中存在的不平衡问题，需要有一部专著，通过科学、客观的方式对其进行评估和解析，帮助人们更好地认识和理解中国经济的现状和未来走向。

（3）知识传播。本书的出版，使得相关领域的学者、政策制定者、企业家、投资者和广大公众等都可以获得最新的研究成果和政策建议，从而推动知识的传播和应用。

（4）促进可持续发展。中国经济不平衡问题的解决和转型升级的促进是中国经济可持续发展的关键因素之一。本书的出版，有助于推动中国经济的可持续发展，提高中国经济的竞争力和创新能力。

综上所述，本书的出版应满足了社会对于相关知识和政策建议的需求，同时也有利于推动中国经济的可持续发展和共同富裕实现。

第二章

平衡发展理论和不平衡发展理论的文献综述

第一节　马克思主义发展观

马克思的平衡发展理论主要体现在《资本论》中，提出了两大生产部类应该按照比例平衡发展。要使社会资本再生产顺利进行，必须使生产生产资料部门以及生产生活资料部门的供给和需求保持实物量和价值量的平衡，第Ⅰ、第Ⅱ部类以及部类内部各部门协调发展，即总量和结构都要保持平衡。马克思揭示了社会资本再生产过程中各部门之间应该遵循的协调关系和平衡发展规律。重视协调发展对当前经济发展仍然具有重大意义，若生产持续发展应该按比例地平衡发展。

马克思的不平衡发展理论重点关注资本主义不平衡发展的阐释。在经济领域，马克思对资本主义生产、交换、消费、分配的不平衡进行详细论述。马克思认为，生产的相对过剩与消费的相对不足是资本主义的固有矛盾。马克思关注自由资本主义时代的不平衡发展问题，聚焦于劳动分工、收入分配、社会资源、意识形态的不平衡。马克思在《德意志意识形态》和《共产党宣言》等著作中认为，社会化大生产和私人生产资料占有之间的矛盾，致使不同阶级财富分配不平衡，最终导致资本主义的贫富两极分化。

马克思还分析了意识形态与社会的不平衡发展。马克思说，"意识有时似乎可以超过同时代的经验关系"①"关于艺术，大家知道，它的一定的繁盛

---

① 《马克思恩格斯选集》第一卷，中共中央马克思恩格斯列宁斯大林著作编译局译，北京：人民出版社，1995，第124页。

时期决不是同社会的一般发展成比例的，因而也绝不是同仿佛是社会组织的骨骼的物质基础的一般发展成比例的"①"物质生产的发展例如同艺术生产的不平衡关系"②。艺术、哲学、道德这些意识形态与社会存在有非对称、非同步不平衡发展。也就是说，社会生产力的飞速发展未必必然导致意识形态的同步飞速发展，而意识形态发展有时会超前社会生产力的发展。

马克思还关注到了各国走社会主义道路的不平衡性问题。从《给维·伊·查苏利奇的复信》中可以看出，马克思认为，"和控制着世界市场的西方生产同时存在，使俄国可以不通过走资本主义制度的卡夫丁峡谷而把资本主义制度一切肯定成果的成就用到公社中来"③。即：在特定条件下落后国家有可能走一条不同于发达资本主义国家的道路，跨越资本主义发展阶段，进入更高级的社会形态。社会形态跨越式发展体现了马克思对社会不平衡发展的看法。

马克思提出了生产资料生产优先增长的规律。马克思认为，在资本主义社会中，生产资料生产的优先增长是一种基本规律。这是因为在资本主义制度下，生产资料的增长对于实现资本积累和扩大资本主义经济体系至关重要。具体来说，资本家通过投资购买生产资料（如机器、设备、土地等），并利用工人的劳动，生产商品并获取利润。由于资本家的目的是追求利润最大化，因此他们会不断地投入更多的资本购买更多的生产资料，以提高生产效率和降低成本。这将导致生产资料的优先增长，而消费品的增长则可能受到限制，因为消费品的需求存在上限。因此，马克思认为资本主义经济中生产资料生产优先增长的规律是资本主义制度下必然发生的。

综上所述，马克思在不平衡和平衡发展方面的理论贡献表现为：再生产理论提出了经济平衡发展的产业部门平衡条件；地域分工理论解释了经济差异存在的原因；世界市场理论指出了资本主义全球扩张造成的经济不平等；跨越卡夫丁峡谷的构想体现了经济基础落后的国家利用不平衡发展思想走不同的道路来赶超资本主义国家。

---

① 《马克思恩格斯全集》第二卷，中共中央马克思恩格斯列宁斯大林著作编译局译，北京：人民出版社，1995，第28页。

② 《马克思恩格斯全集》第十二卷，中共中央马克思恩格斯列宁斯大林著作编译局译，北京：人民出版社，1962，第760页。

③ 《马克思恩格斯全集》第十九卷，中共中央马克思恩格斯列宁斯大林著作编译局译，北京：人民出版社，1963，第435－436页。

第二节　国外学者关于平衡（均衡）与不平衡（非均衡）的相关理论

一、西方经济学关于均衡论和非均衡论的理论

（一）西方经济学的均衡理论

西方经济学的均衡理论包括以下几个主要内容。

（1）市场均衡理论：市场均衡是指在没有外部干扰的情况下，市场上的供求关系达到平衡的状态。市场均衡理论认为，自由竞争的市场可以自动调节价格和数量，使供求达到平衡，优化资源分配。

（2）一般均衡理论：一般均衡理论是对市场均衡理论的扩展和深化。它认为，所有市场的均衡状态是相互联系的，一个市场的变化会影响其他市场的均衡状态。因此，需要考虑整个经济体系中所有市场的均衡状况，以获得最优的资源配置。以上理论构成了西方经济学中的均衡理论体系。这些理论强调市场机制的重要性，并试图通过分析市场行为和均衡状态来优化资源配置和实现社会福利最大化。

西方经济学的均衡理论实际上是一种分析市场上供求关系的方法，认为市场可以达到供需平衡状态，即价格和数量会自动调节以使得供给量和需求量相等。这些理论可追溯至亚当·斯密和杰雷米·边沁等早期经济学家，并在后来发展成为现代微观经济学的基石。其中，最著名的均衡理论包括供给与需求理论、一般均衡理论和纳什均衡等。

1776 年，亚当·斯密提出假设，认为市场机制能引导生产要素有效合理流动，而且使得经济保持均衡，后在西方经济学界广为流传。1871 年，洛桑学派的创始人瓦尔拉出版了《纯粹经济学要义》，提出一般均衡理论[1]，一般均衡被称作为瓦尔拉均衡。此理论认为，"只要市场完善、价格弹性充分，

---

① 朱传国：《区域经济发展——理论、策略、管理与创新》，北京：人民出版社，2007，第 77 页。

市场会自动出清，自动地实现充分就业，达到供求均衡"①。

法国的孔德和英国的斯宾塞都把均衡发展绝对化，认为资本主义是人类发展最高阶段，一切都达到了均衡，社会革命将会导致平衡的破坏，社会的退化。英国的斯宾塞认为，资本主义社会是最完善的，达到高度平衡，社会成员应各司其职，革命只会打破这种平衡，导致人类走向野蛮社会。

新古典学派创始人马歇尔在一般均衡论被提出 20 年后提出了局部均衡论，若只考虑单个市场、单个商品的价格与供求关系的变化，就使用局部均衡的方法。② 而研究商品、要素、行为之间的相互作用，使它们同时达到均衡，就用一般分析方法。③

西方经济学原理所说的均衡和非均衡，指的是商品、要素的市场价格决定，或者生产者与消费者效用的决定，及它们之间的相互关系；这些内容与区域经济学的均衡与非均衡问题不同。④ 区域经济学讨论的均衡与非均衡，主要讨论经济结构或者产业结构的均衡与非均衡，产业间是否均衡发展的问题，或者分析区域之间的经济发展是否均衡的问题，也就是说，一种是从产业结构角度谈论产业发展是否均衡的问题，另一种是从空间角度讨论地区间是否均衡的问题。⑤

区域经济结构的均衡理论主要有罗丹的大推动理论和纳克斯的平衡增长理论。

罗丹的大推动理论强调两点："一是对互补的工业部门同时投资，以便创造出互为需求的市场；二是对互补的产业部门同时投资，可以降低生产成本"。⑥ 纳克斯的平衡增长理论认为："必须同时对落后地区的各经济部门进行大量的投资，以便使得各行业间能相互支持。"⑦

---

① 董正平：《非均衡经济理论的演变及对我们的启示》，《首都师大学报（社会科学版）》2001年第 3 期，第 30 页。

②③ 朱传国：《区域经济发展——理论、策略、管理与创新》，北京：人民出版社，2007，第 77 页。

④⑤ 朱传国：《区域经济发展——理论、策略、管理与创新》，北京：人民出版社，2007，第 78 页。

⑥ 朱传国：《区域经济发展——理论、策略、管理与创新》，北京：人民出版社，2007，第 81 页。

⑦ 王琴梅：《分享改进论——转型期区域非均衡协调发展的机制研究》，北京：人民出版社，2007，第 70 页。

这两种理论的共同缺陷却是最初的巨额投资从何而来？另外，同时对各行业投资需要政府计划和规划协调，对于非社会主义国家的贫穷国家很难做到。

在西方，一些学者认为资本主义市场经济体系里一切都达到了均衡。西方经济学的经济均衡思想是"市场均衡论"，微观和宏观都是如此；"一般均衡理论"也是一种理想均衡状态，但西方经济学缺少实现机制理论。西方学者的"均衡论"，把均衡绝对化，表现为形而上学，认为事物的均衡是绝对化的、无条件的、永恒的，否认斗争、矛盾、飞跃和革命。以此为哲学基础，认为资本主义制度是世界上最完美的制度，此种制度下一切都达到了均衡，从而认为资本主义制度永恒，是人类追求的目标。这些"均衡论"均遭到了马克思主义学者的批判。

（二）西方经济学的非均衡理论——"非瓦尔拉均衡"理论

西方经济学的非均衡理论包括以下几个主要内容。

（1）博弈论。博弈论是研究决策者在相互关联的决策中如何制定最优策略的一种数学模型。它认为，市场参与者的行为受到其他参与者的行为影响，因此市场不断处于非均衡状态。

（2）不完全竞争理论。不完全竞争理论认为，现实市场并不总是自由竞争的。生产者和消费者之间可能存在垄断、寡头或者单一买家等非完全竞争的市场结构。这些市场结构可能导致价格歧视、产量限制等非均衡状态的出现。

（3）信息经济学。信息对市场的运作有着重要的影响。信息经济学试图分析信息不对称条件下的市场行为。例如，当某些市场参与者拥有更多或更准确的信息时，他们可以获得更大的利益，这可能导致市场失灵或者非均衡状态的出现。

（4）演化经济学。演化经济学认为，市场经济是一个不断演化的系统。市场参与者的行为和市场结构会随着时间的推移而变化。因此，市场不断处于非均衡状态，并通过演化和适应来实现自我调节。

这些非均衡理论试图说明市场经济的复杂性和动态性。它们认为，市场经济往往不是完全竞争、信息对称和稳定的，因此需要考虑市场失灵、资源分配效率低下等问题，并加强监管和政策引导。

西方经济学非均衡理论主要是指那些认为市场并不总是处于供求平衡状

态的经济理论。这些理论通常侧重于分析市场中的动态过程、不稳定因素以及信息不完全等问题，并探讨这些因素如何影响市场的运转和经济体的长期发展。其中，代表性理论包括奥地利学派的商业周期理论、新古典主义的临界分析理论、行为经济学的心理学模型等。"瓦尔拉均衡"在西方经济学界被长期公认，可是现实与假设差距较大，均衡难以达到，而非均衡却成为市场经济常态，20世纪30年代世界大萧条危机，让学者们知道瓦尔拉均衡是无法达到的假设目标。以此为背景形成了非均衡思想。非瓦尔拉均衡指不存在完善市场，不存在灵敏价格体系的均衡。[①]

第二次世界大战后，凯恩斯、帕廷金、莱荣·霍夫德、克劳威尔、格罗斯曼、巴罗、马林沃德等发展了"非瓦尔拉均衡"思想。西方非均衡发展主要理论如下。

1. 阿尔伯特·赫希曼的非均衡增长理论

赫希曼（Hirschman）1958年提出了非均衡增长理论，在《经济发展战略》一书中提出了"核心—边缘"演变模式，倡导把非均衡增长作为经济发展的最佳方式。赫希曼认为发展是不平衡的连锁演变过程。该理论分析了不发达国家实现工业化的特点，将经济看成连续的能动过程。经济增长并不同步，推动力使经济增长集中于出发点，出现增长极意味着区域增长不平等不可避免，是其前提条件。存在极化效应和涓滴效应，发展初期，极化效应主导，差异会扩大；长期看，涓滴效应将会缩小差异。从发达国家的历史看，增长也不平衡。不同增长率的产业部门，某部门的增长诱导其他部门增长。所以，经济由增长中心向别的部门进行传导。[②]

2. 冈纳·缪尔达尔的循环累积因果论

循环累积因果理论是由瑞典经济学家、诺贝尔奖获得者缪尔达尔（G. Myrdal）1957年在出版的《经济理论和不发达地区》一书中首次提出，认为"市场力的作用倾向于扩大地区间差别"，后经卡尔多、迪克逊和瑟尔沃尔等发展为模型。该理论提出，经济增长从条件好的地方开始，初始存在比较优势而超前发展，然而优势不断积累，又强化了地区间不平衡，产生两种效应：生产要素从落后区域向发达区域流动，使得地区差异扩大；生产要

① 厉以宁：《非均衡的中国经济》，北京：经济日报出版社，1994，第1页。
② 陈华：《区域经济增长理论与经济非均衡发展》，《中外企业家》2006年第3期，第92－93页。

素从发达区域向不发达区域流动，使区域间差异缩小。然而，市场机制使得前者效应大于后者效应，致使发达地区更发达，而落后地区更落后。缪尔达尔提出，应先发展条件好的区域，获得高投资效率和经济快速增长。

3. 弗朗索瓦·佩鲁的增长极理论

法国经济学家弗朗索瓦·佩鲁在《略论"增长极"概念》一书中提出该理论是一种无时间变量的不平衡增长理论，其理论依据是区域内部增长的不平衡性。他定义增长极，并认为部门的分工决定产业和经济联系。部门的增长以不同的强度出现，不同渠道向外扩散，产生不同的影响。他强调规模大、增长快、创新能力强、居支配地位的且能促进别部门发展的部门是主导性产业部门，强调产业间关联，获得推动效应。①

4. 普雷维什"中心—外围"理论和弗里德曼的"中心—边缘"理论

中心—外围理论由阿根廷经济学家普雷维什首先提出，他系统和完整地阐述了该理论，指出发达国家与落后国家间的中心—外围不平等体系及其发展模式。② 美国学者弗里德曼将"中心—外围"理论的概念引入区域经济学，提出"中心—边缘"理论。他认为"中心"和"边缘"的形成是技术进步及其成果在经济体系中发生和传播的不平衡性所导致的必然结果。③ 中心地区条件优越，效益高，支配地位，外围地区条件差，效益较低，被支配地位。

5. 费农的梯度转移理论

费农的梯度转移理论认为工业各部门都处于不同生命循环阶段，都将经历创新、发展与成熟以及衰退阶段。每个国家都处在经济发展梯度上，世界每出现一种新行业、新技术、新产品都会梯度转移。④

6. 库兹涅茨和威廉姆逊的倒"U"型理论

美国经济学家库兹涅茨提出假说，威廉姆逊受其影响，在《区域不平衡和国家发展过程》中验证倒"U"型理论，由假说转向到实证分析，从而提出了区域经济差异倒"U"型理论。⑤

① 弗朗索瓦·佩鲁：《新发展观》张宁、丰子义译，北京：华夏出版社，1987，第19-206页。
② 董国辉：《经济全球化与"中心—外围"理论》，《拉丁美研究》2003年第2期，第50-54页。
③ 贾宝军等：《中心—边缘模型CPM研究述评》，《陕西理工学院学报》2006年第1期，第4-7页。
④ 宫丹丹：《产业转移理论研究综述》，《北方经济》2013年第4期，第23页。
⑤ 高志刚：《区域经济差异理论述评及研究新进展》，《经济师》2002年第2期，第39页。

7. 熊彼特的创新理论

熊彼特的创新理论认为，创新是经济发展和增长的关键因素，而创新的过程主要由企业家推动。他将创新分为以下五个类型：（1）新产品的开发；（2）新生产工艺的采用；（3）新市场的开辟；（4）新供应来源的探索；（5）组织上的创新，例如管理和劳动力的组织方式。熊彼特强调了创造性破坏和不确定性对于创新的重要性，并指出创新可以带来垄断利润，从而激励企业家进行更多的创新活动。他还认为，创新并非线性过程，而是一个漫长、复杂的循环，需要持续的投资和实验来取得成功。熊彼特认为，创新就是要"建立一种新的生产函数"，就是要把一种从来没有的关于生产要素和生产条件的"新组合"引入生产体系，以实现对生产要素或生产条件的"新组合"。周期性的经济波动正是起因于创新过程的非连续性和非均衡性，不同的创新对经济发展产生不同的影响，由此形成时间各异的经济周期。熊彼特强调创新对资本主义的经济增长的重要作用，但是没有提及生产关系调整对经济增长的作用。[①]

各自非均衡发展理论角度不同、适用范围各异，对于各自理论的合理边界和适用条件，没有提及；忽视发展中经济差距过大会引起的社会矛盾的激化和经济停滞的后果。

二、国外学者关于平衡发展和不平衡发展的理论

卢森堡归纳了普遍存在的经济发展、政治发展和文化发展的不平衡问题。他认为，发达资本主义为更好实现资本积累，不惜代价去控制不发达国家，故产生了侵略性质的帝国主义。[②] 卢森堡认为，资本主义与不发达国家发展的不平衡为帝国主义提供了动力。

布哈林动态平衡论是苏联经济学家布哈林在 20 世纪 20 年代提出的一种计划经济理论，认为在社会主义条件下，通过国家的计划和指导，可以实现经济内部各个部门之间的动态平衡。该理论认为，国家可以通过对生产和消费进行大规模的调控，来满足人民日益增长的需求，并且加强不同部门之间

---

① 约瑟夫·熊彼特：《经济发展理论》，何畏、易家详译，北京：商务印书馆，2020。

② 刘鹏飞：《马克思主义不平衡发展理论与全球治理观重塑》，《福建师范大学学报》2019 年第 4 期，第 13 页。

的协调和合作。具体而言，布哈林认为，经济内部各个部门之间存在着相互依存的关系，因此需要采取积极的政策手段来促进它们之间的协作与平衡发展。他认为，通过国家的计划和调控，可以使得各个部门之间的生产和消费呈现出相对稳定的状态，从而实现经济内部的动态平衡。同时，这一理论也强调了国家在经济中的重要作用，认为只有通过国家的指导和干预，才能够实现社会主义经济的高效运转和持续发展。布哈林在《过渡时期经济学》中，以系统论为基础，提出了动态平衡论的思想，是平衡论的集大成者，提出了平衡运动论的三大范畴和两大概念。

布哈林的动态平衡论主要内容包括：（1）动态平衡。布哈林认为，社会主义国家的发展应该保持一个动态平衡状态。这个动态平衡状态包括两个方面：一是生产力和生产关系之间的平衡，即在生产力得到提高的同时，必须改革生产关系；二是工业和农业之间的平衡，即在工业化的过程中，需要注意农业现代化的发展。（2）工业优先战略。布哈林主张在工业发展方面优先发展重工业，以实现资本积累和国防建设的需要。他认为，只有通过大规模的重工业生产，才能形成强大的经济基础，并最终超越资本主义国家。（3）国家控制。布哈林认为，国家对经济的控制是社会主义经济的关键。他主张通过国家垄断来控制市场、价格和生产计划，以确保资源的有效配置和公共利益的实现。（4）政治稳定。布哈林认为，政治稳定是维护经济发展的基础。他主张通过加强党的领导和工人阶级的组织，来确保社会主义国家的政治稳定，并避免资本主义复辟。总的来说，布哈林的动态平衡论试图通过优先发展重工业、实行国家垄断控制等方式，实现经济的快速增长和现代化建设，以同时达到促进生产力和生产关系之间的平衡、工农业之间的平衡和政治稳定等多重目标。

萨米尔·阿明在《世界规模的积累》中提出不平等的国际专业化和国际资本流动。[1] 伊曼纽尔·沃勒斯坦在《现代世界体系》中提出世界体系不平衡发展的思想。[2] 他们认为，第二次世界大战后，发达资本主义国家从政治

---

[1] 萨米尔·阿明：《世界规模的积累》，杨明柱、杨光、李宝源译，北京：社会科学文献出版社，2008，第1页。

[2] 伊曼纽尔·沃勒斯坦：《现代世界体系》，郭方、刘新成、张文刚译，北京：高等教育出版社，1998，第1-460页。

殖民转向经济殖民，新帝国主义的剥削本质没有变。新帝国主义塑造了一个不平衡发展世界体系是第三世界国家不发达的重要原因。亨利·列斐伏尔认为，内部与外部的不平衡发展是资本主义的根本性灾难。①

20 世纪中期，西方学者把时间、空间这两维度相结合。以空间为基本概念，立足于资本主义批判，创立了空间生产、资本三级循环、地理不平衡发展等理论。法国列斐伏尔提出空间生产理论，从空间的角度极大地拓展了不平衡的研究，重视地理因素在不平衡发展的作用。大卫·哈维更重视地理因素的不平衡，重点关注地理空间层面不平衡发展问题。② 哈维的时空压缩，意味着通过消除空间的障碍，可以使全球资本流动加速。爱德华·W. 苏贾认为地理不平等发展是资本主义存在的支撑先决条件。③ 尼尔·史密斯用蹊跷板理论来说明现代资本主义如何借助不平衡空间牟取利润。④

第三节　国内学者关于不平衡与平衡的研究成果

（一）对经济领域平衡和不平衡理论的研究成果

孙冶方（1981）提出计划经济的主要内容是综合平衡。刘国光探讨社会生产两大部类的比例同社会产品、国民收入增长速度之间的数量关系。⑤ 他指出，社会主义扩大再生产的速度数量界限和动态变化，直接取决于投入生产过程中的人力要素和物力要素的数量及质量的变化情况⑥；积累同消费资料生产之间、消费同生产资料生产之间的交叉联系对社会主义经济计划的综

---

① 刘鹏飞：《马克思主义不平衡发展理论与全球治理观重塑》，《福建师范大学学报》2019 年第 4 期，第 14 页。

② 大卫·哈维：《正义、自然和差异地理学》，胡大平译，上海：上海人民出版社，2010，第 6 页。

③ 爱德华·W. 苏贾：《后现代地理学——重申批判社会理论中的空间》，王文斌译，北京：商务印书馆，2004，第 162 页。

④ Smith N, "Uneven Development Redux", New Political Economy, 2011, 16 (2), pp. 260 – 265.

⑤ 刘国光：《关于社会主义再生产比例和速度的数量关系的初步探讨》，《经济研究》1962 年第 5 期，第 17 页。

⑥ 刘国光：《决定扩大再生产速度的几个基本因素之间的数量关系》，《江汉学报》1962 年第 3 期，第 15 页。

合平衡很重要①；不平衡的发展战略为了保证高速增长，就要扩大投资规模，导致高积累率，首先保障工业尤其是重工业高速发展，而农业、轻工业、基础工业、第三产业发展较慢，就会造成产业结构的严重失调。② 卫兴华认为，经济发展会打破原有平衡，出现新的不平衡，出现不平衡后，就应该在高层次上建立新的平衡。③ 卫兴华（2018）认为新时代主要矛盾的不平衡主要指供给与需求的不平衡。④ 吴树青（1963）认为，工农、重和轻比例关系是国民经济最基本比例关系。程恩富（1993）提出社会主义发展新三阶段理论：具体判断社会主义社会所处的发展阶段是否发生变化时，生产关系比生产力更具有直接的意义。只有当生产力发展水平和发展质量导致生产关系发生质的变化，才能将社会发展定义为一个新的阶段。程恩富提出，经济增长潜力的提升，在低级层次上表现为各种社会经济资源得到更加充分和有效的利用，在高级层次上表现为在经济发展中不断地创造出新的生产力。⑤ 王振中指出，保持社会凝聚力的关键是矫正培养创新人才的高等资源配置失衡问题⑥；不平等的脆弱性突出表现为财产不平等和收入不平等的脆弱性，不平等的脆弱性还表现在教育、医疗、供水、卫生、安全等公共服务领域。⑦ 李成勋对发展战略规划有独特见解。⑧ 邱海平认为，资本主义经济绝不是始终处于失衡状态，也不是自动地始终处于静态平衡状态，而是处于一种平衡与非平衡的交替状态，不平衡是造成平衡的条件，平衡是通过不平衡来实现的。⑨ 钱伯海对国

---

① 刘国光：《论积累对消费资料的需求和消费资料的生产对积累的制约》，《中国经济问题》1962 年第 1 期，第 11－20 页。

② 刘国光：《中国社会主义经济的两大变动》，《中国社会科学院研究生院学报》1986 年第 6 期，第 12 页。

③ 卫兴华：《关于经济运行的平衡态和非平衡态问题》，《江西社会科学》1987 年第 12 期，第 28 页。

④ 卫兴华：《应准确解读我国新时代社会主要矛盾的科学内涵》，《马克思主义研究》2018 年第 9 期，第 7 页。

⑤ 程恩富：《科学发展与构建和谐的政治经济学观察》，《北京党史》2007 年第 5 期，第 40 页。

⑥ 王振中：《政治经济学研究：跨越"中等收入陷阱"——由中等收入国家迈向高收入国家》，北京：社会科学文献出版社，2013，第 8 页。

⑦ 王振中：《政治经济学研究：完善社会主义市场经济体制》，北京：社会科学文献出版社，2015，第 10 页。

⑧ 李成勋：《经济发展战略学》，北京：知识产权出版社，2009，第 93－180 页。

⑨ 邱海平：《马克思关于资本主义基本矛盾的理论及其意义》，《〈资本论〉与当代经济》1993 年第 12 期，第 48 页。

民经济平衡统计方法有综合研究，编制了国民经济平衡表。[①] 曾五一指出，社会总供需的平衡是保证国民经济顺畅的基本要求，但是，这并不意味着总供需能自动保持平衡。[②] 事实上，在现实经济生活中，由于各种原因，总供给和总需求之间常常会出现不平衡，而且这一失衡总是会引起国民经济诸多重要比例关系的失调，使经济产生周期性波动和震荡，给经济发展带来不利影响。

（二）区域经济不平衡的原因研究成果

代表性观点：（1）地域差异说（夏永祥，1994；魏后凯，1997），认为自然地理环境、区位差异导致地区发展不平衡。（2）政策倾斜说（覃成林，1998），认为国家对东部沿海地区实行的政策倾斜，是差异扩大的重要原因。（3）增长方式与增长机制说（蔡昉，2000；王小鲁、樊纲，2002），认为以投资为主要推动的经济增长方式中，区域间流动的生产要素造成各地经济增速的差异。（4）财政分权与转移支付说（陈工，2012）。（5）人口因素说（段平忠，2005）。（6）体制因素说，认为从计划经济向市场经济转轨时期，各地区体制转轨程度不同造成了地区发展差距拉大。一种观点为，各地区市场化进程造成了地区发展差距的拉大（彭杨，2009；宋志涛，2012）；另一种观点为，市场化进程加深有助于缩小地区收入差距（王小鲁、樊纲，2005）。

（三）区域经济不平衡性的测度趋势研究

代表性观点：林毅夫（1998）认为我国的区域经济发展差距不断扩大。杨伟民（1992）认为我国区域经济差距是在不断缩小。王圣云（2009）认为，"2000年以来中国地区差距在扩大，但趋势变得平缓"。陆大道（1999）、宋德勇（1998）认为，"中国区域经济差距1990年以前差距缩小，1990年是转折点，之后差距扩大，呈现正'U'型"[③]。徐建华（2005）认为，中国区域经济差距发展，呈现倒"U"型曲线。由此看出学者采用的标准不同，结论迥异。

---

① 钱伯海：《国民经济综合平衡统计学》，北京：中国财政经济出版社，1982，第19－79页。

② 曾五一：《总供需平衡统计研究理论、方法和实证分析》，北京：中国统计出版社，1994，第2页。

③ 宋德勇：《改革以来中国经济发展的地区差距状况》，《数量经济技术经济研究》1998年第3期，第55－56页。

第三章

多层次转换经济发展理论的构建

中国特色社会主义经济长期快速发展是人类经济史上奇迹，但目前经济理论还未能作出统一完整的逻辑解释。任何奇迹背后一定有道理，把这个道理讲清楚，就是一个理论创新。习近平总书记在哲学社会科学工作座谈会上指出："这是一个需要理论而且一定能够产生理论的时代，这是一个需要思想而且一定能够产生思想的时代。"如果能把这些成功的经验总结成新的发展理论，不仅有助于中国未来掌握机遇，克服挑战，也能帮助广大发展中国家借鉴中国的经验，实现现代化的强国梦想。

本书构造的多层次转换经济发展理论基于马克思主义政治经济学的经济发展理论，运用系统动力学、计量经济学、统计学加以实证，最终融合升华形成了不平衡启动—协调助推—综合平衡的多层次转换经济发展理论，全称为不平衡发展启动—统筹协调发展助推加速—高水平高质量综合平衡发展的多层次多阶段转换经济发展理论，简称多层次转换经济发展理论，英文为Uneven-coordinated-overall Balanced Multi-stage Conversion Development Theory，简称 The Theory of Uncovbams Conversion Economic Development 或者 Uncovbam-us 转换经济发展理论。

第一节　多层次转换经济发展理论的主要观点

一、不平衡在不同发展阶段的利弊不同，对经济的影响程度也有差异

不平衡不是孤立的存在，而应结合社会经济的发展联合考察。社会经济

发展是由不平衡到平衡的发展过程。经济基础落后的社会主义国家之所以会出现社会发展的不平衡，一方面是由于前期基础差和自然条件差异造成社会发展不均衡的历史延续，另一方面则是建立在较低生产力水平基础条件下的经济发展的必然结果。经济发展起点低，很多行业和部门残缺、自然经济占据主要成分。这些问题不可能短期解决，决定了落后国家建设社会主义不可避免地带有不平衡特征。因此，在发展初期，集中有限资源发展最具发展潜力的重点部门和有效配置资源非常重要。不平衡在事物发展不同阶段所起作用不同，在发展阶段初期往往起到正向的推动作用，此时不平衡发展有利于事物发展，而随着发展的推进，不平衡就逐渐演变成为发展的阻碍因素，然后协调就逐渐取代不平衡成为发展的主要推动力量。因此，首先要打破平衡，经过一定时期的不平衡发展后，再通过协调发展走向平衡发展，从而完成发展的全过程。虽然平衡发展是最优理想发展状态，但只有通过不平衡发展才能达到平衡发展的理想状态。也就是说，不平衡性对于发展初期有利而中后期有害。发展初期，不平衡性合乎发展要求，则会推动事物的发展；而发展中后期，不平衡性就越来越不符合事物发展要求，此时不平衡性就会演变为事物发展的阻碍因素。新旧事物的转换依赖原有平衡的打破与消失，事物发展实质是不平衡与平衡相互转化不断推高的过程。

二、同层次发展分三个阶段：不平衡启动、统筹协调助推发展、综合平衡发展

第一阶段，即不平衡发展启动阶段，主要侧重经济领域发展，先富带动后富，解决人民的温饱，追求小康生活。第二阶段，即统筹协调发展助推加速阶段，实现社会、政治、经济、文化、生态与精神等各个领域的协调可持续发展。协调与发展是互为推动的动态过程。协调和发展既是因果关系，又是对立统一的关系，协调既是发展手段也是发展目标。第三阶段，即高水平高质量综合平衡发展阶段，就是实现全体人民共同富裕和人民精神充裕的阶段，最终实现人与人、人与自然、人与社会的全面发展。

三、发展又分为多层次发展，应积极创造条件并逐级适时推进升级

当人类社会有重大创新时，就会产生创造新财富的条件。创新不断，财富也不断涌现。共同富裕根据社会的进步分为不同的层次和层级。不平衡发展启动—统筹协调发展助推加速—高水平综合平衡发展只是发展链条中的一个层次。完成低层级发展后，需要再次打破平衡，才能进入高层级发展，进而启动不平衡发展，然后经过协调发展到达更高层次平衡，类似弹簧一张一弛运动，又如海浪潮涨潮落波动，从而有节奏地实现更高层次更高水平的平衡发展，如此类推，实现螺旋式升级发展。每一层循环后进到高级层次循环，就是质的飞跃。更高层次的目标应该是大力发展生产力同时，逐渐减轻两极分化直至消灭两极分化，让全体人民共享发展成果，在实现共同富裕的同时培养良好社会风气和道德，培养全社会成员都具有高尚的人格和道德水准。

四、实现发展层级跃升需要国家宏观调控、实现生产关系升级以及科技创新

以经济文化落后为起点建立的社会主义国家，要完成从不平衡发展启动，到统筹协调发展助推加速，再到高水平高质量综合平衡发展的历史过程，至少要经历一百年时间，这个历史进程不能缩短，否则会犯拔苗助长的冒进错误。统筹协调发展阶段是长期和巨大的系统工程，需要持之以恒的努力。世界一般国家的发展通常有四种发展方向，即衰退、停滞、波动和高层次复合发展方向。要成为高层次复合发展型，主要依靠党的领导和国家政府的宏观规划，仅依靠市场的自发调解难以实现发展层级的跃迁。一个社会经济发展的极限会受到科学技术的系统容量制约和生产关系对生产力的制约。因此，从低层级向高层级跃迁，需要党制定长期发展规划蓝图，国家政府运用宏观调控手段调整不适宜于生产力的生产关系部分。生产关系调整不是单向的，而是辩证的。通过生产关系跃升，带动生产力的跃迁。同时，需要用科技创新的不平衡发展打破经济系统发展原有的容量限制，从而促进生产力的不断升级，一张一弛地迈向更高层级的生产力发展，如此螺旋式上升，进入更高

层级的发展状态，只有这样才有可能实现多层次转换，实现更高层次可持续发展。同时用科学技术创新突破原有系统容量限制，这样才可能跃进高层次以实现多层次的转换上升。

五、发展阶段选择的判断标准要有利于经济健康可持续发展和共同富裕

无论是不平衡发展启动阶段，还是统筹协调发展助推加速阶段，还是高水平高质量综合平衡发展阶段，总体目标是保证经济和社会可持续快速健康发展，同时防止收入差距拉大，实现又好又快的发展。也就是说，发展阶段的选择依赖于是否助推总体发展水平和质量提高。社会主义国家的收入和财富分配差距不应高于资本主义国家平均差距水平，社会主义国家的发展速度、效率和质量应该高于资本主义国家的平均水平。

六、实现共同富裕的根本措施是落实公有制经济主体、国有经济主导作用

社会主义国家应防止两极分化，这就要求按照宪法规定始终保存公有制主体地位不变和增强国家宏观调控力量来缩小贫富收入和财产差距，从而达到共同富裕的最终目的。必须不断增强国有企业的主导地位和公有制企业的主体地位，采取工人民主管理和监督等有效措施以调动公有制企业职工的主人翁精神，民主决策机制，完善企业负责人基层自主选拔机制和企业自主经营机制。应该想方设法调动一切积极因素，从而使得公有制企业的发展速度、效益和质量高于私有制企业的发展速度、效益和质量，逐步消除两极分化，逐步实现共同富裕，最终实现真正意义上的更高层次更高水平更高质量的综合平衡发展。

第二节　多层次转换经济发展理论的形成和推导

多层次转换经济发展理论（The Theory of Uncovbams Conversion Economic

Development），对理论进行学理化、系统化、模型化和实证化，并且结合中国特色社会主义的丰富实践，运用历史唯物主义和辩证唯物主义方法，使用抽象力进行理论提炼和升华形成。

一、多层次转换经济发展理论的一层次三阶段发展类比图

多层次转换经济发展理论中第一层级的三阶段如图 3-1 所示。

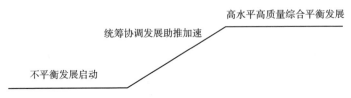

图 3-1　多层次转换经济发展理论的一层次三阶段发展类比

第一阶段：不平衡发展启动，类比飞机启动起飞。
第二阶段：统筹协调发展助推加速，类比飞机爬坡腾飞。
第三阶段：高水平高质量均衡综合发展，类比飞机高空翱翔。

运用抽象力将一层次三阶段发展类比图进行抽象，就得出一层次三阶段发展抽象图，如图 3-2 所示。

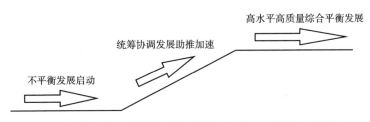

图 3-2　多层次转换经济发展理论的一层次三阶段发展抽象

二、多层次转换经济发展理论的一层次三阶段模型抽象曲线图

使用抽象力，对一层次三阶段发展抽象图进行曲线平滑处理，得图 3-3。

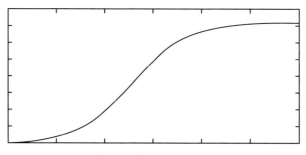

图3-3 多层次转换经济发展理论的一层次三阶段曲线

三、多层次转换经济发展理论的一层次三阶段实证曲线图

从已有历史数据出发，通过数据拟合，进而可得到曲线趋势图，从而部分验证一层次三阶段模型抽象曲线，见图3-4。

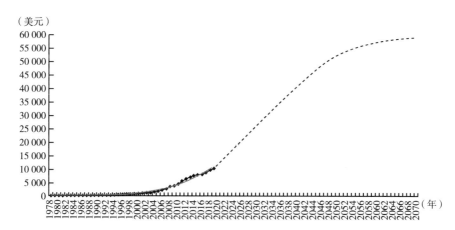

图3-4 Uncovbamus 经济发展理论的一层次三阶段曲线部分拟合

资料来源：世界银行数据库。

用改革开放以来中国人均 GDP 实际数据进行数据拟合，可以发现中国经济发展轨迹符合多层次转换经济发展理论的一层次三阶段曲线的前半部分。其中，1978~1992 年大致对应不平衡发展启动阶段，1992~2050 年大致对应统筹协调发展助推加速阶段，21 世纪中叶以后时期大致对应高水平高质量综合平衡发展阶段。

四、多层次转换经济发展理论的一层次三阶段理论曲线模型的数学推导

设 x(t) 表示系统的经济发展水平，t 表示时期长度，则增长速度为 $\dfrac{dx}{dt}$，相对增长速度为 $y = \dfrac{1}{x} \cdot \dfrac{dx}{dt}$。设 v 为最大相对增长速度，m 为环境资源的最大容量。按照历史一般规律，相对增长速度 y 是 x 的递减函数，则：

$$y = \frac{1}{x} \cdot \frac{dx}{dt} = v - \frac{v}{m}x$$

其中，v、m 是大于零的常数。

由此可以得到多层次转换经济发展理论的一层次三阶段曲线的微分方程：

$$\frac{dx}{dt} = vx\left(\frac{m-x}{m}\right)$$

积分后，解微分方程可得：

$$\int \frac{m}{x(m-x)} dx = \int v dt$$

$$\ln \frac{x}{m-x} = vt + c_1 - c_2 \Rightarrow x = \frac{m}{1 + e^{c_2 - c_1}e^{-vt}} = \frac{m}{1 + ce^{-vt}} \quad (c = e^{c_2 - c_1})$$

（多层次转换经济发展理论曲线形式）

对 x 和 $\dfrac{dx}{dt}$ 的公式求导，可进一步得出它们的函数图像：

对 $x = \dfrac{m}{1 + ce^{-vt}}$ 求导，其一阶导数为 $\dfrac{dx}{dt} = vx\left(\dfrac{m-x}{m}\right)$，令 $\dfrac{dx}{dt} = 0$，可得 $x_1 = 0$，$x_2 = m$。其二阶导数为 $\dfrac{d^2x}{dt^2} = v\dfrac{dx}{dt}\left(\dfrac{m-x}{m}\right) - vx\dfrac{1}{m}\dfrac{dx}{dt} = v^2x\left(1 - \dfrac{x}{m}\right)\left(1 - \dfrac{2x}{m}\right)$，令 $\dfrac{d^2x}{dt^2} = 0$，可得 $x_1 = 0$，$x_2 = m$，$x_3 = \dfrac{m}{2}$。

由此可以制表 3 - 1。

表 3 - 1　　　　　　　　uncovbamus 理论变量区间变化表

t	$(0, t^*)$	t^*	$(t^*, +\infty)$	$+\infty$
$\dfrac{dx}{dt}$	+	$\dfrac{vm}{4}$	+	$\rightarrow 0$
$\dfrac{d^2x}{dt^2}$	+	0	-	$\rightarrow 0$
x	凹↗	$\dfrac{m}{2}$（拐点）	凸↗	$\rightarrow m$

由此可以画出 uncovbamus 理论的一层次三阶段图像，见图 3 - 5。

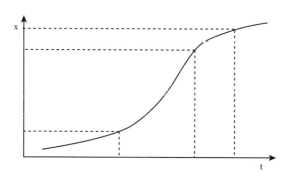

图 3 - 5　多层次转换经济发展理论的一层次三阶段曲线

五、一般经济系统演化的四种模式

通常一般经济系统经历三阶段发展后，可能有四种不同发展方向，如图 3 - 6 所示。

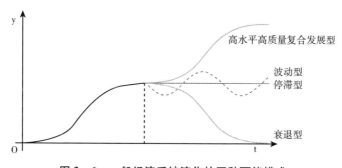

图 3 - 6　一般经济系统演化的四种可能模式

（1）经济衰退型：经济系统逐渐萎缩，经济陷入长期绝对衰退和倒退。

（2）经济停滞型：仅能维持原有水平，不能向更高水平发展，陷入中等收入陷阱和停滞。

（3）经济波动型：发展到峰值后，以原水平均值为中心循环波动，总水平不能升级。

（4）高层次高质量复合发展型：获得新活力，启动新发展，实现新的质的飞跃。

如何才能接续成为高层次高质量复合发展型，关键是发挥政府宏观规划和调控作用作出前瞻性的指导和科学的规划，及时判断时代发展变化的主要矛盾的转换和主要制约因素，及时调整时代发展战略，根据需要完成生产关系的适度转换升级，同时用科学技术创新不断突破原有容量限制，进而才可能产生新层次的跃进和进阶。

当完成第一层次的发展后，社会主义国家应该通过国家宏观调控力量，完成生产关系的适度转换升级以及借助科技创新再次打破平衡状态，通过再次不平衡发展启动、统筹协调发展助推加速，再次走向更高层次更高水平的新的综合平衡发展状态，从一个层次迈向更高层次，这样一张一弛，有节奏地推向更高层次更高水平发展。

六、多层次转换经济发展理论的多层次多阶段复合发展曲线

若各个阶段条件成熟时，国家宏观调控及时，生产关系调整恰当，科技创新不断突破，就可能实现多层次转换经济永续健康发展，如图 3-7 所示。

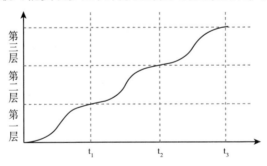

图 3-7 多层次转换经济发展理论的多层次多阶段复合发展理想曲线

多层次转换经济发展理论的多层次多阶段理论模型表达式如下：

$$\frac{dx_i(t_i)}{dt_i} = v_i(t_i)x_i(t_i)\left[1 - \frac{x_i(t_i)}{m_i(t_i)}\right](i = 1,2,\cdots,n)$$

其中，$\frac{dx_i(t_i)}{dt_i}$ 表示系统在第 i 个周期增长速度；$x_i(t_i)$ 表示系统经济发展水平；t_i 表示第 i 个周期长度；$v_i(t_i)$ 表示第 i 个周期最大相对增长速度；$m_i(t_i)$ 表示第 i 个周期下环境资源的最大容量。

第三节　多层次转换经济发展理论的总结

多层次转换经济发展理论，打破了不平衡（不均衡）发展理论和平衡（均衡）发展理论两种理论的界限，提出了不平衡与平衡统一逻辑的新发展理论，不平衡启动—协调助推—综合平衡的多层次转换经济发展理论，全称为不平衡发展启动—统筹协调发展助推加速—高水平高质量综合平衡发展的多层次多阶段转换经济发展理论，简称为多层次转换经济发展理论。多层次转换经济发展理论基于马克思主义政治经济学的经济发展理论，并对理论进行学理化、系统化、模型化和实证化，并运用系统动力学、计量经济学、统计学加以实证，并且结合中国特色社会主义的丰富实践，运用历史唯物主义和辩证唯物主义的方法，使用抽象力进行理论提炼和升华形成。

多层次转换经济发展理论认为，不平衡与平衡的矛盾运动推动经济向前发展。在发展阶段初期不平衡为启动动力，到了中期统筹协调作为发展动力，到了后期保持平衡就可以实现惯性发展。不平衡性在发展的不同阶段所起的作用方向是不同的，强度也在变化。同一层级的发展阶段初期，不平衡往往有利于事物发展，符合事物发展需要，而随着发展，不平衡对事物发展的促进作用在减弱，协调对事物发展的促进在增强；当发展到中间阶段，不平衡就逐渐成为发展的阻碍因素，协调成为发展的推动力；当发展到同一层级的后期，不平衡就完全成为发展的桎梏，最终在平衡状态下能保持高质量高水平的惯性发展，平衡发展的理想状态需要漫长的不平衡发展才能实现。

发展又分多个层级，从低层级跃迁到高层级，就要从不平衡启动打破原有平衡，经历不平衡发展、协调发展和平衡发展的过程，若再跃迁更高级，同样再需经历高级阶段的不平衡发展、高级阶段的协调发展和更高级别的平衡发展过程，即不平衡—协调—平衡—不平衡—协调—平衡……，如此转换升级，故称为多层次转换经济发展理论，全称为不平衡发展启动—统筹协调发展助推加速—高水平高质量综合平衡发展的多层次多阶段转换经济发展理论。

现存生产关系的制约和现有科学技术条件下发展的容量极限，使得这些条件在没有突破之前一般只能在同一层级发展。要想从低层级向高层级进行跃迁，需作出战略调整，促成生产关系及时调整和跃迁。

科学技术的原始创新突破原有环境系统的发展容量极限。只有实现生产关系质的跃升和科学技术的创新突破，才能最终实现从低层级发展向高层级发展的质的跃升。发展是永不停息的，但是良性发展又是分层次分阶段的，如同自然界有生命一般，在不平衡与平衡中的节奏转换中、循环往复、螺旋上升，不断推向更高层次更高水平的高质量发展。

第四章

中国经济发展水平的度量与预测

第一节　中国经济发展水平的绝对测量

目前通用的对经济发展水平的度量，大多以人均 GDP 作为常规指标。从中经网统计数据库和世界银行数据库收集改革开放以来的人均 GDP 数据如表 4 - 1 所示。

表 4 -1　　　　　　中国人均 GDP（1978 ~ 2022 年）

年份	中国人均 GDP（元）现价	人均 GDP（元）1978 年不变价	中国人均 GDP（美元）
1978	385	385	156
1979	423	409	184
1980	468	435	195
1981	497	452	197
1982	533	485	203
1983	588	530	225
1984	702	602	251
1985	866	674	294
1986	973	723	282
1987	1 123	795	252
1988	1 378	870	284
1989	1 536	893	311
1990	1 663	914	318

续表

年份	中国人均GDP（元）现价	人均GDP（元）1978年不变价	中国人均GDP（美元）
1991	1 912	986	333
1992	2 334	1 112	366
1993	3 027	1 252	377
1994	4 081	1 399	473
1995	5 091	1 536	610
1996	5 898	1 671	709
1997	6 481	1 806	782
1998	6 860	1 929	829
1999	7 229	2 059	873
2000	7 942	2 216	959
2001	8 717	2 384	1 053
2002	9 506	2 584	1 149
2003	10 666	2 826	1 289
2004	12 487	3 093	1 509
2005	14 368	3 425	1 753
2006	16 738	3 840	2 099
2007	20 494	4 363	2 694
2008	24 100	4 760	3 468
2009	26 180	5 181	3 832
2010	30 808	5 705	4 550
…	…	…	…
2019	70 078	10 253	10 144
2020	71 828	10 457	10 409
2021	81 370	11 330	12 618
2022	85 698	11 671	12 720

资料来源：世界银行数据库和中经网统计数据库。

现价计价的人均GDP包含了价格变动因素。按照世界各国的历史经验，绝大多数国家的绝大多数时期，基本上总体价格呈现上涨趋势。所以，绝对数计量人均GDP，应该采用基期不变的不变价格来衡量历年人均GDP更能反映真实情况。

根据前述数据绘制出人民币计价和美元计价标准的中国人均GDP（现价）

演变图，如图4-1所示。

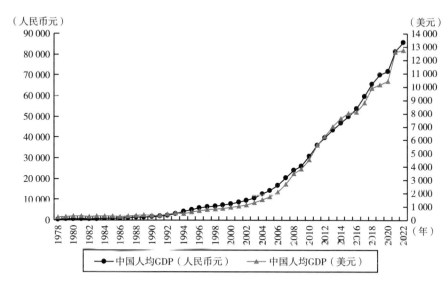

图 4-1　以人民币计价和美元计价的中国人均 GDP（现价）演变

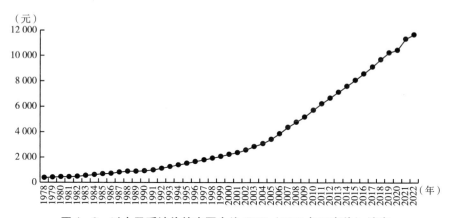

图 4-2　以人民币计价的中国人均 GDP（1978 年不变价）演变

改革开放以来，中国经济发展分为两大阶段，不平衡启动阶段（1978～1992 年）、统筹协调发展加速阶段（1992 年至今）。1992 年党的十四大确立中国经济体制改革目标是建立社会主义市场经济体制，如图4-1、图4-2所示，1992 年也是事实上中国经济发展阶段的分界点（拐点）。

第二节　中国经济发展水平的相对测量——小康达标率

采用不变价格的人均 GDP 虽然能反映现实中真实的情况，但是由于不变价不能赋予真实含义，所以，当年的实际直观意义不容易解释。由此可以看出，采用绝对值的人均 GDP 无论是不变价格还是现价都存在一定的缺陷。而如果采用相对测量，即用当年美元计价的人均 GDP 与世界标准相比较，则会消除这类缺陷。对经济发展水平作相对测量，本书在国际坐标系下，构造中国经济的小康达标率指标。

"小康"是我国古代思想家所描绘的社会理想，体现了百姓对殷实生活追求。小康原指民众所享有的介于温饱和富裕之间的相对殷实的生活状态。通常对小康的朴素理解一般是在温饱基础上的丰衣足食。1979 年，邓小平提出中国小康的发展目标，他说："20 世纪末人均国民生产总值达到 1000 美元，中国就建立了小康社会。"[1] 后来中央政策明确 20 世纪末中国达到总体小康，2021 年全面建成小康，总体小康标准较低，全面小康标准较高。党的十八大报告首次提出："到中国共产党成立 100 年时，即 2021 年中国全面建成小康社会。"[2] 党的十九大重申，到 2021 年中国全面建成小康社会。[3] 党的十六大报告从四个方面提出了全面小康社会的要求。党的十八大以来，习近平总书记的公开讲话与文章中，"两个一百年"出现超过 100 次。

全面建设小康社会和全面建成小康社会的重要衡量指标为人均 GDP。曾经提出人均 GDP 高于 3000 美元就建成全面小康，然而 2019 年中国的人均 GDP 已经超过 1 万美元，此时中国仍然没有宣布建成全面小康，到 2021 年习近平总书记在建党一百周年时才宣布全面建成小康社会，按年平均汇率折

---

[1]　中共中央文献研究室：《中共十一届三中全会以来大事记》，北京：人民出版社，1998，第 43 页。

[2]　胡锦涛：《坚定不移沿着中国特色社会主义道路前进为全面建成小康社会而奋斗——在中国共产党第十八次全国代表大会上的报告》，北京：人民出版社，第 22 页。

[3]　习近平：《决胜全面建成小康社会夺取新时代中国特色社会主义伟大胜利——在中国共产党第十九次全国代表大会上的报告》，北京：人民出版社，第 28 页。

算达 1.25 万美元。由此可以看出，用人均 GDP 的绝对值来作为衡量全面建成小康社会的标准存在缺陷。首先，这种缺陷表现为人均国内生产总值的绝对值受到通货膨胀和汇率波动的影响，不同历史时期的人均 GDP 的国际标准会发生变动。其次，中国全面建成小康社会的标准缺乏世界国际坐标系的参照，所以非常有必要在世界国际坐标系下，构建中国全面小康的国际标准——小康达标率。此指标可从相对测量的角度来度量中国每年人均 GDP 相对于当年世界平均水平的比重，从而测量中国经济发展相对于世界平均水平的相对位置和相对坐标。

另外，即便 2019 年中国人均 GDP 首次突破 1 万美元，取得伟大的成就，按照世界银行的标准，中国已经进入世界中等偏高收入国家行列，然而即便如此，中国仍然还没有达到世界人均平均水平。出现这种表面似乎奇怪的现象，这是因为世界各国的收入分布是极度不均衡，少数发达国家及高收入国家人均 GDP 非常高，而广大发展中国家的人均 GDP 非常低。这样就造成一种非常奇特的统计现象，就是 2019 年中国按照世界银行的标准已经进入中等偏高收入国家的行列，但是没有达到世界人均平均水平。为了验证人均 GDP 模型预测精度，本书用 1978~2018 年数据来预测 2020 年和 2021 年，然后再根据实际数据来验证模型预测的精度。建立计量经济学模型，经过统计检验和计量经济学检验后，发现按照模型趋势惯性发展，2021 年中国人均 GDP 与世界人均 GDP 几乎相等。2021 年，习近平总书记宣布我国全面建成小康社会。根据计量经济学模型 2021 年中国人均 GDP 与世界人均 GDP 几乎相等，同时世界银行数据库和国家统计局数据库后来的实际数据也从实践的角度验证了这个结果。因此，从国际参照系角度看，就可以把世界人均 GDP 看作中国全面建成小康社会的经济发展水平的国际标准值。由此，我们可以把人均 GDP 与世界人均 GDP 的比值定义为小康社会达标率，进而用小康社会达标率作为改革开放以来中国经济发展水平的重要国际参照的经济指标和度量经济发展水平的相对指标。

图 4-3 中实线及数据点是实际数据，虚线是模型的模拟拟合趋势线。从中国人均 GDP 趋势线与世界平均水平的趋势线相交的时间点可以看出，到 2021 年中国人均 GDP 就达到了世界平均水平。

经许多模型试验，找到中国人均 GDP 的计量自回归预测模型如下：

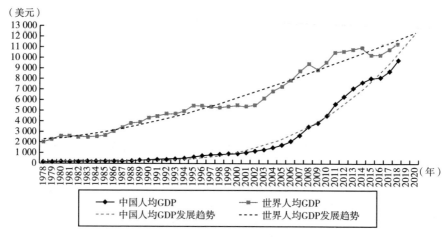

图4-3 中国人均GDP与世界人均GDP相交趋势

$$\text{ChinrenGDP} = C(1) + C(2) \times \text{YER}^3 + C(3) \times \text{YER}^2 + [\text{AR}(1) = C(4), \text{AR}(2) = C(5)]$$

其中，ChinrenGDP 为中国人均 GDP；YER 为年份；AR（k）意味着 k 阶自回归。

现使用 EViwes7.2 计量软件作 OLS 估计，得到参数估值系数如下：

ChinrenGDP =

$478.83 + 0.27 \times \text{YER}^3 - 5.32 \times \text{YER}^2 + [\text{AR}(1) = 1.4065, \text{AR}(2) = -0.664842]$

T = (2.27174)　(9.4696)　(-4.5892)　(10.182)　(-4.498)

SE = (210.777)　(0.0287)　(1.1594)　(0.1381)　(0.148)

P = (0.0295)　(0.0000)　(0.0001)　(0.0000)　(0.0001)

F = 3 725.721，　Prob(F-statistic) = 0.000000　Durbin-Watson stat = 2.049082

由检验结果可以看出，由于 F 值对应的显著性水平为 0.0000，说明整体方程通过显著性检验。各个自变量的统计量对应的 p 值分别为 0.000、0.0001、0.000、0.0001，非常低，因此认为每个自变量对因变量中国人均 GDP 影响是显著的。由于 Durbin-Watson stat 为 2.049082，接近 2，说明自回归方程消除了自相关性。

总之，无论整体方程还是单个自变量都显著地通过检验，说明这个模型拟合拟合效果非常好，可以放心用于变量预测。具体详细检验结果见表4-2。

表 4 - 2　　　　　　　　　中国人均 GDP 预测的计量检验

Dependent Variable：ChinrenGDP		Date：03/03/23		
Method：Least Squares		Sample（adjusted）：3 41		
Convergence achieved after 5 iterations		Included observations：39 after adjustments		
Variable	Coefficient	Std. Error	t - Statistic	Prob.
C	478. 832	210. 777	2. 2717	0. 0295
YER^3	0. 27238	0. 02876	9. 4696	0. 0000
YER^2	- 5. 32068	1. 15938	- 4. 5892	0. 0001
AR（1）	1. 4065	0. 13814	10. 182	0. 0000
AR（2）	- 0. 66484	0. 14781	- 4. 4980	0. 0001
R - squared	0. 9977	Mean dependent var		2 405. 08
Adjusted R - squared	0. 99746	S. D. dependent var		2 946. 21
S. E. of regression	148. 60	Akaike info criterion		12. 959
Sum squared resid	750 807. 3	Schwarz criterion		13. 173
Log likelihood	- 247. 713	Hannan - Quinn criter.		13. 036
F - statistic	3 725. 72	Durbin - Watson stat		2. 0491
Prob（F - statistic）	0. 00000			
Inverted AR Roots	0. 70 - 0. 41i	0. 70 + 0. 41i		

经许多模型试验，找到世界人均 GDP 的计量自回归预测模型如下：

WODrenGDP = C(1) + C(2) × YER + [AR(1) = C(3), AR(2) = C(4)]

其中，WODrenGDP 为世界人均 GDP；YER 为年份；AR（q）意味着 q 阶自回归。

我们使用 EViwes7. 2 软件进行最小二乘估计，得到参数的估值系数如下：

$$WODrenGDP = 322. 7 + 267. 1 \times YER + [AR(1) = 1. 10008, AR(2) = - 0. 2771]$$

$$T = (0. 4015) \quad (9. 3825) \quad (6. 7896) \quad (- 1. 7400)$$

$$SE = (803. 66) \quad (28. 467) \quad (0. 1620) \quad (0. 15923)$$

$$P = (0. 691) \quad (0. 0000) \quad (0. 0000) \quad (0. 0906)$$

F = 1 005. 9, Prob(F - statistic) = 0. 0000　Durbin - Watson stat = 1. 9349

由检验结果可以看出，由于 F 值对应的显著性水平为 0. 000，说明整体方程通过显著性检验。各个自变量的统计量对应的 p 值分别为 0. 000、0. 000、0. 0906，非常低，因此认为每个自变量对因变量世界人均 GDP 影响是显著的。由于 Durbin – Watson stat 为 1. 9349，接近 2，说明自回归方程消除了自相关性。

总之，无论整体方程还是单个自变量都显著地通过检验，说明这个模型拟合效果非常好，可以放心用于变量预测。具体检验结果见表 4 – 3。

表 4 – 3 世界人均 GDP 模型计量检验表

Dependent Variable：WORDrenGDP		Date：03/05/23		
Method：Least Squares		Sample（adjusted）：3 41		
Convergence achieved after 4 iterations		Included observations：39 after adjustments		
Variable	Coefficient	Std. Error	t – Statistic	Prob.
C	322. 698	803. 664	0. 40153	0. 6905
YER	267. 092	28. 4671	9. 38249	0. 0000
AR（1）	1. 10008	0. 16202	6. 78959	0. 0000
AR（2）	– 0. 27707	0. 15923	– 1. 74001	0. 0906
R – squared	0. 9885	Mean dependent var		6 299. 15
Adjusted R – squared	0. 9876	S. D. dependent var		2 925. 12
S. E. of regression	326. 35	Akaike info criterion		14. 5108
Sum squared resid	3 727 747	Schwarz criterion		14. 6814
Log likelihood	– 278. 96	Hannan – Quinn criter.		14. 572
F – statistic	1 005. 92	Durbin – Watson stat		1. 9349
Prob（F – statistic）	0. 0000			
Inverted AR Roots	0. 71	0. 39		

根据上述两个计量经济学自回归模型结果显示，2021 年中国人均 GDP 与世界人均 GDP 几乎相等。因此就可以从国际参照物角度看，把世界人均 GDP 看作中国小康社会的经济发展水平的国际标准值。因此把人均 GDP 与世界人均 GDP 的比值，称为中国经济小康达标率。进而用经济小康达标率作为改革开放以来中国经济发展水平的重要国际参照的经济指标。收集相关数据，按照要求计算中国经济小康达标率得到表 4 – 4。

表 4 – 4 中国小康社会达标率表（1978 ~ 2021 年）

年份	中国人均 GDP（美元）	世界人均 GDP（美元）	小康社会达标率（%）
1978	156	2 001	7. 8
1979	184	2 285	8. 0
1980	195	2 530	7. 7

年份	中国人均 GDP（美元）	世界人均 GDP（美元）	小康社会达标率（%）
1981	197	2 575	7.6
1982	203	2 506	8.1
1983	225	2 511	9.0
1984	251	2 561	9.8
1985	294	2 644	11.1
1986	282	3 070	9.2
1987	252	3 432	7.3
1988	284	3 773	7.5
1989	311	3 872	8.0
1990	318	4 280	7.4
1991	333	4 459	7.5
1992	366	4 662	7.8
1993	377	4 665	8.1
1994	473	4 936	9.6
1995	610	5 408	11.3
1996	709	5 449	13.0
1997	782	5 353	14.6
1998	829	5 268	15.7
1999	873	5 390	16.2
2000	959	5 492	17.5
2001	1 053	5 389	19.5
2002	1 149	5 526	20.8
2003	1 289	6 123	21.0
2004	1 509	6 811	22.1
2005	1 753	7 287	24.1
2006	2 099	7 802	26.9
2007	2 694	8 684	31.0
2008	3 468	9 414	36.8
2009	3 832	8 821	43.4

续表

年份	中国人均 GDP（美元）	世界人均 GDP（美元）	小康社会达标率（%）
2010	4 550	9 539	47.7
...	...	...	...
2019	10 144	11 338	89.5
2020	10 409	10 904	95.5
2021	12 618	12 316	100

资料来源：根据中经网统计数据库和世界银行数据库的数据整理和计算。

由以上数据可作图 4 - 4。

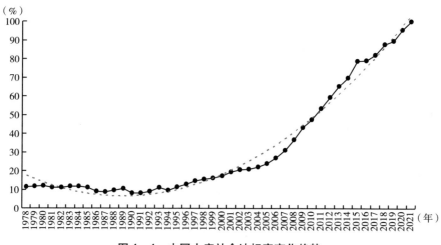

图 4 - 4　中国小康社会达标率变化趋势

2021 年习近平总书记在建党一百周年大会上正式宣布中国全面进入小康社会，事实上世界银行数据库和国家统计局数据确切证明 2021 年中国人均国民收入达到世界平均水平，2021 年中国人均 GDP 也达到世界平均水平，以此为依据就可以构造小康达标率，从而测量中国历年小康的实现程度。

第三节　中国经济发展水平的相对测量——发达达标率

为对经济发展水平相对测量，国际参照系下，本书构建了发达达标率指标。

　　党的十九大报告首次提出，"到本世纪中叶我国建成富强民主文明和谐美丽的社会主义现代化强国"[①]。而世界又分为发展中国家和发达国家。那么社会主义现代化强国和发达国家在发展水平是什么样的对应关系？21世纪中叶中国建成社会主义现代化强国时，人民生活水平是否能达到发达国家的水平？或者说，在国际参照系下，中国迈向社会主义现代化强国的进程中经济发展水平到达世界发达国家什么样的程度？中国国民人均收入到底需要多长时间才可能达到世界发达国家水平？这些是政府、学术界和老百姓普遍关心的问题。虽然党的二十大报告提出到2035年中国人均GDP达到中等发达国家，但是按照目前经济运行趋势，若汇率维持稳定，2035年中国人均GDP大约到达2万美元，而发达国家的门槛是3万美元。除非人民币汇率政策调整，保持长期持续升值趋势，或许能达到发达国家门槛。所以，目前学术界对中等发达国家的概念再持续讨论之中。

　　目前尚未有对发达国家的明确统一定义，联合国也没有建立出一套完善的系统来认证哪些国家或地区是属于发达国家或发展中国家。一些机构评估某个国家或地区是否发达，通常使用人均国民生产总值、工业化水准和科学技术水准等指标。一般认为，美国、日本、德国、英国、法国等G7国家是传统的发达国家。第二次世界大战后，世界经过70年的发展，一些新型国家也逐步进入发达国家行列，比如欧盟的大部分国家及韩国和新加坡等。而经济合作与发展组织（OECD），简称经合组织，是由世界上成熟的市场经济国家组成，平均发展水平可以近似作为世界发达国家的标准，拥有长期统计数据。因此，本书用OECD市场经济国家人均GDP平均值作为发达国家的标准值，用中国人均GDP与OECD人均GDP的比值，作为中国发达达标率的指标。此指标可以动态衡量中国的发达程度，比单纯用人均GDP的绝对值更具有优势。从世界银行数据库获得中国人均国民收入、OECD人均GDP，并对照G7人均GDP和欧盟人均GDP的数据制作表4-5。

---

　　① 习近平：《决胜全面建成小康社会夺取新时代中国特色社会主义伟大胜利——在中国共产党第十九次全国代表大会上的报告》，北京：人民出版社，第29页。

表 4 – 5　　　　　　　　　　中国发达达标率计算表

年份	中国人均GDP（美元）	欧盟人均GDP（美元）	OECD人均GDP（美元）	高收入国家人均GDP（美元）	中国发达达标率（%）
1978	156	6 018	7 067	7 543	2.21
1979	184	7 320	8 086	8 646	2.28
1980	195	8 320	8 899	9 571	2.19
1981	197	7 334	8 982	9 639	2.19
1982	203	7 039	8 774	9 479	2.32
1983	225	6 807	8 993	9 720	2.51
1984	251	6 521	9 334	10 068	2.69
1985	294	6 723	9 760	10 497	3.02
1986	282	9 194	11 738	12 657	2.40
1987	252	11 432	13 497	14 570	1.87
1988	284	12 712	15 104	16 296	1.88
1989	311	12 936	15 678	16 924	1.98
1990	318	15 989	17 513	18 876	1.82
1991	333	16 497	18 353	19 790	1.82
1992	366	17 919	19 559	21 162	1.87
1993	377	16 256	19 652	21 158	1.92
1994	473	17 194	20 825	22 513	2.27
1995	610	19 898	22 767	24 774	2.68
1996	709	20 295	22 791	24 821	3.11
1997	782	19 121	22 282	24 249	3.51
1998	829	19 764	22 372	24 190	3.70
1999	873	19 699	23 340	25 248	3.74
2000	959	18 262	23 664	25 599	4.05
2001	1 053	18 458	23 286	25 192	4.52
2002	1 149	20 055	24 120	26 078	4.76
2003	1 289	24 310	26 812	29 041	4.81
2004	1 509	27 960	29 628	32 102	5.09
2005	1 753	29 116	31 103	33 713	5.64
2006	2 099	30 961	32 578	35 339	6.44
2007	2 694	35 631	35 369	38 339	7.62

续表

年份	中国人均GDP（美元）	欧盟人均GDP（美元）	OECD人均GDP（美元）	高收入国家人均GDP（美元）	中国发达达标率（%）
2008	3 468	38 186	37 180	40 412	9.33
2009	3 832	34 019	34 563	37 625	11.09
2010	4 550	33 741	35 986	39 174	12.65
…	…	…	…	…	…
2019	10 144	35 080	39 583	44 726	25.63
2020	10 409	34 357	38 402	43 458	27.10
2021	12 618	38 721	42 731	48 535	29.53
2022	12 720	37 433	43 476	49 607	29.26

资料来源：中经网统计数据库的整理和再计算。

经过多模型试验，找到中国发达达标率的计量自回归预测模型如下：

CHINFADALU $= C(1) + C(2) \times YER + C(3) \times YER^2 + [AR(1) = C(4)$, $AR(2) = C(5)]$

其中，CHINFADALU 为中国发达达标率；YER 为年份；AR（m）意味着 m 阶自回归。

采用 1978～2018 年数据来预测 2020 年和 2021 年，然后再根据实际数据来验证模型预测的精度。

本书使用 EViwes7.2 计量软件作普通最小二乘估计，得到参数的估值系数如下：

CHINFADALU

$= 0.087 - 0.0096 \times YER + 0.000329 \times YER^2 + [AR(1) = 1.237, AR(2) = -0.382]$

T $= (2.56715)(-3.63514)(6.8104)$　(7.8085)　　(-2.5477)

SE $= (0.0339)(0.00265)$　$(4.83E-05)(0.1584)$　　(0.1497)

P $= (0.0148)(0.0009)$　　(0.0000)　(0.0000)　　(0.0155)

F $= 2 425.998$，　Prob（F - statistic）$= 0.00000$　Durbin - Watson stat $= 2.24659$

由检验结果可以看出，由于 F 值对应的显著性水平为 0.000，说明整体方程通过显著性检验。各个自变量的统计量对应的 p 值分别为 0.0009、0.000、0.000、0.0155，非常低，因此认为每个自变量对因变量中国经济发达达标率影响是显著的。由于 Durbin - Watson stat 为 2.24659，接近 2，说明自回归方程消除了自相关性。

总之，无论整体方程还是单个自变量都显著地通过检验，说明这个模型拟合拟合效果非常好，可以放心用于变量预测。具体检验结果见表4-6。

表4-6 中国发达达标率模型计量检验表

Dependent Variable：CHINAFADALU		Date：03/05/23		
Method：Least Squares		Sample（adjusted）：3 41		
Convergence achieved after 5 iterations		Included observations：39 after adjustments		
Variable	Coefficient	Std. Error	t - Statistic	Prob.
C	0.087	0.0339	2.567	0.0148
YEAR	-0.0096	0.00265	-3.635	0.0009
$YEAR^2$	0.00033	4.83E-05	6.810	0.0000
AR（1）	1.237	0.1584	7.8085	0.0000
AR（2）	-0.3814	0.1497	-2.5477	0.0155
R - squared	0.9965	Mean dependent var		0.0731
Adjusted R - squared	0.9961	S. D. dependent var		0.0711
S. E. of regression	0.004441	Akaike info criterion		-7.8766
Sum squared resid	0.00067	Schwarz criterion		-7.6633
Log likelihood	158.59	Hannan - Quinn criter.		-7.8001
F - statistic	2 425.99	Durbin - Watson stat		2.2466
Prob（F - statistic）	0.000000			
Inverted AR Roots	0.65	0.58		

上述计量经济学自回归模型结果显示，模型完全通过计量经济学检验和统计检验，完全可以拥有预测，由此作图4-5。

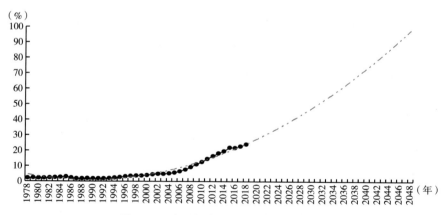

图4-5 中国经济发达达标率变化趋势

注：图中实点为历史实际经济数据，虚线为回归模型拟合趋势线。

　　图 4-5 显示，如果中美汇率不变，按照惯性发展，到 2049 年中国发达达标率达到 100%，意味着若中美汇率长期稳定不变的前提下，中国经济发展水平预计在 2049 年达到世界发达国家平均水平。再同时结合考虑党的十八大报告提到的 2049 年国家发展目标和党的十九大、党的二十大报告提到的 21 世纪中叶的国家发展目标。从国际参照坐标系看，可以得出结论：若中美汇率维持稳定，2049 年中国人民生活水平将达到世界发达国家的平均水平，21 世纪中叶中国将跻身世界发达国家行列。

第五章

中国经济发展不平衡程度的统计度量

经济发展不平衡程度的测度指标有多种。不平衡可分为绝对不平衡和相对不平衡。本书选用标准差度量绝对发展不平衡，用变异系数度量相对发展不平衡性。发展不平衡还可以分为静态发展不平衡和动态发展不平衡两种。静态发展不平衡是指一个国家内部各地区经济发展水平的差异性；而动态发展不平衡是指各地区经济增长速度的差异性。

标准差（Standard Deviation），也称均方差（Mean Square Error），是衡量数据偏离其平均数的统计指标，为离差平方和然后平均后的平方根，可用 σ 表示。标准差可作为不确定性的一种测量，能反映一个数据离散程度以及不平衡程度。其计算公式为：

$$\sigma = \sqrt{\frac{1}{N}\sum_{i=1}^{N}(x_i - \mu)^2}$$

变异系数是度量数据相对离散程度的统计量，可度量数据的相对不平衡性。当进行多个总体离散程度的比较时，若不同的总体平均数相同，则可直接用标准差来比较分散程度。如果不同总体的平均数不同，而应该用标准差与平均数比值来比较相对分散程度，这个比值就是变异系数，可用 C·V 表示。变异系数可以消除单位不同、规模不同的多个总体的变异程度比较的绝对影响。其计算公式为：

C·V =（标准差/平均值）×100%

第一节　经济发展不平衡的静态测度——地区发展水平差异度量

从中经网收集相关数据整理计算得到表 5 - 1。

表 5 - 1　中国人均 GDP 标准差、小康达标率标准差和发达达标率标准差

年份	全国人均 GDP 标准差（元）	中国小康达标率标准差（%）	中国发达达标率标准差（%）
1978	430	8.84	2.51
1979	443	8.55	2.42
1980	479	7.99	2.28
1981	485	7.58	2.18
1982	495	7.63	2.18
1983	521	8.05	2.25
1984	582	8.21	2.26
1985	681	8.87	2.41
1986	714	6.82	1.79
1987	786	5.19	1.32
1988	926	5.10	1.27
1989	982	5.18	1.28
1990	1 061	4.77	1.17
1991	1 226	4.83	1.17
1992	1 505	5.11	1.22
1993	1 987	5.36	1.27
1994	2 585	6.14	1.46
1995	3 195	7.15	1.70
1996	3 680	8.21	1.96
1997	4 225	9.63	2.31
1998	4 666	10.82	2.55
1999	5 122	11.62	2.68
2000	5 768	12.85	2.98

年份	全国人均 GDP 标准差（元）	中国小康达标率标准差（%）	中国发达达标率标准差（%）
2001	6 329	14.37	3.33
2002	7 089	15.70	3.60
2003	8 040	16.07	3.67
2004	9 485	17.04	3.92
2005	10 694	18.13	4.25
2006	11 936	19.41	4.65
2007	13 614	20.83	5.11
2008	14 595	22.47	5.69
2009	15 226	25.40	6.48
2010	16 846	26.12	6.93
…	…	…	…
2019	30 563	39.07	11.19
2020	30 831	40.99	11.64
2021	34 986	44.03	12.69
2022	35 502	41.60	12.14

资料来源：根据中经网统计数据库和世界银行数据库的数据整理和计算。

中国各省份人均 GDP 标准差、小康达标率标准差和发达达标率标准差可以作为中国经济发展水平的绝对不平衡的度量。

一、中国经济发展水平的绝对不平衡的度量

由图 5-1 所示的中国人均 GDP 的标准差可以看出，中国人均 GDP 的绝对不平衡，从 1978~1992 年是缓慢上升趋势，而 1992~2022 年，绝对不平衡性快速上升，上升的速率基本稳定。从图 5-1 可以明显看出 1992 年是中国经济发展的拐点。

收集数据计算中国小康达标率绝对不平衡性，用小康达标率的标准差来表示，作图 5-2。

由图 5-2 所示的中国小康达标率的波动标准差可以看出，中国小康达标率的绝对不平衡，以 1992 年为明显分界点，1987~1992 年基本稳定在较低的水平，1992~2021 年，中国经济小康达标率的绝对不平衡性快速上升，上

升的速率基本稳定。

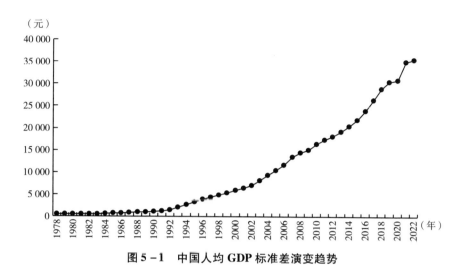

图 5-1　中国人均 GDP 标准差演变趋势

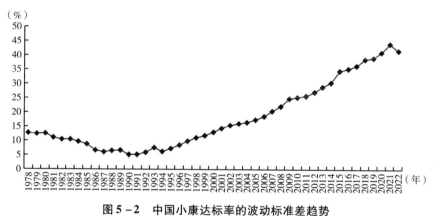

图 5-2　中国小康达标率的波动标准差趋势

由图 5-3 所示的中国发达达标率的波动标准差可以看出，中国发达达标率的绝对不平衡，以 1992 年为明显分界点，1987～1992 年中国发达达标率基本稳定在较低的水平，1992～2021 年，中国发达达标率绝对不平衡性快速上升，上升的速率基本稳定。中国发达达标率绝对不平衡走势与中国小康达标率绝对不平衡走势基本相似。

综上所述，改革开放以来，经济发展水平的绝对不平衡性，以 1992 年为重要标志分界点，1987～1992 年处于较低水平，1992～2021 年绝对不平衡持续扩大。

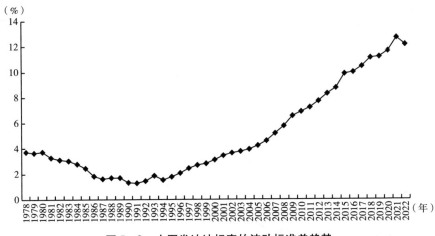

图 5 – 3　中国发达达标率的波动标准差趋势

二、中国经济发展水平的相对不平衡性的度量

中国经济发展水平相对不平衡性度量，主要度量中国人均 GDP 的相对不平衡、中国小康达标率的相对不平衡及中国发达达标率的相对不平衡，用各自的变异系数指标度量。变异系数等于标准差除以平均值，可以消除量纲和规模大小的影响。收集相关数据，制表 5 – 2。

表 5 – 2　　　　　中国人均 GDP 变异系数、小康达标率变异
系数和发达达标率变异系数

年份	人均 GDP 变异系数	中国小康达标率变异系数（%）	中国发达达标率变异系数（%）
1978	1. 12	113. 51	113. 51
1979	1. 05	106. 47	106. 47
1980	1. 02	103. 98	103. 98
1981	0. 98	99. 19	99. 19
1982	0. 93	94. 19	94. 19
1983	0. 89	89. 82	89. 82
1984	0. 83	83. 99	83. 99
1985	0. 79	79. 75	79. 75
1986	0. 73	74. 36	74. 36

年份	人均 GDP 变异系数	中国小康达标率变异系数（%）	中国发达达标率变异系数（%）
1987	0.70	70.80	70.80
1988	0.67	67.88	67.88
1989	0.64	64.53	64.53
1990	0.64	64.34	64.34
1991	0.64	64.71	64.71
1992	0.64	65.13	65.13
1993	0.66	66.36	66.36
1994	0.63	64.03	64.03
1995	0.63	63.45	63.45
1996	0.62	63.06	63.06
1997	0.65	65.93	65.93
1998	0.68	68.83	68.83
1999	0.71	71.74	71.74
2000	0.73	73.56	73.56
2001	0.73	73.55	73.55
2002	0.75	75.56	75.56
2003	0.75	76.36	76.36
2004	0.76	76.94	76.94
2005	0.74	75.34	75.34
2006	0.71	72.14	72.14
2007	0.66	67.14	67.14
2008	0.61	60.98	60.98
2009	0.58	58.47	58.47
2010	0.55	54.77	54.77
...	...	...	...
2019	0.44	43.67	43.67
2020	0.43	42.94	42.94
2021	0.43	44.03	44.03

资料来源：根据中经网统计数据库和世界银行数据库的数据整理和计算。

由以上数据绘制图 5 - 4。

由图 5 - 4 可知，中国人均 GDP 的相对不平衡性总体趋势是逐步下降，分为四个时期：1978～1991年迅速下降，1992～2002年缓慢上升，2003～2012年下降明显，2013～2022年缓慢下降。总体呈现下降趋势，说明中国经济的总体的和谐性和协调性在逐渐增强。

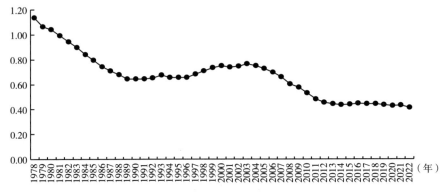

图5-4　中国人均GDP的变异系数演变趋势

由图5-5可知，中国经济小康达标率的相对不平衡性总体趋势是逐步下降，分为四个时期：1978～1991年迅速下降，1992～2003年缓慢上升，2004～2012年下降趋势明显，2013～2022年缓慢下降。总体相对不平衡性呈现下降趋势，说明中国经济的总体和谐性和协调性在逐渐增强。

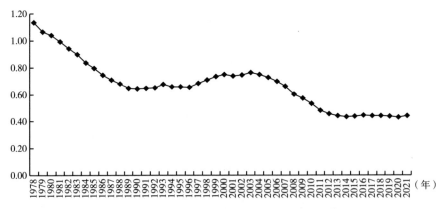

图5-5　中国小康达标率变异系数的演化趋势

由图5-6可知，中国经济发达达标率的相对不平衡性总体趋势是逐步下降，说明中国经济的总体的和谐性在逐渐增强。其分为四个时期：1978～1991年迅速下降，1992～2003年缓慢上升，2004～2012年下降趋势，2013～

2022 年缓慢下降。总体呈现下降趋势，中国经济发达达标率的相对不平衡性走势与中国经济小康达标率的相对不平衡性总体趋势类似。

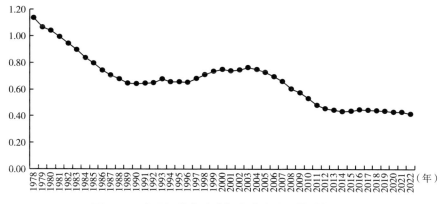

图 5 - 6　中国经济发达达标率波动的变异系数演化

综上所述，结合图 5 - 4、图 5 - 5 和图 5 - 6 以及三项衡量经济发展水平的相对不平衡性指标，可以得出，改革开放以来，中国经济发展水平的相对波动差距呈现先下降，再略微上升，再下降，总体呈现下降趋势的状态。

结合中国经济发展水平的绝对不平衡的三项指标的度量结果和中国经济发展水平的相对不平衡性的三项指标的度量结果，可以得出如下结论，中国发达达标率的不平衡性走势与中国小康达标率的不平衡性走势总体类似。

综合判断，改革开放以来，中国经济发展水平的绝对不平衡性在逐年扩大，但是相对不平衡性总体呈现下降趋势，相对不平衡性剔除了规模对其的影响，因而更能反映客观实际。综上所述，中国经济发展的和谐性和协调性在不断增强。

第二节　经济发展水平不平衡的动态测度——发展速度差异度量

从中经网收集中国 31 个省份（不包括港澳台地区）的人均 GDP 增长率数据计算其标准差和变异系数，制表 5 - 3。

表 5 - 3 　　　　　　中国人均 **GDP** 增长率表标准差及变异系数　　　　单位:%

年份	人均 GDP 增长率标准差	全国人均 GDP 增长率	人均 GDP 增长率变异系数
1978	5.81	10.18	56.95
1979	3.75	6.17	60.51
1980	5.32	6.49	81.87
1981	6.27	3.77	165.09
1982	4.65	7.42	62.80
1983	5.23	9.18	56.84
1984	3.91	13.69	28.55
1985	3.68	11.90	30.91
1986	3.77	7.34	51.68
1987	4.01	9.88	40.49
1988	4.09	9.45	43.54
1989	2.27	2.62	87.41
1990	2.47	2.41	103.08
1991	4.21	7.78	53.92
1992	6.41	12.83	50.07
1993	4.05	12.58	32.14
1994	3.39	11.77	28.73
1995	3.37	9.75	34.39
1996	2.84	8.78	32.31
1997	2.04	8.12	25.14
1998	1.27	6.82	18.62
1999	1.19	6.73	17.71
2000	1.53	7.64	20.11
2001	1.27	7.55	16.75
2002	1.44	8.40	17.16
2003	2.20	9.35	23.35
2004	2.04	9.46	21.45
2005	2.66	10.74	24.90
2006	1.85	12.09	15.28
2007	1.71	13.64	12.60
2008	2.86	9.09	31.46

续表

年份	人均 GDP 增长率标准差	全国人均 GDP 增长率	人均 GDP 增长率变异系数
2009	2.86	8.86	32.19
2010	2.74	10.10	27.13
…	…	…	…
2019	0.98	5.58	17.52
2020	1.69	2.00	84.37
2021	1.54	8.35	18.41
2022	1.54	3.00	51.22

资料来源：根据中经网统计数据库的数据整理和计算。

中国人均 GDP 增长率标准差可以作为中国人均 GDP 增长速度的绝对不平衡的度量。中国人均 GDP 增长率的变异系数可以作为中国人均 GDP 增长速度的相对不平衡的度量。

一、中国人均 GDP 增长速度的绝对不平衡性度量

由图 5－7 可知，1978～1999 年，中国经济发展动态绝对不平衡性较大，且波动较大；2000～2019 年，中国经济发展动态绝对不平衡性缩小，而且波动缩小；2020～2022 年，中国经济发展动态绝对不平衡性略有增大。总体来看，中国经济发展的动态绝对不平衡性在缩小，说明经济发展的协调性总体在增强。

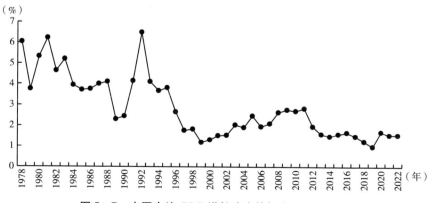

图 5－7　中国人均 GDP 增长速度的标准差演变趋势

二、中国人均 GDP 增长速度的相对不平衡度量

由图 5 - 8 可知，1978 ~ 1992 年，中国经济发展动态相对不平衡性较大，而且波动较大；1993 ~ 2019 年，中国经济发展动态相对不平衡性缩小，而且比较稳定；2020 ~ 2022 年，中国经济发展动态相对不平衡性有所增大。综合来看，中国经济发展动态相对不平衡性呈现总体缩小的趋势，说明中国经济发展的协调性呈现增强趋势。

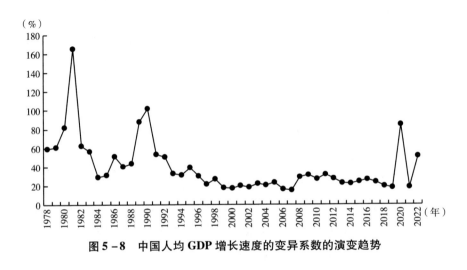

图 5 - 8　中国人均 GDP 增长速度的变异系数的演变趋势

第三节　中国各地区收入水平不平衡的测度

一个国家或地区经济发展的不平衡性度量，除了可以用人均 GDP 的不平衡性来衡量之外，还可以用地区间收入水平的不平衡性来度量。由于全国各省份农村可支配收入从 2003 年才开始有公开统计数据，所以用城镇居民人均可支配收入作为全国居民人均可支配收入的替代值。从中经网统计数据库收集相关数据，制表 5 - 4。

表 5－4　　　　　中国城镇居民人均可支配收入标准差及变异系数

年份	城镇居民人均可支配收入标准差	全国城镇居民人均可支配收入（元）	城镇居民人均可支配收入变异系数（%）
1978	63	343.4	18.39
1979	117	405.0	28.84
1980	110	477.6	23.03
1981	72	500.4	14.39
1982	77	535.3	14.39
1983	88	564.6	15.57
1984	99	652.1	15.17
1985	120	739.08	16.30
1986	130	900.9	14.47
1987	153	1 002.1	15.31
1988	198	1 180.2	16.77
1989	241	1 373.93	17.52
1990	269	1 510.16	17.82
1991	329	1 700.6	19.34
1992	421	2 026.6	20.75
1993	654	2 577.4	25.36
1994	931	3 496.2	26.63
1995	1 106	4 282.95	25.83
1996	1 243	4 838.9	25.70
1997	1 318	5 160.32	25.54
1998	1 399	5 418.2	25.79
1999	1 611	5 838.9	27.51
2000	1 770	6 255.66	28.29
2001	1 962	6 823.97	28.75
2002	1 980	7 652.36	25.88
2003	2 260	8 405.5	26.89
2004	2 549	9 334.84	27.30
2005	2 884	10 382.34	27.77
2006	3 241	11 619.68	27.89
2007	3 506	13 602.54	25.77

年份	城镇居民人均可支配收入标准差	全国城镇居民人均可支配收入（元）	城镇居民人均可支配收入变异系数（%）
2008	3 925	15 549. 38	25. 24
2009	4 256	16 900. 52	25. 18
2010	4 701	18 779. 07	25. 04
...	...	...	...
2019	10 592. 42	42 358. 8	25. 01
2020	10 948. 26	43 833. 76	24. 98
2021	11 913. 00	47 411. 9	25. 13
2022	12 236. 40	49 282. 94	24. 83

资料来源：中经网统计数据库。

由表 5-4 中国城镇居民人均可支配收入的原始数据计算其标准差，作为中国城镇居民人均可支配收入绝对不平衡性的测量值，绘制图 5-9。

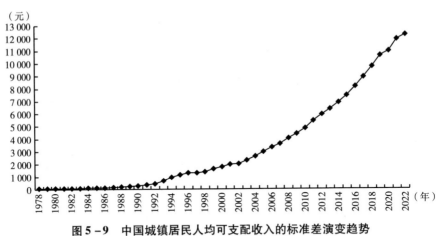

图 5-9　中国城镇居民人均可支配收入的标准差演变趋势

由图 5-9 可知，中国各地区城镇居民可支配收入水平的绝对不平衡，以 1992 年为分界点，1978～1992 年全国城镇可支配收入绝对不平衡缓慢增长，1993～2022 年全国城镇可支配收入绝对不平衡性显著快速增长，增长速率基本稳定。

由表 5-4 中国城镇居民人均可支配收入的原始数据计算其变异系数，作为中国城镇居民人均可支配收入相对不平衡性的测量值，绘制图 5-10。

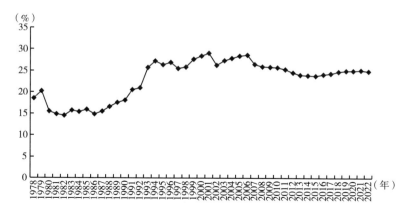

图 5 – 10　中国城镇居民人均可支配收入波变异系数的演变趋势

由图 5 – 10 可知，中国各地区城镇可支配收入水平相对不平衡，以 1992 年为分界点，1978 ~ 1992 年中国各地区城镇可支配收入的相对不平衡性呈现逐渐扩大态势，1992 ~ 2012 年中国各地区城镇可支配收入的相对不平衡性处于高位波动态势，2013 ~ 2022 年中国各地区城镇可支配收入的相对不平衡性基本稳定。

第四节　中国经济发展不平衡的综合测量

由于经济发展不平衡程度可分为绝对不平衡和相对不平衡。本书选用标准差度量绝对发展不平衡，用变异系数度量相对发展不平衡性。发展不平衡还可以分为静态发展不平衡和动态发展不平衡两种。静态发展不平衡是指经济发展水平的差异性；而动态发展不平衡是指经济增长速度的差异性。经济发展水平的绝对衡量一般用人均 GDP，国际坐标系下可以用小康达标率和发达达标率来相对衡量。根据前面的研究成果，小康达标率和发达达标率的不平衡趋势类似，可以相互替代。因此，我们选用人均 GDP 标准差、人均 GDP 变异系数、小康达标率标准差、小康达标率变异系数、人均可支配收入标准差、人均可支配收入变异系数、人均 GDP 增长率标准差、人均 GDP 增长率变异系数构成衡量中国经济不平衡性的指标体系，以此为基础形成使用多元统计分析的主成分分析，构造中国经济不平衡综合指数。

一、多指标的综合指标方法——主成分分析法简介

若多指标的体系形成综合指标，可以使用多元统计分析的主成分分析方法，对多维指标进行降维和浓缩。首先，对原始指标进行同方向化处理，如果出现逆方向指标，需要转方向。由于原始数据量纲不同，规模差异较大，所以接着对原始数据进行标准化处理，消除量纲不同和规模不同对分析结果的影响。其次，求解指标变量的特征方程的特征向量与特征根，计算每个变量的方差贡献率，由累计方差贡献率大小来确定主成分的个数，用方差贡献率作为权重来计算综合得分值。

对多指标矩阵 X 的原始数据进行主成分分析具体过程如下。

（一）对原始数据进行标准化处理

若有 n 其数据，p 个指标，指标向量为 X_1，X_2，$\cdots$，X_p，可得数据的原始矩阵 X：

$$x = \begin{bmatrix} x_{11} & \cdots & x_{1p} \\ \vdots & \ddots & \vdots \\ x_{n1} & \cdots & x_{np} \end{bmatrix} = (x_1, x_2, \cdots, x_p)$$

其中，$x_j = (x_{1j}, x_{2j}, \cdots, x_{nj})^r$，$j = 1, 2, \cdots, p$。

如果用协方差矩阵计算主成分，会容易受到量纲和规模水平的影响干扰，因此，采用 z-score 方法对原始数据指标进行标准化转换：

$$z_{ij} = \frac{x_{ij} - \bar{x}_j}{\sigma_j}$$

其中，$\bar{x}_j = \frac{1}{n} \sum_{i=1}^{n} x_{ij}$；$\delta_j = \sqrt{\frac{1}{n-1} \sum_{i=1}^{n} (x_{ij} - \bar{x}_j)^2}$。对原始数据进行标准化操作可以使得指标数据不再受到量纲和规模水平的影响。

（二）对原始数据进行标准后，计算相关系数的矩阵 R

$$R = (r_{ij})_{n \times n}$$

其中，$r_{ij} = \frac{1}{n} \sum_{s=1}^{n} Z_{si} Z_{sj}$。

（三）求解相关系数矩阵 R 的特征方程的特征根及特征向量

特征根是主成分影响程度的指标，表示该主成分平均解释多少原始变量信息。若特征根小于1，则主成分的解释力不如原始变量的平均解释力大。因此，通常使用特征根值作为取舍主成分的标准，也可以使用累计方差贡献率作为取舍主成分的标准，然后求解特征向量所对应的标准化的正交特征向量。

（四）计算方差贡献率 α_k

$$\alpha_k = \frac{\lambda_k}{\sum_{i=1}^{p} \lambda_i} , \quad k = 1, 2, \cdots, p$$

$$\alpha(k) = \frac{\sum_{i=1}^{k} \lambda_i}{\sum_{i=1}^{p} \lambda_i}$$

方差贡献率是 F_i 主成分方差占全部方差的比重。此值越大，说明主成分 F_i 的原始指标变量 x_1，x_2，$\cdots$，x_p 综合信息的能力越强。累计方差贡献率是所累计提取的 x_1，x_2，$\cdots$，x_p 的信息量。累计方差贡献率占据主要份额，则认为这几个主成分包含了全部测量指标的绝大多数信息。这样可以把众多指标信息浓缩到少数主成分信息上，从而减少指标变量的个数。

（五）确定主成分的个数

确定主成分数量的原则是用较少的主成分代表足够多的原始信息，实际上就是 k 与 α（k）之间进行比较，一方面要使得主成分数量 K 尽可能少，另一方面又要使主成分所包含的原始指标变量的信息 α（k）尽可能多。这取决于实际的需要。通常用前几个主成分的累计方差贡献率超过85%、90%或95%，或者将特征值的值大于1作为取舍主成分个数的标准。

（六）写出主成分，并求出各样本对应的主成分的值

原始指标变量 x_1，x_2，$\cdots$，x_p 的主成分可以表示为：

$F_i = \alpha_{1i}x_1 + \alpha_{2i}x_2 + \cdots + \alpha_{pi}x_p$，$i = 1, 2, \cdots, k$

把原始数据代入上式，可以得出主成分矩阵：

$$F = \begin{bmatrix} F_{11} & \cdots & F_{1k} \\ \vdots & \vdots & \vdots \\ F_{n1} & \cdots & F_{nk} \end{bmatrix}$$

（七）用主成分分析综合得分进行综合评价

评价对象的信息主要由主成分反馈，用主成分算出的对象的综合评价值，对对象进行比较。因为主成分之间一般互不相关，因此可以采取加权平均的办法来计算综合得分。以方差贡献率作为权重，$f = \sum^{k} \alpha_i F_i$，计算可得到对象主成分的综合评价值。

为剔除宏观外部变化对经济影响，后续分析数据采用 1978 ~ 2018 年的数据，以保证分析结果的稳健性。将从中经网统计数据库和世界银行数据库里获得的数据经过计算处理，可得到表 5 - 5。

表 5 - 5　　　　　　　　　　中国经济不平衡综合指标体系

年份	人均 GDP 标准差	人均 GDP 变异系数	小康达标率标准差（%）	小康达标率变异系数（%）	人均可支配收入标准差	人均可支配收入变异系数（%）	人均 GDP 增长率标准差（%）	人均 GDP 增长率变异系数（%）
1978	430	1.12	8.84	113.51	63	18.39	5.81	56.95
1979	443	1.05	8.55	106.47	117	28.84	3.75	60.51
1980	479	1.02	7.99	103.98	110	23.03	5.32	81.87
1981	485	0.98	7.58	99.19	72	14.39	6.27	165.09
1982	495	0.93	7.63	94.19	77	14.39	4.65	62.80
1983	521	0.89	8.05	89.82	88	15.57	5.23	56.84
1984	582	0.83	8.21	83.99	99	15.17	3.91	28.55
1985	681	0.79	8.87	79.75	120	16.30	3.68	30.91
1986	714	0.73	6.82	74.36	130	14.47	3.77	51.68
1987	786	0.70	5.19	70.80	153	15.31	4.01	40.49
1988	926	0.67	5.10	67.88	198	16.77	4.09	43.54
1989	982	0.64	5.18	64.53	241	17.52	2.27	87.41

续表

年份	人均GDP标准差	人均GDP变异系数	小康达标率标准差（%）	小康达标率变异系数（%）	人均可支配收入标准差	人均可支配收入变异系数（%）	人均GDP增长率标准差（%）	人均GDP增长率变异系数（%）
1990	1 061	0.64	4.77	64.34	269	17.82	2.47	103.08
1991	1 226	0.64	4.83	64.71	329	19.34	4.21	53.92
1992	1 505	0.64	5.11	65.13	421	20.75	6.41	50.07
1993	1 987	0.66	5.36	66.36	654	25.36	4.05	32.14
1994	2 585	0.63	6.14	64.03	931	26.63	3.39	28.73
1995	3 195	0.63	7.15	63.45	1 106	25.83	3.37	34.39
1996	3 680	0.62	8.21	63.06	1 243	25.70	2.84	32.31
1997	4 225	0.65	9.63	65.93	1 318	25.54	2.04	25.14
1998	4 666	0.68	10.82	68.83	1 399	25.79	1.27	18.62
1999	5 122	0.71	11.62	71.74	1 611	27.51	1.19	17.71
2000	5 768	0.73	12.85	73.56	1 770	28.29	1.53	20.11
2001	6 329	0.73	14.37	73.55	1 962	28.75	1.27	16.75
2002	7 089	0.75	15.70	75.56	1 980	25.88	1.44	17.16
2003	8 040	0.75	16.07	76.36	2 260	26.89	2.20	23.35
2004	9 485	0.76	17.04	76.94	2 549	27.30	2.04	21.45
2005	10 694	0.74	18.13	75.34	2 884	27.77	2.66	24.90
2006	11 936	0.71	19.41	72.14	3 241	27.89	1.85	15.28
2007	13 614	0.66	20.83	67.14	3 506	25.77	1.71	12.60
2008	14 595	0.61	22.47	60.98	3 925	25.24	2.86	31.46
2009	15 226	0.58	25.40	58.47	4 256	25.18	2.86	32.19
2010	16 846	0.55	26.12	54.77	4 701	25.04	2.74	27.13
…	…	…	…	…	…	…	…	…
2015	23 155	0.46	36.01	45.83	7 440	23.85	1.54	24.09
2016	25 489	0.47	37.14	47.15	8 126	24.17	1.97	31.83
2017	27 319	0.46	37.24	45.82	8 877	24.39	1.43	23.05
2018	28 889	0.45	38.28	44.32	9 723	24.77	1.17	19.20

资料来源：根据中经网统计数据库的数据处理及计算。

二、使用 SPSS20. 0 统计软件里的统计分析中的主成分功能计算

（一）原始数据是否可以进行主成分分析的 KMO 和 Bartlett 的检验

使用 SPSS20. 0 统计软件进行 KMO 检验和巴特利特球形检验，得到表 5 - 6。

表 7 - 2　　　　　　　　　　Bartlett 球形检验和 KMO 检验

Kaiser – Meyer – Olkin （KMO） 度量		0. 781
Bartlett 球形检验	卡方值	729. 74
	DF	28. 0
	Sig.	0. 0000

由表 5 - 6 可知，KMO 检验系数 = 0. 781 > 0. 5，巴特利特球形检验的 χ^2 计值的显著性概率 P 值为 0. 0000 < 0. 05 时，检验结果表明原始数据非常适合作主成分分析。

（二）原始数据标准化

本书用 SPSS20. 0 的统计软件对原始数据作标准化处理，以消除量纲和规模水平对分析结果的影响，计算结果如表 5 - 7 所示。

表 5 - 7　　　　　　　中国经济不平衡综合指标数据标准化表

ZRen-GDPSD	ZRen-GDPCV	Zxiao-kangsd	Zxiao-kangcv	Zrenin-comesd	Zrenin-comecv	Zrengd-pzensd	Zreng-dpzencv
- 0. 8972	2. 6099	- 0. 6282	2. 5802	- 0. 8747	- 0. 9661	1. 9516	0. 6211
- 0. 8957	2. 1870	- 0. 6552	2. 1680	- 0. 8552	1. 2843	0. 5483	0. 7446
- 0. 8916	2. 0057	- 0. 7075	2. 0223	- 0. 8577	0. 0331	1. 6178	1. 4852
- 0. 8909	1. 7640	- 0. 7458	1. 7418	- 0. 8714	- 1. 8275	2. 2650	4. 3709
- 0. 8898	1. 4619	- 0. 7411	1. 4491	- 0. 8696	- 1. 8275	1. 1614	0. 8240
- 0. 8869	1. 2202	- 0. 7019	1. 1932	- 0. 8657	- 1. 5734	1. 5565	0. 6173
- 0. 8799	0. 8577	- 0. 6870	0. 8519	- 0. 8617	- 1. 6595	0. 6573	- 0. 3637

ZRen-GDPSD	ZRen-GDPCV	Zxiao-kangsd	Zxiao-kangcv	Zrenin-comesd	Zrenin-comecv	Zrengd-pzensd	Zreng-dpzencv
− 0. 8687	0. 6160	− 0. 6254	0. 6036	− 0. 8541	− 1. 4162	0. 5006	− 0. 2818
− 0. 8650	0. 2535	− 0. 8167	0. 2880	− 0. 8505	− 1. 8103	0. 5619	0. 4384
− 0. 8568	0. 0722	− 0. 9689	0. 0796	− 0. 8423	− 1. 6294	0. 7254	0. 0504
− 0. 8409	− 0. 1091	− 0. 9773	− 0. 0914	− 0. 8261	− 1. 3150	0. 7799	0. 1561
− 0. 8346	− 0. 2903	− 0. 9698	− 0. 2875	− 0. 8106	− 1. 1535	− 0. 4599	1. 6773
− 0. 8256	− 0. 2903	− 1. 0081	− 0. 2986	− 0. 8005	− 1. 0888	− 0. 3237	2. 2207
− 0. 8069	− 0. 2903	− 1. 0025	− 0. 2770	− 0. 7789	− 0. 7615	0. 8617	0. 5161
− 0. 7753	− 0. 2903	− 0. 9764	− 0. 2524	− 0. 7458	− 0. 4579	2. 3603	0. 3826
− 0. 7207	− 0. 1695	− 0. 9530	− 0. 1804	− 0. 6619	0. 5349	0. 7527	− 0. 2392
− 0. 6529	− 0. 3507	− 0. 8802	− 0. 3168	− 0. 5622	0. 8084	0. 3031	− 0. 3574
− 0. 5837	− 0. 3507	− 0. 7859	− 0. 3507	− 0. 4992	0. 6361	0. 2894	− 0. 1612
− 0. 5288	− 0. 4112	− 0. 6870	− 0. 3736	− 0. 4499	0. 6081	− 0. 0716	− 0. 2333
− 0. 4670	− 0. 2299	− 0. 5544	− 0. 2055	− 0. 4229	0. 5737	− 0. 6166	− 0. 4819
− 0. 4170	− 0. 0486	− 0. 4433	− 0. 0357	− 0. 3938	0. 6275	− 1. 1411	− 0. 7080
− 0. 3653	0. 1326	− 0. 3686	0. 1346	− 0. 3175	0. 9979	− 1. 1956	− 0. 7396
− 0. 2921	0. 2535	− 0. 2538	0. 2412	− 0. 2602	1. 1659	− 0. 9640	− 0. 6563
− 0. 2285	0. 2535	− 0. 1119	0. 2406	− 0. 1911	1. 2650	− 1. 1411	− 0. 7728
− 0. 1423	0. 3743	0. 0123	0. 3583	− 0. 1847	0. 6469	− 1. 0253	− 0. 7586
− 0. 0345	0. 3743	0. 0468	0. 4051	− 0. 0839	0. 8644	− 0. 5076	− 0. 5440
0. 1293	0. 4347	0. 1373	0. 4391	0. 0202	0. 9527	− 0. 6166	− 0. 6099
0. 2663	0. 3139	0. 2391	0. 3454	0. 1407	1. 0539	− 0. 1942	− 0. 4902
0. 4071	0. 1326	0. 3586	0. 1581	0. 2692	1. 0798	− 0. 7460	− 0. 8238
0. 5973	− 0. 1695	0. 4912	− 0. 1347	0. 3646	0. 6232	− 0. 8414	− 0. 9167
0. 7085	− 0. 4716	0. 6443	− 0. 4954	0. 5154	0. 5091	− 0. 0580	− 0. 2628
...	...	...	. . .	...	...	...	...
1. 5426	− 1. 3175	1. 5657	− 1. 3601	1. 5845	0. 2205	− 1. 0117	− 0. 6074
1. 6788	− 1. 3779	1. 9083	− 1. 3824	1. 7806	0. 2097	− 0. 9572	− 0. 5183
1. 9434	− 1. 3175	2. 0138	− 1. 3051	2. 0276	0. 2787	− 0. 6643	− 0. 2499
2. 1509	− 1. 3779	2. 0231	− 1. 3830	2. 2979	0. 3260	− 1. 0321	− 0. 5544
2. 3288	− 1. 4383	2. 1202	− 1. 4708	2. 6024	0. 4079	− 1. 2092	− 0. 6879

（三）计算相关系数的矩阵 **R**

使用 SPSS20.0 统计软件可以对标准化数据计算相关系数矩阵，结果如表 5－8 所示。

表 5－8　　　　　　　　　　　　相关系数矩阵

	项目	Ren-GDPSD	Ren-GDPCV	xiao-kangsd	xiao-kangcv	renin-comesd	renin-comecv	rengd-pzensd	rengd-pzencv
相关	Ren-GDPSD	1	－0.731	0.989	－0.737	0.995	0.425	－0.624	－0.465
	Ren-GDPCV	－0.731	1	－0.649	1	－0.735	－0.299	0.624	0.48
	xiao-kangsd	0.989	－0.649	1	－0.657	0.982	0.401	－0.6	－0.446
	xiao-kangcv	－0.737	1	－0.657	1	－0.741	－0.297	0.625	0.478
	renin-comesd	0.995	－0.735	0.982	－0.741	1	0.409	－0.619	－0.451
	renin-comecv	0.425	－0.299	0.401	－0.297	0.409	1	－0.625	－0.601
	rengd-pzensd	－0.624	0.624	－0.6	0.625	－0.619	－0.625	1	0.641
	rengd-pzencv	－0.465	0.48	－0.446	0.478	－0.451	－0.601	0.641	1
Sig.单侧	Ren-GDPSD		0	0	0	0	0.003	0	0.001
	Ren-GDPCV	0		0	0	0	0.029	0	0.001
	xiao-kangsd	0	0		0	0	0.005	0	0.002
	xiao-kangcv	0	0	0		0	0.03	0	0.001
	renin-comesd	0	0	0	0		0.004	0	0.002
	renin-comecv	0.003	0.029	0.005	0.03	0.004		0	0
	rengd-pzensd	0	0	0	0	0	0		0
	rengd-pzencv	0.001	0.001	0.002	0.001	0.002	0	0	

（四）计算主成分的方差贡献率 α_k 和累计方差贡献率 $\alpha(k)$

使用 SPSS20.0 统计软件可以计算方差贡献率和累计方差贡献率，如表 5-9 所示。

表 5-9 　　　　　　　　　方差贡献率和累计方差贡献率

解释总方差						
主成分	初始的特征值			提取平方和后载入的主成分		
	总计	方差（%）	累计方差（%）	总计	方差（%）	累计方差（%）
1	5.426	67.821	67.821	5.426	67.821	67.821
2	1.179	14.736	82.556	1.179	14.736	82.556
3	0.737	9.212	91.768	0.737	9.212	91.768
4	0.368	4.596	96.364	0.368	4.596	96.364
5	0.279	3.482	99.846			
6	0.0100	0.1210	99.967			
7	0.0020	0.0310	99.99			
8	0.0000	0.0020	100.0			

提取的方法：主成分分析

（五）确定主成分的个数

由上述累计方差贡献率表可以看出，前四个主成分的累计贡献率为 96.364%，集中了原始指标数据绝大数信息，故此确定主成分个数为 4 个。

（六）计算出各主成分的值

使用 SPSS20.0 统计软件可以计算四个主成分的得分，并且以方差贡献率为权重计算综合得分，另外为了使得综合得分符合人们认知习惯，在综合得分的基础上进行必要处理得出中国经济发展不平衡综合指数，结果如表 5-10 所示。

表 5 – 10　　　主成分得分及中国经济发展不平衡综合指数得分表

年份	fac1	fac2	fac3	fac4	中国经济发展 不平衡综合指数
1978	– 1.69681	– 0.06174	2.27333	– 1.74339	96.94
1979	– 1.13415	– 1.57768	2.19774	1.08014	125.04
1980	– 1.47218	– 0.1239	1.96065	0.58614	119.08
1981	– 2.04381	2.6034	1.85999	2.67103	129.16
1982	– 1.35155	0.73131	0.57436	– 1.23872	118.71
1983	– 1.27128	0.71067	0.37957	– 1.42577	121.20
1984	– 0.91168	0.17669	– 0.39241	– 2.15301	127.26
1985	– 0.78167	0.13774	– 0.58486	– 1.68908	135.87
1986	– 0.8435	0.82238	– 1.0173	– 0.91087	141.35
1987	– 0.76162	0.63458	– 1.33207	– 1.25069	139.68
1988	– 0.68934	0.59046	– 1.41896	– 0.82669	145.08
1989	– 0.60998	0.91808	– 1.42942	2.00642	168.21
1990	– 0.69098	1.17415	– 1.29214	2.70004	170.95
1991	– 0.61884	0.54326	– 1.38176	0.10113	153.77
1992	– 0.78048	0.76391	– 1.06691	– 0.64519	145.53
1993	– 0.36431	– 0.5941	– 0.99141	0.10834	157.90
1994	– 0.1633	– 0.83339	– 1.09984	0.43898	168.53
1995	– 0.15994	– 0.59306	– 1.02901	0.54253	173.43
1996	– 0.05329	– 0.66194	– 1.06563	0.60422	179.59
1997	0.03584	– 0.94661	– 0.90092	0.43351	182.17
1998	0.12307	– 1.27265	– 0.71818	0.35503	184.61
1999	0.15284	– 1.54942	– 0.34219	0.53034	186.82
2000	0.13154	– 1.53604	– 0.00663	0.56324	188.81
2001	0.22876	– 1.64728	0.08772	0.53991	194.53
2002	0.14294	– 1.249	0.18077	– 0.06685	192.65
2003	0.09723	– 1.08166	0.48007	0.07142	195.41
2004	0.17671	– 1.14407	0.67294	0.04801	201.55
2005	0.2053	– 0.90734	0.80359	0.05772	208.22
2006	0.45473	– 1.09351	0.59836	– 0.0391	220.06
2007	0.59688	– 0.69838	0.26145	– 0.39662	230.78

续表

年份	fac1	fac2	fac3	fac4	中国经济发展 不平衡综合指数
2008	0.56416	0.1222	0.26524	0.03161	242.65
2009	0.68952	0.29758	0.27827	0.04678	253.93
2010	0.85295	0.36955	0.14364	-0.12596	264.04
2011	1.00066	0.64283	0.05698	-0.02355	277.76
2012	1.18601	0.67811	-0.04978	-0.04262	289.77
2013	1.38242	0.58425	-0.01055	-0.17571	301.46
2014	1.46606	0.74607	0.11663	-0.154	310.79
2015	1.57258	0.96006	0.38367	-0.16108	323.60
…	…	…	…	…	…
2018	1.96242	1.05912	0.91745	-0.24332	356.03

注：为剔除宏观外部变化对经济的影响，采用1978~2018年的数据进行分析，以确保分析结果的稳健性。

由表5-10经济不平衡综合指数得分表可绘制中国经济不平衡综合指数演变趋势，如图5-11所示。

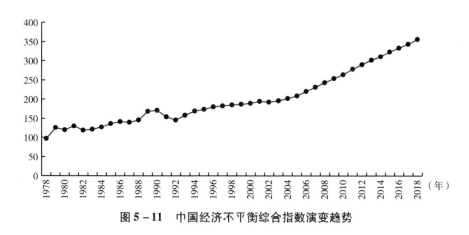

图5-11　中国经济不平衡综合指数演变趋势

由图5-11可以看出，改革开放以来，中国经济总体上不平衡性逐年扩大。再结合前面分析，综合判断，中国经济发展水平绝对不平衡性在逐年扩大，但是相对不平衡性总体呈现下降趋势，显示经济发展的和谐性在不断增强。

第六章

中国经济不平衡对经济发展水平的影响分析

基于前面构建的中国经济不平衡综合指数，本书分析中国经济不平衡性对中国经济发展水平的影响，即对中国人均 GDP、中国小康达标率、中国发达达标率的影响，验证经济不平衡性是否对经济发展有促进作用以及在什么时期有促进作用。本书使用计量经济学的格兰杰因果检验，来验证两者之间是否具有因果关系。格兰杰因果分析的基本原理如下。

格兰杰因果关系检验，用来检验两变量间的因果关系是否存在。

首先假设两变量的信息全部包含在变量的序列内。按照要求估计回归：

$$y_t = \sum_{i=1}^{q} \alpha_i x_{t-i} + \sum_{j=1}^{q} \beta_j y_{t-j} + u_{1t} \tag{6-1}$$

$$x_t = \sum_{i=1}^{s} \lambda_i x_{t-i} + \sum_{j=1}^{s} \delta_j y_{t-j} + u_{2t} \tag{6-2}$$

其中，白噪声 u_{1t} 和 u_{2t} 假设是不相关。

式（6-1）假设变量 y 与自身和变量 x 过去有关，式（6-2）假设变量 x 与自身和变量 y 过去有关。

式（6-1）原假设为 $H_0: \alpha_1 = \cdots = \alpha_q = 0$；式（6-2）原假设为 $H_0: \delta_1 = \cdots = \delta_s = 0$。

如果式（6-1）整体显著不为零，式（6-2）整体显著为零，则认为 x 是 y 的单向原因。

如果式（6-2）整体显著不为零，式（6-1）整体显著为零，则认为在 y 是 x 的单向原因。

如果式（6-1）整体显著不为零，式（6-2）整体显著不为零，则认为 x 是 y 单向原因，同时 y 也是 x 的单向原因，即认为 y 和 x 互为因果关系。

如果式（6-1）整体显著为零，式（6-2）整体显著为零，则认为 y 和 x 不存在因果关系。

具体检验变量 x 是不是引起变量 y 的原因，检验步骤如下：

（1）将 y 对 y 的所有滞后项 y_{t-1}，y_{t-2}，…，y_{t-q} 作回归，得受约束的残差平方和 RSS_R。

（2）加进变量 X 滞后项，作回归得无约束的残差平方和 RSS_u。

（3）提出原假设：$H_0: \alpha_1 = \cdots = \alpha_q = 0$。

（4）用 F 检验检验上述假设是否成立。

$$F = \frac{(RSS_R - RSS_u)/q}{RSS_u/(n-k)}$$

服从 $F(q,(n-k))$ 分布。

（5）在显著性水平 α，若 F 值大于临界值 F_α，或 F 值对应的 P 值小于显著性水平则拒绝原假设，则认为 x 是 y 的原因之一。

根据前面的计算，经济不平衡综合指数以及经济发展水平三项指标汇总如表 6-1 所示。

表 6-1 　　中国经济不平衡综合指数与中国经济发展水平对应表

年份	中国经济发展不平衡综合指数	中国人均 GDP（1978 年不变价，人民币元）	中国小康达标率（%）	中国发达达标率（%）
1978	112.85	385	7.8	2.21
1979	169.59	409	8.0	2.28
1980	133.45	435	7.7	2.19
1981	86.57	452	7.6	2.19
1982	110.72	485	8.1	2.32
1983	110.96	530	9.0	2.51
1984	125.72	602	9.8	2.69
1985	133.31	674	11.1	3.02
1986	119.50	723	9.2	2.40
1987	117.59	795	7.3	1.87
1988	122.33	870	7.5	1.88
1989	137.47	893	8.0	1.98
1990	134.30	914	7.4	1.82

续表

年份	中国经济发展不平衡综合指数	中国人均GDP（1978年不变价，人民币元）	中国小康达标率（%）	中国发达达标率（%）
1991	128.15	986	7.5	1.82
1992	115.01	1 112	7.8	1.87
1993	157.95	1 252	8.1	1.92
1994	174.08	1 399	9.6	2.27
1995	175.67	1 536	11.3	2.68
1996	184.57	1 671	13.0	3.11
1997	196.90	1 806	14.6	3.51
1998	209.21	1 929	15.7	3.70
1999	220.21	2 059	16.2	3.74
2000	223.70	2 216	17.5	4.05
2001	234.17	2 384	19.5	4.52
2002	227.84	2 584	20.8	4.76
2003	225.53	2 826	21.0	4.81
2004	236.42	3 093	22.1	5.09
2005	237.00	3 425	24.1	5.64
2006	251.49	3 840	26.9	6.44
2007	252.02	4 363	31.0	7.62
2008	243.21	4 760	36.8	9.33
2009	248.95	5 181	43.4	11.09
2010	254.50	5 705	47.7	12.65
2011	259.09	6 220	53.6	14.60
…	…	…	…	…
2016	310.18	8 661	78.8	21.78
2017	325.67	9 211	81.3	22.80
2018	341.38	9 787	86.4	24.18

资料来源：根据中经网统计数据库和世界银行数据库数据整理计算。

第一节　中国经济不平衡对中国人均 GDP 影响分析

为了分析中国经济不同阶段的经济不平衡性对中国经济发展水平的影响，

本书取 1978 ~ 1992 年、1978 ~ 1998 年、1978 ~ 2002 年、1978 ~ 2018 年四种时间段来分别就中国经济不平衡综合指数对中国人均 GDP 进行格兰杰因果检验（为剔除外部变化对经济影响，采用 1978 ~ 2018 年的数据进行分析，确保分析结果稳健性）。

本节原假设 H_0：中国经济不平衡综合指数不是中国人均 GDP 的格兰杰原因。

中国经济不平衡综合指数用 BUPINGZONG 表示；中国人均 GDP 用 RENGDP 表示。

使用 EViews7.2 计量经济学软件得到检验表 6 - 2 ~ 表 6 - 5。

表 6 - 2　　　中国经济不平衡综合指数对人均 GDP 的因果检验

（1978 ~ 1992 年）

Granger Causality Tests	Lags：2		
Date：06/10/23	Sample：1978 - 1992		
Null Hypothesis	Obs	Prob	F - Statistic
BUPINGZONG do not Granger Cause RENGDP	13	0.0768	3.59848

表 6 - 3　　　中国经济不平衡综合指数对人均 GDP 的因果检验

（1978 ~ 1998 年）

Granger Causality Tests	Lags：2		
Date：06/11/23	Sample：1978 - 1998		
Null Hypothesis	Obs	Prob	F - Statistic
BUPINGZONG do not Granger Cause RENGDP	19	0.3094	1.27715

表 6 - 4　　　中国经济不平衡综合指数对人均 GDP 的因果检验

（1978 ~ 2002 年）

Granger Causality Tests	Lags：2		
Date：06/12/23	Sample：1978 - 2002		
Null Hypothesis	Obs	Prob	F - Statistic
BUPINGZONG do not Granger Cause RENGDP	23	0.6235	0.48507

表 6 - 5 中国经济不平衡综合指数对人均 **GDP** 的因果检验

(1978 ~ 2018 年)

Granger Causality Tests	Lags：2		
Date：06/13/23	Sample：1978 - 2018		
Null Hypothesis	Obs	Prob	F - Statistic
BUPINGZONG do not Granger Cause RENGDP	39	0. 4374	0. 84744

由表 6 - 2 ~ 表 6 - 5 可知，只有 1978 ~ 1992 年中国经济不平衡综合指数对中国人均 GDP 格兰杰检验统计量 F - Statistic 对应的 Prob = 0. 0768 < 10% ，而其他时期的 F - Statistic 对应的 Prob > 10% ，因此认为 10% 的显著性水平下，1978 ~ 1992 年，中国经济综合不平衡扩大是人均 GDP 增长原因之一。而其他时期，中国经济综合不平衡扩大并非由于人均 GDP 增长。也就是说，以 1992 年为分界点，改革开放初期，经济不平衡对经济发展起了推动作用。然而随着经济水平进一步提高，经济不平衡性对经济发展水平提高的推动作用在逐渐衰弱，逐渐成为经济发展的阻碍因素作用。因此，改革开放初期，中国经济不平衡发展策略是经济发展水平提高的原因之一。

第二节 中国经济不平衡对中国小康达标率影响分析

本节分析中国经济不同阶段的经济不平衡性对中国小康达标率的影响，取 1978 ~ 1992 年、1978 ~ 1998 年、1978 ~ 2002 年、1978 ~ 2018 年四种时间段来分别进行中国经济不平衡综合指数对小康达标率的因果检验（为剔除宏观外部变化对经济影响，采用 1978 ~ 2018 年的数据进行分析，以确保分析结果的稳健性）。

本节原假设 H_0：中国经济不平衡综合指数不是小康达标率的原因。

中国经济不平衡综合指数用 BUPINGZONG 表示；中国小康达标率用 XI-AOKANGLV 表示。

使用 EViews7. 2 计量经济学软件得检验表 6 - 6 ~ 表 6 - 9。

表 6 - 6　　　　中国经济不平衡综合指数对中国经济小康达标率
格兰杰因果检验（1978~1992 年）

Granger Causality Tests	Lags：2		
Date：06/15/23	Sample：1978 - 1992		
Null Hypothesis	Obs	Prob.	F - Statistic
BUPINGZONG do not Granger Cause XIAOKANGLV	13	0. 2915	1. 44372

表 6 - 7　　　　中国经济不平衡综合指数对中国经济小康达标率
格兰杰因果检验（1978~1998 年）

Granger Causality Tests	Lags：2		
Date：06/16/23	Sample：1978 - 1998		
Null Hypothesis	Obs	Prob.	F - Statistic
BUPINGZONG do not Granger Cause XIAOKANGLV	19	0. 3657	1. 08168

表 6 - 8　　　　中国经济不平衡综合指数对中国经济小康达标率
格兰杰因果检验（1978~2002 年）

Granger Causality Tests	Lags：2		
Date：06/17/23	Sample：1978 - 2002		
Null Hypothesis	Obs	Prob.	F - Statistic
BUPINGZONG do not Granger Cause XIAOKANGLV	23	0. 2978	1. 29665

表 6 - 9　　　　中国经济不平衡综合指数对中国经济小康达标率
格兰杰因果检验（1978~2018 年）

Granger Causality Tests	Lags：2		
Date：06/18/23	Sample：1978 2018		
Null Hypothesis	Obs	Prob.	F - Statistic
BUPINGZONG do not Granger Cause XIAOKANGLV	39	0. 1418	2. 07031

　　由表 6 - 6 ~ 表 6 - 9 可知，所有的统计量 F - Statistic 对应的 Prob > 10%，说明在不同时间段上中国经济不平衡并没有促进中国经济小康达标率的提高。之所以出现这种现象，可能是在经济发展初期，由于实施出口导向型战略，使得人民币对美元大幅度贬值，从而获得出口商品的相对价格优势，虽然促进了出口，使得人民币计价的经济总量显著增加，但是用美元计价的国际相

对价值被低估，使得中国小康达标率在前期一定时期内偏低，从而使因果检验结果不显著。

第三节 中国经济不平衡对中国发达达标率影响分析

本节分析中国经济不同阶段的经济不平衡性对中国经济发达达标率的影响，取 1978～1992 年、1978～1998 年、1978～2002 年、1978～2018 年四种时间段来分别就中国经济不平衡综合指数对中国经济发达达标率进行格兰杰因果检验（为剔除宏观外部变化对经济影响，采用 1978～2018 年的数据进行分析，以确保分析结果的稳健性）。

本节原假设 H_0：中国经济不平衡综合指数不是中国经济发达达标率的格兰杰原因。

中国发达达标率用 FADALV 表示。

使用 EViews7.2 计量经济学软件得检验表 6－10～表 6－13。

表 6－10 **中国经济不平衡综合指数对中国经济发达达标率**
格兰杰因果检验（1978～1992 年）

Granger Causality Tests	Lags：2		
Date：06/20/23	Sample：1978－1992		
Null Hypothesis	Obs	Prob.	F－Statistic
BUPINGZONG does not Granger Cause FADALV	13	0.13	2.69

表 6－11 **中国经济不平衡综合指数对中国经济发达达标率**
格兰杰因果检验（1978～1998 年）

Granger Causality Tests	Lags：2		
Date：06/21/23	Sample：1978－1998		
Null Hypothesis	Obs	Prob.	F－Statistic
BUPINGZONG does not Granger Cause FADALV	19	0.54	0.64

表 6 – 12　　　　　中国经济不平衡综合指数对中国经济发达达标率
格兰杰因果检验表（1978～2002 年）

Granger Causality Tests	Lags：2		
Date：06/22/23	Sample：1978 – 2002		
Null Hypothesis	Obs	Prob.	F – Statistic
BUPINGZONG does not Granger Cause FADALV	23	0.28	1.38

表 6 – 13　　　　　中国经济不平衡综合指数对中国经济发达达标率
格兰杰因果检验表（1978～2018 年）

Granger Causality Tests	Lags：2		
Date：06/23/23	Sample：1978 – 2018		
Null Hypothesis	Obs	Prob.	F – Statistic
BUPINGZONG does not Granger Cause FADALV	39	0.11	2.35

由表 6 – 10 ～ 表 6 – 13 可知，所有的统计量 F – Statistic 对应的 Prob >
10%，说明在不同时间段中国经济不平衡并没有促进中国发达达标率的提高。
原因同样是在经济发展初期，实施出口导向战略，人民币对美元贬值获得出
口商品相对价格优势，促进出口使人民币计价的经济总量增加，但美元计价
的经济价值被压低，从而使得一段时间中国人均 GDP 相对于世界发达国家人
均 GDP 水平并没有显著改善。

第七章

中国发展的统筹协调性对经济发展水平的
影响分析

第一节　中国统筹协调发展综合指数的构建

　　区域要统筹协调发展，总系统是具有高度复杂性、多层次性的复合系统，下级系统之间相互影响和互相制约从而构成联系紧密的系统。总系统内人口要素、资源要素、经济要素和环境要素时空分布不均匀。良好的统筹协调发展系统在区域间人口、资源、经济和环境发展上互相联系、互相促进、同向增长、各差异趋于缩小。良性统筹协调发展系统既应该促进区域经济发展，又应该促进地区间差距逐渐收敛，各子系统协调共同发展。这些下级系统互相渗透融合为一个整体。系统的协调作用体现为，系统内部活动和外界活动之间的作用，各子系统和谐共存，共同实现系统整体效应。

　　经济高速增长不能解决发展的所有问题，还可能会带来严重的社会问题和环境问题，所以应统筹协调发展。经济发展应合理利用资源并保护环境，废弃排放物不能超过系统能承载的最大容量；索取资源不能超过再生能力。如果处理不当就会呈现经济倒退型、经济停滞型、经济波动型三种方式演变态势，区域统筹协调发展系统结构如图7-1所示。

　　一般经济系统经历一个层次发展后，可能有如下发展方向，如图7-2所示。

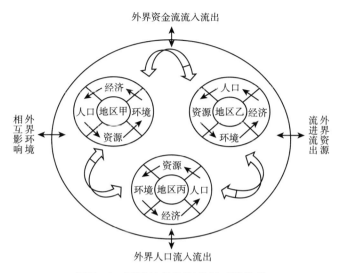

图 7 - 1　区域统筹协调发展系统结构

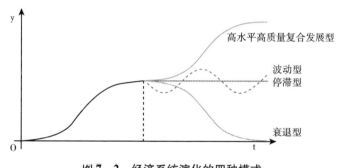

图 7 - 2　经济系统演化的四种模式

（1）经济衰退型：经济系统逐渐萎缩，经济陷入长期衰退。

（2）经济停滞型：仅能维持原有水平，不能向更高水平发展，陷入收入陷阱。

（3）经济波动型：发展到峰值后，以原水平均值为中心循环波动。

（4）高层次高质量复合发展型：获得新活力，启动新发展，实现新飞跃。

如何才能接续成为高层次高质量复合发展型，关键是发挥政府宏观调控作用作出前瞻性的战略宏观指导和科学的规划，及时判断时代发展变化的主要矛盾的转换和主要制约因素，及时调整时代发展战略，及时判断发展阶段，及时调整发展战略，及时完成生产关系的合理适度转换升级，及时完成不同发展阶段的转换，同时通过优化经济结构和科学技术创新来改变系统原有结构不断突破原有系统最大容量的制约和限制，进而才可能产生新层次的跃进和进阶。通过再次不平衡发展启动、统筹协调发展助推加速、再次走向更高层次更高水平更高质量的综合平衡状态，从一个层次迈向更高层次，一张一弛，有节奏地推进更高层次更高水平发展，如图7-3所示。

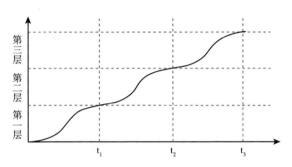

图7-3　Uncovbamus 转换经济发展理论的多层次复合发展理想曲线

要实现系统的不平衡发展启动—统筹协调发展助推加速—高水平高质量综合平衡的多层次多阶段发展，统筹协调发展助推加速阶段至关重要。为此，有必要对系统进行统筹协调发展的系统综合评价。

系统统筹协调发展综合评价指标体系，有一级系统四个，分别为经济系统、资源系统、环境系统、人口系统。其中，经济系统下面有二级子系统四个，分别为经济发展水平、经济增速、经济结构、经济动力。资源系统有两个，分别是资源基础和资源效益。环境系统下面有二级子系统四个，分别是生态环境、科技环境、教育环境、基础设施环境。人口系统下面有二级子系统两个，分别是人口结构指标和人口素质指标。本部分构建了系统统筹协调发展综合评价指标体系，见表7-1。

表7-1　　　　　　　　系统统筹协调发展指标体系

系统统筹协调发展指标体系	经济系统	经济增速	人均 GDP 增速
		经济结构	非农产业增加值占 GDP 比重
		经济发展水平	人均 GDP
			经济小康水平达标率
			人均可支配收入

续表

经济系统	经济动力	人均固定资产投资
		人均社会消费品零售额
系统统筹协调发展指标体系	环境系统	生态环境	城市人均拥有公园绿地面积
			城市生活垃圾无害化处理率
		科技环境	人均工业企业有效发明专利数
			人均工业企业 R&D 经费支出
		教育环境	每万人普通高等学校专任教师数
			互联网普及率
		民生环境	单位城市人口拥有公共交车数量
			单位人口拥有执业医师数
	资源系统	资源基础	城市燃气普及率
			城市用水普及率
		资源效益	单位电力消费量所创造 GDP
	人口系统	人口结构	常住人口自然增长率
			人口负担系数
		人口素质	每万人普通高等学校本专科大学毕业生人数

对多指标系统进行综合评价，可以使用因子分析方法。

一、因子分析方法简介

核心是用较少的互相独立的因子反映原有变量的绝大部分信息。这一核心思想可以用数学模型来表示。设有 p 个原有变量 x_1，x_2，$\cdots$，x_p，现将每个原有变量用 $k(k<p)$ 个因子 g_1，g_2，$\cdots$，g_k 的线性组合表示，则有：

$$\begin{cases} x_1 = b_{11}g_1 + b_{12}g_2 + b_{13}g_3 + \cdots + b_{1k}g_k + \varepsilon_1 \\ x_2 = b_{21}g_1 + b_{22}g_2 + b_{23}g_3 + \cdots + b_{2k}g_k + \varepsilon_2 \\ x_3 = b_{31}g_1 + b_{32}g_2 + b_{33}g_3 + \cdots + b_{3k}g_k + \varepsilon_3 \\ \qquad\qquad\qquad\vdots \\ x_p = b_{p1}g_1 + b_{p2}g_2 + b_{p3}g_3 + \cdots + b_{pk}g_k + \varepsilon_p \end{cases}$$

矩阵表示形式为：

$$X = BG + \varepsilon$$

其中，G 表示因子矩阵；B 表示载荷矩阵；b_{ij}（$i = 1, 2, \cdots, p$；$j = 1, 2, \cdots, k$）表示载荷。

因子分析可以看作主成分分析的进一步拓展，同一类变量代表一个基本结构，即因子，把众多变量浓缩为少数因子变量，实现众多信息的综合和集成。

因子分析具体步骤如下。

（一）巴特利特球形检验和 KMO 检验

变量间的相关性会造成信息重叠和浪费。若变量间较强相关性，则会给多元回归分析的参数估计带来不便，使参数不准确和模型不可用。因此，需要对因子相关性作检验。采用 KMO 检验来判断是否可以作因子分析：

$$KMO = \frac{\sum \sum_{i \neq j} r_{ij}^2}{\sum \sum_{i \neq j} r_{ij}^2 + \sum \sum_{i \neq j} P_{ij}^2}$$

其中，r_{ij} 表示 x_i 和 x_j 间的相关系数；P_{ij} 表示 x_i 和 x_j 间的其他剩余变量不变时的偏相关系数。若 KMO 值越接近 1，则变量相关性越强，越适合作因子分析。

（二）原始数据标准化

若有 n 组数据，p 个指标，指标向量为 X_1，X_2，$\cdots$，X_p 可得数据的原始矩阵 X：

$$x = \begin{pmatrix} x_{11} & x_{12} & \cdots & x_{1p} \\ x_{21} & x_{22} & \cdots & x_{2p} \\ \vdots & \vdots & \ddots & \vdots \\ x_{n1} & x_{n2} & \cdots & x_{np} \end{pmatrix} = (x_1, x_2, \cdots, x_p)$$

其中，$x_j = (x_{1j}, x_{2j}, \cdots, x_{nj})^r$，$j = 1, 2, \cdots, p$。

协方差矩阵容易受到规模水平和量纲的影响干扰，因此，需要对原始的数据作标准化转换（一般采用 z – score 法）。

$$z_{ij} = \frac{x_{ij} - \bar{x}_j}{\sigma_j}$$

其中，$\bar{x}_j = \frac{1}{n} \sum_{i=1}^{n} x_{ij}$，$\delta_j = \sqrt{\frac{1}{n-1} \sum_{i=1}^{n} (x_{ij} - \bar{x}_j)^2}$。

对原始数据进行标准化操作可以使得指标数据不再受到量纲和规模水平

的影响。

（三）对原始数据进行标准后，计算相关系数的矩阵 R

$$R = (r_{ij})_{n \times n}$$

其中，$r_{ij} = \dfrac{1}{n} \sum\limits_{s=1}^{n} Z'_{si} Z_{sj}$。

（四）求解特征方程的特征根

特征根是因子影响程度指标，表示该因子平均解释了多少原始信息。

（五）计算方差贡献率 α_k 和累计贡献率 $\alpha(k)$

$$\alpha_k = \dfrac{\lambda_k}{\sum\limits_{i=1}^{p} \lambda_i} \,, \quad k = 1, 2, \cdots, p$$

$$\alpha(k) = \dfrac{\sum\limits_{i=1}^{k} \lambda_i}{\sum\limits_{i=1}^{p} \lambda_i}$$

方差贡献率为 G_i 的方差在全部方差的比重。值越大表明 G_i 的原始变量 x_1，x_2，$\cdots$，x_p 综合能力越强。累计方差贡献率则表明前几个变量所累计提取的 x_1，x_2，$\cdots$，x_p 的信息量。累计方差贡献率达到 85% 以上，则认为含有全部指标的绝大部分信息。

（六）因子提取和因子载荷矩阵的求解

因子载荷矩阵的求解方法有基于因子分析模型的主轴因子法、极大似然法、最小二乘法、α 因子提取法、映像分析法。

（七）因子旋转

如果因子含义不清，可以进行因子旋转，力求其含义明确。

（八）计算因子得分

计算因子各样本的具体数值，就得因子得分。

（九）综合因子得分

以因子方差贡献率作为各因子的权重，$g = \sum\limits^{k} b_i G_i$，可得到综合评价值。原始数据由于数据过于庞大，在此不作展示，具体数据参见本书附录部分。

二、使用 SPSS20.0 统计软件里的统计分析中的因子分析功能

（一）使用统计软件 SPPS20 作 KMO 检验和巴特利特球形检验

由表 7-2 可知，KMO 检验系数 = 0.865 > 0.5，巴特利特球形检验的 χ^2 计值的显著性概率 P 值为 0.000000，小于显著性水平 0.01，拒绝原假设，检验结果表明原始数据适合作因子分析。

表 7-2　　　　　　　　　　Bartlett 球形检验和 KMO 检验

Kaiser – Meyer – Olkin 统计量		0.865
Bartlett 球形检验	近似卡方统计量	11 495.79
	DF	91.0
	Sig.	0.00000

（二）原始数据的标准化结果

使用 SPSS20.0 软件对原始数据作标准化，以便消除量纲和规模水平对分析结果的影响，结果占空间太多，详见本书附录，此处只显示数据的描述统计结果，如表 7-3 所示。

表 7-3　　　　　　　　　　因子分析指标变量的描述性统计

项目	N	极小值	极大值	均值		标准差	偏度	
	统计量	统计量	统计量	统计量	标准误	统计量	统计量	标准误
v1	589	-0.023	0.2360	0.0995	0.00119	0.029	0.283	0.101
v2	589	0.6269	0.9964	0.8724	0.00281	0.068	-0.514	0.101
v3	589	2 545	12 899	29 360	991.66	24 066	1.423	0.101
v4	589	0.057	1.771	0.46116	0.01425	0.346	1.402	0.101

续表

项目	N	极小值	极大值	均值		标准差	偏度	
	统计量	统计量	统计量	统计量	标准误	统计量	统计量	标准误
v5	589	4 343	62 596	17 068	439	10 667	1. 166	0. 101
v6	589	847	82 207	19 130	709	17 226	1. 012	0. 101
v7	589	852	53 299	10 900	400	9 725	1. 515	0. 101
v8	589	0. 40	29. 40	9. 521	0. 1494	3. 626	0. 633	0. 101
v9	589	1. 64	32. 44	9. 295	0. 2327	5. 648	1. 829	0. 101
v10	589	3. 03	30. 81	10. 898	0. 1765	4. 284	1. 358	0. 101
v11	589	0. 11	5. 85	1. 925	0. 0309	0. 751	1. 474	0. 101
v12	589	23. 50	100	83. 26	0. 6570	15. 95	− 1. 125	0. 101
v13	589	1. 92	27. 10	10. 195	0. 2021	4. 905	0. 898	0. 101
v15	589	2. 90	89. 20	33. 197	0. 8530	20. 701	0. 433	0. 101

（三）计算方差贡献率

方差贡献率和累计贡献率计算结果如表 7 − 4 所示。

表 7 − 4　　　　　　　　　　方差贡献率和累计贡献率

项目	最初的特征值			因子旋转后的特征值		
	特征值合计	方差贡献率（％）	累计方差贡献率（％）	特征值合计	方差贡献率（％）	累计方差贡献率（％）
1	8. 576	61. 258	61. 258	4. 077	29. 123	29. 123
2	1. 209	8. 633	69. 891	2. 919	20. 847	49. 970
3	1. 119	7. 995	77. 886	2. 084	14. 887	64. 858
4	0. 810	5. 789	83. 675	1. 852	13. 228	78. 086
5	0. 705	5. 033	88. 708	1. 487	10. 622	88. 708
6	0. 417	2. 981	91. 689			
7	0. 335	2. 391	94. 080			
8	0. 240	1. 713	95. 793			
9	0. 230	1. 642	97. 434			
10	0. 207	1. 481	98. 915			
11	0. 084	0. 601	99. 516			
12	0. 043	0. 307	99. 822			
13	0. 022	0. 154	99. 977			
14	0. 003	0. 023	100. 000			

（四） 因子提取和因子载荷矩阵的求解

通过因子得分矩阵（见表 7 - 5）提取因子。

表 7 - 5　　　　　　　　　因子得分系数矩阵

项目	因子				
	1	2	3	4	5
Zscore（v1）	0.064	- 0.031	- 0.068	0.095	- 0.123
Zscore（v2）	0.510	- 0.016	- 0.085	- 0.401	- 0.250
Zscore（v3）	0.821	- 0.167	- 1.314	0.710	- 0.129
Zscore（v4）	0.093	0.393	0.842	- 1.016	0.092
Zscore（v5）	- 0.101	0.337	- 0.040	- 0.075	0.179
Zscore（v6）	- 0.104	- 0.006	0.057	0.011	0.179
Zscore（v7）	- 0.032	- 0.770	- 0.263	0.851	1.024
Zscore（v8）	- 0.251	0.755	0.106	- 0.309	- 0.147
Zscore（v9）	0.074	- 0.377	0.726	0.203	- 0.506
Zscore（v10）	- 0.227	0.051	0.227	0.071	0.144
Zscore（v11）	- 0.114	- 0.032	0.499	- 0.330	0.363
Zscore（v12）	- 0.016	0.096	0.079	- 0.102	- 0.025
Zscore（v13）	- 0.194	- 0.068	0.050	0.406	- 0.113
Zscore（v15）	0.044	0.531	- 0.145	0.362	- 0.638

（五） 因子旋转

用主轴因子分解法旋转因子矩阵得表 7 - 6。

表 7 - 6　　　　　　　　　旋转因子得分系数矩阵

项目	因子				
	1	2	3	4	5
Zscore（v1）	- 0.038	- 0.117	- 0.194	- 0.076	- 0.606
Zscore（v2）	0.806	0.182	0.307	0.014	0.010
Zscore（v3）	0.657	0.417	0.214	0.413	0.398
Zscore（v4）	0.674	0.387	0.264	0.377	0.389
Zscore（v5）	0.519	0.503	0.111	0.430	0.459
Zscore（v6）	0.415	0.600	0.103	0.336	0.324

项目	因子				
	1	2	3	4	5
Zscore（v7）	0.607	0.375	0.229	0.462	0.451
Zscore（v8）	0.142	0.851	0.102	0.155	0.165
Zscore（v9）	0.557	0.196	0.669	0.372	−0.054
Zscore（v10）	0.104	0.218	0.650	0.224	0.305
Zscore（v11）	0.379	0.052	0.760	0.105	0.335
Zscore（v12）	0.396	0.527	0.313	0.137	0.059
Zscore（v13）	0.117	0.193	0.224	0.700	0.154
Zscore（v15）	0.546	0.479	0.371	0.494	−0.072

（六）计算因子得分和综合因子得分

由于数据量太大，此处不展开，数据在本书附录显示。

第二节　中国统筹协调发展对经济发展水平的影响分析

综合因子得分即为中国协调发展综合指数，如表7－7所示。

表7－7　　　　　　　　中国协调发展综合指数

年份	中国人均 GDP（元）	中国协调发展综合指数	中国小康达标率率（%）	中国发达达标率（%）
	Rengdp	Zscore	xiaokanglv	fadalv
1999	7 229	62.64	16.2	3.74
2000	7 942	64.96	17.5	4.05
2001	8 717	63.49	19.5	4.52
2002	9 506	62.08	20.8	4.76
2003	10 666	66.76	21.0	4.81
2004	12 487	70.61	22.1	5.09
2005	14 368	76.14	24.1	5.64

续表

年份	中国人均 GDP（元）	中国协调发展综合指数	中国小康达标率率（%）	中国发达达标率（%）
	Rengdp	Zscore	xiaokanglv	fadalv
2006	16 738	80. 52	26. 9	6. 44
2007	20 494	87. 14	31. 0	7. 62
2008	24 100	96. 21	36. 8	9. 33
2009	26 180	103. 02	43. 4	11. 09
2010	30 808	107. 53	47. 7	12. 65
2011	36 302	116. 00	53. 6	14. 60
2012	39 874	122. 63	59. 6	16. 54
2013	43 684	131. 19	65. 5	18. 33
2014	47 005	138. 09	70. 0	19. 61
2015	50 028	145. 52	78. 6	21. 93
2016	53 680	149. 56	78. 8	21. 78
2017	59 201	155. 90	81. 3	22. 80

注：为剔除宏观外部变化对经济的影响，加上协调发展综合指数的一些指标 1999 年才开始有完整的统计数据，故采用 1999 ~ 2017 年的数据进行分析，以确保分析结果的稳健性。

资料来源：根据中经网统计数据库和世界银行数据库数据，使用多元统计方法因子分析运算而得。

从表 7 - 8 中国统筹协调发展综合指数对中国人均 GDP 的因果检验表可以看出，格兰杰检验统计量 F - Statistic = 4.27663 对应的 Prob = 0.04 < 5%，因此认为 5% 的显著性水平下，中国统筹协调发展是中国人均 GDP 提高的原因之一。

表 7 - 8　　中国统筹协调发展综合指数对中国人均 GDP 的因果检验

Granger Causality Tests		Lags：2	
Date：07/1/23		Sample：1999 - 2017	
Null Hypothesis：	Obs	Prob.	F - Statistic
RENGDP does not Granger Cause ZSCORE	17	0. 04	4. 27663

注：RENGDP 表示经济发展水平；ZSCORE 表示中国统筹协调发展综合指数。

因此，统筹协调发展程度是经济发展水平的重要影响因素。

从表 7 - 9 中国协调发展综合指数对中国经济小康达标率的因果检验表可以看出，格兰杰检验统计量 F - Statistic = 6.28 对应的 Prob = 0.01 < 5%，因此

认为 5% 的显著性水平下，中国统筹协调发展是中国经济小康达标率的影响因素之一。

表 7 - 9 中国协调发展综合指数对中国小康达标率的因果检验

Granger Causality Tests	Lags：2		
Date：07/2/23	Sample：1999 - 2017		
Null Hypothesis：	Obs	Prob.	F - Statistic
ZSCORE does not Granger Cause XIAOKANGLV	17	0.01	6.28

注：ZSCORE 表示统筹协调发展综合指数；XIAOKANGLV 表示经济小康达标率。

因此，系统统筹协调发展是中国全面到达小康的原因之一。

从表 7 - 10 中国协调发展综合指数对中国经济发达达标率的因果检验表可以看出，格兰杰检验统计量 F - Statistic = 4.6415 对应的 Prob = 0.03 < 5%，因此认为 5% 的显著性水平下，中国统筹协调发展是中国经济发达达标率的原因之一。

表 7 - 10 中国协调发展综合指数对中国发达达标率的因果检验

Granger Causality Tests	Lags：2		
Date：07/03/23	Sample：1999 - 2017		
Null Hypothesis：	Obs	Prob.	F - Statistic
ZSCORE does not Granger Cause FADALV		0.03	4.6415

注：ZSCORE 表示统筹协调发展综合指数；FADALV 表示经济发达达标率。

因此，经济社会统筹协调发展是中国追赶世界发达经济水平的原因之一。

第八章

中国经济发展不平衡原因剖析

本章对中国经济发展不平衡进行深入研究，探寻我国经济发展不平衡的原因。可能的原因有自然原因、生产要素投入原因、政策原因、所有制变动等。接下来进行进一步实证验证。

第一节　自然资源环境不平衡导致的经济发展不平衡分析

自然资源环境是人类生存基础，会影响地区经济的发展水平和经济不平衡。中国地域广阔，各地地形、地貌、水文、交通、人口等环境复杂多变，差别很大。从地理分布来看，中国东部地势平坦、土地肥沃、降水充沛、交通畅达、港口众多，中部有部分平原，多丘陵，也有平原向高原过渡地带，地形复杂、地势变化大。西部地区多为高原、荒漠、崇山峻岭、耕地少、自然环境恶劣、交通不便。因自然环境和资源的差异，从理论上讲应该对地区经济不平衡会造成一定影响。接下来从实证角度来研究自然资源环境不平衡对经济发展不平衡的影响？

中国的主体功能地区的分布极不均匀，自然资源环境分布不平衡从原理上应该会影响中国经济发展的不平衡。自然资源不平衡分布包含许多方面，如地下水资源分布不平衡、土地（耕地）资源分布不平衡、森林资源分布不平衡、地貌特征（平原、丘陵、高山、高原、沙漠、戈壁）分布不平衡、港口分布不平衡、降水分布不平衡、适宜经济活动天气的分布不平衡等。但是由于许多指标都缺乏连续的长期的历史统计数据，因此，大多数指标只能从定性的角度加以分析。少数指标具有长期的历史数据，可以作为自然资源不平衡性的代表性指标加以分析。

由于统计数据得可获得性，本部分用耕地资源作为自然资源得代表性指标进行分析。

从表 8 - 1 可以看出，格兰杰检验统计量 F - Statistic = 6.52875 对应的 Prob = 0.055 < 10%，因此认为 10% 的显著性水平下，中国耕地资源占土地面积比重变异系数是中国人均 GDP 变异系数的格兰杰原因。所以，中国自然资源不平衡是中国经济绝对发展水平不平衡的原因之一。

表 8 - 1　　　　中国耕地资源占土地面积比重不平衡对中国人均
GDP 不平衡的因果检验

Granger Causality Tests	Lags：2		
Date：07/05/23	Sample：2007 - 2017		
Null Hypothesis：	Obs	Prob.	F - Statistic
GENGDIZHANBICV does not Granger Cause RENGDPCV	9	0.055	6.52875

注：GENGDIZHANBIcv 表示耕地资源占土地总面积的比例变异系数；RENGDPCV 表示人均 GDP 变异系数。

从表 8 - 2 可以看出，格兰杰检验统计量 F - Statistic = 6.33472 对应的 Prob = 0.0576 < 10%，因此认为 10% 的显著性水平下，中国耕地资源占土地面积比重是中国小康达标率变异系数的格兰杰原因。所以，中国自然资源不平衡是中国经济相对发展水平不平衡的原因之一。

表 8 - 2　　　中国耕地资源占土地面积比重对中国小康达标率的因果检验

Granger Causality Tests	Lags：2		
Date：07/06/23	Sample：2007 - 2017		
Null Hypothesis：	Obs	Prob.	F - Statistic
GENGDIZHANBISD does not Granger Cause XIAOKANGCV	9	0.0576	6.33472

注：GENGDIZHANBISD 表示耕地资源占土地总面积的比例标准差；XIAOKANGCV 表示小康达标率变异系数。

从表 8 - 3 可以看出，检验统计量 F - Statistic = 6.33472 对应的 Prob = 0.0576 < 10%，因此认为 10% 的显著性水平下，中国耕地资源占土地面积比

重是中国发达达标率变异系数的格兰杰原因。所以，中国自然资源不平衡是中国经济相对发展水平不平衡的原因之一。中国自然资源的不平衡程度也可以从本书附录所示各图直观看出。

表8-3　　中国耕地资源占土地面积比重对中国发达达标率的因果检验

Granger Causality Tests	Lags：2		
Date：07/07/23	Sample：2007 - 2017		
Null Hypothesis：	Obs	Prob.	F - Statistic
GENGDIZHANBISD does not Granger Cause FADACV	9	0.0576	6.33472

注：GENGDIZHANBISD 表示耕地资源占土地总面积的比例标准差；FADACV 表示发达达标率变异系数。

综上所述，中国自然资源不平衡是中国经济发展水平不平衡的原因之一。

第二节　投入要素不平衡导致的经济发展不平衡分析

劳动力是生产力最活跃因素，接着考察人口不平衡对经济发展不平衡性的影响。

一、人口要素投入不平衡对经济发展不平衡影响分析

从表8-4中国人口密度标准差对中国经济不平衡综合指数因果检验表可以看出，格兰杰检验统计量 F - Statistic = 3.30953 对应的 Prob = 0.0538 < 10%，因此认为10%的显著性水平下，中国人口密度标准差是中国经济不平衡综合指数的影响因素。

表8-4　　中国人口要素不平衡对经济不平衡综合指数的因果检验

Granger Causality Tests	Lags：2		
Date：07/07/23	Sample：1988 - 2018		
Null Hypothesis：	Obs	Prob.	F - Statistic
RENKOUMIDUSD does not Granger Cause BUPINZONGHE	29	0.0538	3.30953

注：RENKOUMIDUSD 表示中国人口密度的标准差；BUPINZONGHE 表示中国不平衡综合指数。

从表 8 - 5 中国人口密度变异系数对中国经济小康达标率因果检验表可以看出，格兰杰检验统计量 F - Statistic = 4.5184 对应的 Prob = 0.0216 < 5%，因此认为 5% 的显著性水平下，中国人口密度变异系数是中国小康达标变异系数的影响因素。

表 8 - 5　　　　中国人口要素不平衡对小康达标率不平衡的因果检验

Granger Causality Tests	Lags：2		
Date：07/08/23	Sample：1988 - 2018		
Null Hypothesis：	Obs	Prob.	F - Statistic
RENKOUMIDUCV does not Granger Cause XIAOKANGCV	29	0.0216	4.5184

注：RENKOUMIDUcv 表示中国人口密度的变异系数；XIAOKANGCV 表示中国小康达标率变异系数。

从表 8 - 6 中国人口密度变异系数对中国人均 GDP 因果检验表可以看出，格兰杰检验统计量 F - Statistic = 3.47349 对应的 Prob = 0.0473 < 5%，因此认为 5% 的显著性水平下，中国人口密度变异系数是中国人均 GDP 变异系数的格兰杰影响因素。

表 8 - 6　　　　中国人口要素不平衡对人均 GDP 不平衡的因果检验

Granger Causality Tests	Lags：2		
Date：07/09/23	Sample：1988 - 2018		
Null Hypothesis：	Obs	Prob.	F - Statistic
RENKOUMIDUCV does not Granger Cause RENGDPCV	29	0.0473	3.47349

注：RENKOUMIDUcv 表示中国人口密度的变异系数；RENGDPCV 表示中国人均 GDP 的变异系数。

综上所述，验证中国人口密度的不平衡是中国经济发展不平衡的原因之一。

二、资本要素投入不平衡对经济发展不平衡影响分析

因为资本投入是重要投入要素，下面研究资本投入不平衡对经济发展不平衡是否有影响。

从表 8 - 7 中国人均固定资产投资变异系数对中国人均 GDP 变异系数的检验结果看出，统计量 F – Statistic = 3.62129 对应的 Prob = 0.0379 < 5%，认为 5% 的显著性水平下，中国人均固定资产投资变异系数是中国人均 GDP 变异系数的影响因素。

表 8 - 7　　　　中国人均固定资产投资变异系数对中国人均 GDP

变异系数的格兰杰因果检验

Granger Causality Tests	Lags：2		
Date：07/10/23	Sample：1978 - 2017		
Null Hypothesis：	Obs	Prob.	F – Statistic
RENGUTOUZICV does not Granger Cause RENGDPCV	38	0.0379	3.62129

注：RENGUTOUZIcv 表示中国人均固定资产投资变异系数；RENGDPCV 表示中国人均 GDP 的变异系数。

从表 8 - 8 中国人均固定资产投资标准差对中国小康达标率标准差的格兰杰因果检验可以看出，检验统计量 F – Statistic = 2.78295 对应的 Prob = 0.0764 < 10%，因此认为 10% 的显著性水平下，中国人均固定资产投资标准差是中国小康达标率标准差的影响因素。

表 8 - 8　　　　中国人均固定资产投资标准差对中国小康达标率

标准差的因果检验

Granger Causality Tests	Lags：2		
Date：07/11/23	Sample：1978 - 2017		
Null Hypothesis：	Obs	Prob.	F – Statistic
RENGUTOUZISD does not Granger Cause XIAOKANGSD	38	0.0764	2.78295

注：RENGUTOUZISD 表示中国人均固定资产投资标准差；XIAOKANGSD 表示中国小康达标率的标准差。

从表 8 - 9 中国人均固定资产投资变异系数对中国小康达标率变异系数的检验结果看出，统计量 F – Statistic = 3.33702 对应的 Prob = 0.0479 < 5%，认为 5% 的显著性水平下，中国人均固定资产投资变异系数是中国小康达标率变异系数的影响因素。

表 8 – 9　　　　　中国人均固定资产投资变异系数对中国小康达标率
的变异系数的因果检验

Granger Causality Tests	Lags：2		
Date：07/12/23	Sample：1978 – 2017		
Null Hypothesis：	Obs	Prob.	F – Statistic
RENGUTOUZICV does not Granger Cause XIAOKANGCV	38	0.0479	3.33702

注：RENGUTOUZICV 表示中国人均固定资产投资变异系数；XIAOKANGCV 表示中国小康达标率
的变异系数。

从表 8 – 10 中国人均固定资产投资标准差对中国发达达标率标准差的格
兰杰因果检验可以看出，检验统计量 F – Statistic = 6.62005 对应的 Prob =
0.0038 < 10%，因此认为 1% 的显著性水平下，中国人均固定资产投资标准
差是中国发达达标率标准差的影响因素。

表 8 – 10　　　　　　中国人均固定资产投资标准差对中国发达
达标率标准差的因果检验

Pairwise Granger Causality Tests	Lags：2		
Date：07/13/23	Sample：1978 – 2017		
Null Hypothesis：	Obs	F – Statistic	Prob.
RENGUTOUZISD does not Granger Cause FADASD	38	6.62005	0.0038

注：RENGUTOUZISD 表示中国人均固定资产投资标准差；FADASD 表示中国发达达标率的标
准差。

从表 8 – 11 中国人均固定资产投资变异系数对中国发达达标率变异系数
的检验结果看出，统计量 F – Statistic = 3.33702 对应的 Prob = 0.0479 < 5%，
认为 5% 的显著性水平下，中国人均固定资产投资变异系数是中国发达达标
率变异系数的影响因素。

表 8 – 11　　　　　中国人均固定资产投资变异系数对中国发达达标率
的变异系数的因果检验

Granger Causality Tests	Lags：2		
Date：07/15/23	Sample：1978 – 2017		
Null Hypothesis：	Obs	Prob.	F – Statistic
RENGUTOUZICV does not Granger Cause FADACV	38	0.0479	3.33702

注：RENGUTOUZICV 表示中国人均固定资产投资变异系数；FADACV 表示中国发达达标率的变
异系数。

综上所述，固定资产投入的不平衡是经济发展不平衡的重要原因之一。
我国投资的生产要素不平衡性是造成地区经济增长的不平衡的重要原因
之一。

三、教育投入不平衡对经济发展不平衡影响分析

从表 8 – 12 中国人均教育投入标准差对中国人均 GDP 标准差的因果检验结
果看出，统计量 F – Statistic = 4. 45288 对应的 Prob = 0. 0337 < 5%，认为 5% 的
显著性水平下，中国人均教育投入标准差是中国人均 GDP 标准差的影响因素。

表 8 – 12   中国人均教育投入标准差对中国人均 GDP 标准差因果检验

Pairwise Granger Causality Tests	Lags：2		
Date：07/18/23	Sample：1998 – 2017		
Null Hypothesis：	Obs	Prob.	F – Statistic
RENJIAOFEISD does not Granger Cause RENGDPSD	29	0. 0337	4. 45288

注：RENJIAOFEISD 表示中国人均教育投入标准差；RENGDPSD 表示中国人均 GDP 标准差。

从表 8 – 13 中国人均教育投入变异系数对中国人均 GDP 变异系数的因果
检验结果看出，统计量 F – Statistic = 8. 15564 对应的 Prob = 0. 0051 < 1%，因
此可以认为 1% 的显著性水平下，中国人均教育投入变异系数是中国人均
GDP 变异系数的影响因素。

表 8 – 13   中国人均教育投入变异系数对中国人均 GDP
变异系数的因果检验

Granger Causality Tests	Lags：2		
Date：07/19/23	Sample：1998 – 2017		
Null Hypothesis：	Obs	Prob.	F – Statistic
RENJIAOFEICV does not Granger Cause RENGDPCV	29	0. 0051	8. 15564

注：RENJIAOFEICV 表示中国人均教育投入变异系数；RENGDPCV 表示中国人均 GDP 变异系数。

从表 8 – 14 中国人均教育投入变异系数对中国小康达标率变异系数的因
果检验结果看出，统计量 F – Statistic = 9. 48823 对应的 Prob = 0. 0029 < 1%，
因此认为 1% 的显著性水平下，中国人均教育投入变异系数是中国小康达标

率变异系数的影响因素。

表 8 – 14　　　　　中国人均教育投入变异系数对中国小康达标率

变异系数因果检验

Granger Causality Tests	Lags：2		
Date：07/20/23	Sample：1998 – 2017		
Null Hypothesis：	Obs	Prob.	F – Statistic
RENJIAOFEICV does not Granger Cause XIAOKANGCV	29	0. 0029	9. 48823

注：RENJIAOFEICV 表示中国人均教育投入变异系数；XIAOKANGCV 表示中国小康达标率变异系数。

从表 8 – 15 中国人均教育投入变异系数对中国发达达标率变异系数的因果检验结果看出，统计量 F – Statistic = 9. 48823 对应的 Prob = 0. 0029 < 1%，因此认为 1% 的显著性水平下，中国人均教育投入变异系数是中国发达达标率变异系数的影响因素。

表 8 – 15　　　　　中国人均教育投入变异系数对中国发达达标率

变异系数因果检验

Granger Causality Tests	Lags：2		
Date：07/21/23	Sample：1998 – 2017		
Null Hypothesis：	Obs	Prob.	F – Statistic
RENJIAOFEICV does not Granger Cause FADACV	29	0. 0029	9. 48823

注：RENJIAOFEICV 表示中国人均教育投入变异系数；FADACV 表示中国发达达标率变异系数。

综上所述，验证教育投入的不平衡性是中国经济发展不平衡性的原因之一。

第三节　经济外向型程度不平衡导致的经济发展不平衡分析

经济外向化程度可以衡量从外部获取资源以及交流的能力，区域经济外向度可以用外贸依存度来表示。

从表 8 – 16 中国对外依存度标准差对中国经济不平衡综合指数的因果检

验结果看出，统计量 F – Statistic = 5. 15051 对应的 Prob = 0. 0134 < 5% ，因此认为 5% 的显著性水平下，中国对外依存度标准差是中国经济不平衡综合指数的影响因素。

表 8 – 16　　　　中国对外依存度标准差对中国经济不平衡综合指数因果检验

Granger Causality Tests	Lags：2		
Date：07/22/23	Sample：1987 – 2018		
Null Hypothesis：	Obs	Prob.	F – Statistic
DUIWAIYICUNSD does not Granger Cause BUPINZONGHE	30	0. 0134	5. 15051

注：DUIWAIYICUNSD 表示中国对外依存度标准差；BUPINZONGHE 表示中国经济不平衡综合指数。

从表 8 – 17 因果检验结果看出，统计量 F – Statistic = 2. 9149 对应的 Prob = 0. 0874 < 10% ，因此认为 10% 的显著性水平下，中国经济不平衡性综合指数是人均外商投资企业投资额标准差的影响因素。

表 8 – 17　　　　中国经济不平衡性综合指数对人均外商投资企业
投资额标准差因果检验

Pairwise Granger Causality Tests	Lags：2		
Date：07/23/23	Sample：1998 – 2018		
Null Hypothesis：	Obs	Prob.	F – Statistic
BUPINGZONG does not Granger Cause RENWAITOUSD	29	0. 0874	2. 9149

注：BUPINGZONG 表示中国经济不平衡性综合指数；RENWAITOUSD 表示人均外商投资企业投资额标准差。

综上所述，经济的外向型程度的不平衡是中国经济不平衡的原因之一。而中国经济不平衡又是人均外商企业投资额不平衡的原因。中国经济不平衡的环境引发外商投资不平衡，在比较容易产生利润的环境下，外商优先投资。同时，中国外贸政策长期采用出口导向型政策，对外贸易收支不平衡也对中国经济不平衡造成了影响。世界资本主义经济危机对国内外贸产业造成不良冲击。因此，构建以国内大循环为主体、国内国际双循环相互促进的新发展格局非常必要。

第四节 产业和行业发展不平衡导致的经济发展不平衡分析

马克思的社会资本再生产理论，系统论证了社会再生产规律，要求社会总产品的总供给和总需求平衡，同时数量和结构都要达到平衡。社会总产品构成，从使用价值角度看，表现为实物构成（消费资料、生产资料）；从价值角度看，表现为价值构成（C + V + M）。马克思建立了社会资本简单再生产模型和扩大再生产模型，给出了价值的平衡条件和使用价值的平衡条件以及两大部类结构的平衡条件：总供给与总需求数量按比例、物质形态补偿、价值和使用价值平衡。另外，组成部分内部也应平衡：消费品和投资品及中间产品生产，都应该保持一定的比例。消费品的生产内部也应保持比例，投资品的内部也应保持比例。

产业不平衡，包括产业结构横向失调及纵向失调。横向失调是同一层各部门内部发生失调。纵向失调是下游和上游发生的失调，就是消费品生产和生产资料生产的失调。若投资增长速度快于消费增长速度就是失调。重工业从事生产资料生产，轻工业从事消费品生产。如果政府"重积累、抑消费"，则会加剧纵向失调。若消费增长快于生产增长，也是一种纵向失调，表现为通货膨胀和产品质量下降。横向失调，一般是基础工业与加工业的失调。基础工业需要较长建设时期，而加工业开工后很快见效。加工业开工速度快于基础工业开工速度，就是横向失调。

具体行业内部也存在不平衡，典型行业不平衡代表如现代电商服务业与传统服务业间存在发展不平衡问题。主要原因有：两个行业之间存在的经营成本差距较大，使得传统服务业失去了价格竞争力，背后反映出的是土地政策的问题，但是这两个行业之间的失衡状态则应该是市场调控的主要对象之一，因为传统服务业就业人员占我国全部就业人员的20%～30%，它牵动着上亿个家庭的收入来源，行业发展不平衡问题不容忽视。我国房地产业相对于其他行业的发展不平衡问题同样比较突出，大量房产闲置，而众多需要住房的人因高房价买不起房产这些不正常现象同时存在于全国各地。

　　产业分类依据标准不同，有不同分类，如农轻重分类法和三次产业分类法。

　　农轻重分类法：社会物质生产部门可分为农、轻和重三部分。"农"包含种植业、畜牧业和渔业。"轻"指轻工业，生产消费资料。"重"指重工业，生产生产资料。有关农、轻、重三部门的长期统计数据，我国统计部门没有公布，致使分析仅仅停留在定性分析的层面上。

　　三次产业分类法：把经济划分为第一产业、第二产业和第三产业。目前只能收集到这类产业划分的统计数据，从而进行产业不平衡对经济不平衡影响的定量分析。

表 8 - 18　　　　　　　　　　　　中国三次产业及 GDP 标准差

年份	GDP 标准差	第一产业增加值标准差	第二产业增加值标准差	第三产业增加值标准差
	GDPSD	Diyisd	Diersd	Disansd
1978	72.23	23.05	47.28	13.10
1979	80.92	29.92	49.54	14.33
1980	90.98	31.41	55.86	16.89
1981	98.98	36.34	57.70	19.38
1982	109.51	42.07	60.10	22.14
1983	123.51	48.04	64.50	25.89
1984	148.67	55.74	76.63	31.88
1985	180.65	61.93	95.55	41.96
1986	203.43	67.50	103.42	51.37
1987	248.12	77.51	127.74	64.49
1988	318.72	92.81	155.60	89.86
1989	363.70	102.29	176.03	107.77
1990	404.37	115.60	187.69	125.96
1991	477.06	125.59	219.81	156.65
1992	605.62	135.71	299.61	197.46
1993	832.21	159.70	434.85	269.26
1994	1 125.77	212.46	589.32	369.13
1995	1 446.11	274.82	745.61	484.78

续表

年份	GDP 标准差	第一产业增加值标准差	第二产业增加值标准差	第三产业增加值标准差
	GDPSD	Diyisd	Diersd	Disansd
1996	1 691.30	316.85	864.14	584.58
1997	1 903.54	335.11	971.76	687.51
1998	2 062.77	340.99	1 049.42	770.60
1999	2 216.59	342.53	1 120.72	798.09
2000	2 514.74	348.13	1 279.66	922.04
2001	2 793.56	367.81	1 400.59	1 043.98
2002	3 131.27	377.71	1 572.05	1 178.43
2003	3 680.66	390.02	1 931.90	1 323.21
2004	4 444.17	487.38	2 432.49	1 535.35
2005	5 375.70	542.38	2 972.22	2 099.35
2006	6 325.06	586.12	3 521.36	2 485.76
2007	7 522.92	681.06	4 124.53	3 015.80
2008	8 793.06	807.20	4 819.97	3 493.98
2009	9 572.17	831.93	5 139.07	4 055.52
2010	11 215.95	947.58	5 946.80	4 821.11
2011	13 001.37	1 081.42	6 809.16	5 684.13
2012	14 093.03	1 174.02	7 232.50	6 311.50
2013	15 454.28	1 264.45	7 711.34	7 053.57
2014	16 711.47	1 277.36	8 127.57	7 994.19
2015	17 922.70	1 327.03	8 417.05	8 875.05
2016	19 776.15	1 373.55	9 081.19	10 075.56
2017	21 826.12	1 358.91	9 873.23	11 359.64
2018	23 743.64	1 401.33	10 348.47	12 666.89

注：为剔除宏观外部变化对经济的影响，故采用 1978～2018 年的数据进行分析，以确保分析结果的稳健性。

资料来源：根据中经网统计数据库数据整理计算而得。

使用中国 31 个省份（不包括港澳台地区）GDP 标准差系数作为因变量 GDPSD，以第一产业增加值标准差系数为 DIYISD，第二产业增加值标准差系数为 DIERSD，第三产业增加值标准差系数 DISANSD 作为自变量，构造多元回归模型如下：

$$GDPSD = C(1) + C(2) \times DIYISD + C(3) \times DIERSD + C(4) \times DISANSD + \lceil AR(1) = C(5) \rceil$$

利用 EViews7. 2 软件作回归分析，结果如下。

GDPSD =

$$16.25 + 1.05 \times DIYISD + 0.88 \times DIESD + 1.0275 \times DISANSD + \lceil AR(1) = 0.68 \rceil$$

T = (0.373)　　(3.640)　(13.566)　　　(31.87)　　　　(4.646)

P = (0.711)　　(0.0009)　(0.0000)　　　(0.0000)　　　　(0.0000)

F = 222 419. 1 , Prob(F − statistic) = 0.0000　Durbin − Watson stat = 1.791228

表 8 − 19　　　　　　　　　中国产业不平衡模型回归检验

Dependent Variable：GDPSD		Date：07/25/23		
Method：Least Squares		Sample：1979 − 2018		
Convergence achieved after 26 iterations		Included observations：40 after adjustments		
Variable	Coefficient	Std. Error	t − Statistic	Prob.
C	16. 25015	43. 55268	0. 373115	0. 7113
DIYISD	1. 051218	0. 288791	3. 640071	0. 0009
DIESD	0. 887633	0. 065430	13. 56608	0. 0000
DISANSD	1. 027147	0. 032229	31. 87004	0. 0000
AR（1）	0. 686697	0. 147797	4. 646207	0. 0000
R − squared	0. 999961	Mean dependent var		5 565. 764
Adjusted R − squared	0. 999956	S. D. dependent var		6 975. 200
S. E. of regression	46. 18111	Akaike info criterion		10. 61949
Sum squared resid	74 644. 33	Schwarz criterion		10. 83060
Log likelihood	− 207. 3897	Hannan − Quinn criter.		10. 69582
F − statistic	222 419. 1	Durbin − Watson stat		1. 791228
Prob （F − statistic）	0. 000000	Inverted AR Roots		0. 69

由检验结果可看出由于 F 值对应显著性水平为 0.000，说明整体方程通过显著性检验。各个自变量的统计量对应 p 值分别为 0.0009、0.000、0.0000，非常低，因此认为每个自变量对因变量影响是显著的。由于 Durbin − Watson stat 为 1.79，接近 2，说明回归方程消除了自相关性。总之，无论整体方程还是单个自变量都显著通过检验，说明回归方差拟合效果非常好，可用于分析。上述分析可看出第一产业不平衡、第二产业不平衡及第三产业不平衡都对整

体经济不平衡产生了显著性影响，因此，要实现整体经济平衡就需要各个产业首先达到平衡。

第五节　所有制结构变动导致的经济发展不平衡分析

按照马克思主义原理，所有制结构是经济基础。接下来验证所有制结构变动是不是经济不平衡的原因。收集的相关数据指标如表 8 - 20 所示。

表 8 - 20　　　中国工业企业私营资产比重及中国经济不平衡表

年份	中国规模以上工业企业中的私营企业资产比重（%）	中国经济不平衡综合指数	全国人均 GDP 变异系数	中国小康达标率变异系数	中国发达达标率变异系数
	Siqizichanbi	Bupingzong	RenGDPCV	Xiaokangcv	Fadacv
1998	1.37	185	0.6802	0.6883	0.6883
1999	1.96	187	0.7085	0.7174	0.7174
2000	3.07	189	0.7262	0.7356	0.7356
2001	4.36	195	0.7260	0.7355	0.7355
2002	5.99	193	0.7457	0.7556	0.7556
2003	8.60	195	0.7538	0.7636	0.7636
2004	11.02	202	0.7596	0.7694	0.7694
2005	12.39	208	0.7443	0.7534	0.7534
2006	13.91	220	0.7131	0.7214	0.7214
2007	15.10	231	0.6643	0.6714	0.6714
2008	17.59	243	0.6056	0.6098	0.6098
2009	18.47	254	0.5816	0.5847	0.5847
2010	19.71	264	0.5468	0.5477	0.5477
2011	18.90	278	0.5110	0.5094	0.5094
2012	19.85	290	0.4903	0.4870	0.4870
2013	21.56	301	0.4767	0.4723	0.4723
2014	22.27	311	0.4670	0.4621	0.4621
2015	22.38	324	0.4628	0.4583	0.4583

年份	中国规模以上工业企业中的私营企业资产比重（%）	中国经济不平衡综合指数	全国人均 GDP 变异系数	中国小康达标率变异系数	中国发达达标率变异系数
	Siqizichanbi	Bupingzong	RenGDPCV	Xiaokangcv	Fadacv
2016	22.06	333	0.4748	0.4715	0.4715
2017	21.63	344	0.4615	0.4582	0.4582
2018	21.09	356	0.4469	0.4432	0.4432

注：为剔除宏观外部变化对经济的影响，加上中国规模以上工业企业中的私营企业资产比重指标 1998 年才开始有完整的统计数据，故采用 1998～2018 年的数据进行分析，以确保分析结果的稳健性。

资料来源：根据中经网统计数据库的数据处理。

使用 EViews7.2 进行格兰杰因果分析结果如下。

从表 8 - 21 因果检验结果看出，统计量 F - Statistic =7.76723 对应的 Prob = 0.0054 <1%，因此认为 1% 的显著性水平下，中国工业企业中的私营企业资产比重是中国经济不平衡综合指数的影响因素。

表 8 - 21　　　工业企业中的私营企业资产比重对中国经济不平衡综合指数因果检验

Granger Causality Tests		Lags：2	
Date：07/26/23		Sample：1998 - 2018	
Null Hypothesis：	Obs	Prob.	F - Statistic
SIQIZICHANBI does not Granger Cause BUPINGZONG	29	0.0054	7.76723

注：SIQIZICHANBI 表示工业企业中的私营企业资产比重；BUPINGZONG 表示中国经济不平衡综合指数。

从表 8 - 22 因果检验结果看出，统计量 F - Statistic =4.29599 对应的 Prob = 0.0351 <5%，因此认为 5% 的显著性水平下，中国工业企业中的私营企业资产比重是中国人均 GDP 变异系数的影响因素。

表 8 - 22　　　工业企业中的私营企业资产比重对中国人均 GDP 变异系数的因果检验

Granger Causality Tests		Lags：2	
Date：07/27/23		Sample：1998 - 2018	
Null Hypothesis：	Obs	Prob.	F - Statistic
SIQIZICHANBI does not Granger Cause RENGDPCV	19	0.0351	4.29599

注：SIQIZICHANBI 表示工业企业中的私营企业资产比重；RENGDPCV 表示中国人均 GDP 变异系数。

从表8－23因果检验结果看出，统计量F－Statistic＝5.22158对应的Prob＝0.0202＜5%，因此认为5%的显著性水平下，中国工业企业中的私营企业资产比重是中国小康达标率变异系数的影响因素。

表8－23　　　工业企业中的私营企业资产比重对中国小康达标率
变异系数的因果检验

Granger Causality Tests	Lags：2		
Date：07/28/23	Sample：1998－2018		
Null Hypothesis：	Obs	Prob.	F－Statistic
SIQIZICHANBI does not Granger Cause XIAOKANGCV	19	0.0202	5.22158

从表8－24因果检验结果看出，统计量F－Statistic＝5.2114对应的Prob＝0.0203＜5%，因此认为5%的显著性水平下，中国工业企业中的私营企业资产比重是中国发达达标率变异系数的影响因素。

表8－24　　　工业企业中的私营企业资产比重对中国发达达标率
变异系数的因果检验

Granger Causality Tests	Lags：2		
Date：07/29/23	Sample：1998－2018		
Null Hypothesis：	Obs	Prob.	F－Statistic
SIQIZICHANBI does not Granger Cause FADACV	19	0.0203	5.2114

综上所述，中国私营企业工业资产比重不断上升是中国经济不平衡的原因之一。

第六节　经济发展不平衡的其他原因分析

一、经济政策差异导致的经济发展不平衡

改革开放之初，国家采取让一部分地区先富裕起来的政策，故此对个别地区实施了有特殊优惠政策，这就造成了实施优惠政策的地方一般发展较快，

而未实施优惠政策的地方发展较慢，国家政策的差异导致了不同地区间发展的不平衡。政府通过经济政策而扶持或抑制某种产业发展常借助于经济杠杆和政策，如提供优惠贷款政策、优惠税率，资助研究和开发等，产业成本得以降低，获得较高收益，得到快速成长。若政府支持产业获得良好市场前景和势头，则会快于其他产业的发展。

二、区域地理区位优势差异导致的经济发展不平衡

我国地域广阔，地理差异明显，一些地区拥有良好的港口，便于物流交换，一些地区地势平坦，交通便利，货物运输成本低，一些地区靠近经济发达地区，更容易获得各种资源。一些地区拥有边境外贸口岸，便于进行对外贸易交换。不同地区地理区位优势的差异必然会影响各地经济发展的不平衡。

三、地区民族差异导致的经济发展不平衡

中国各民族的文化、宗教、经济观念、科学教育水平差异较大，加上民族分布极不均匀，因而会影响不同民族聚集地区的经济发展水平的不平衡。因此，民族之间的历史性差距和现实差距，也是经济发展不平衡性的一个重要原因。

四、市场化发育水平的差异导致的经济发展不平衡

由于我国到1992年党的十四大才宣布确立社会主义市场经济体制的目标。而之前基本都是摸着石头过河，各地区的市场化改革进度也不同步，也就是说不同地域的市场化发育水平存在明显的差异，生产要素配置效率存在差异，导致各地区经济发展的不平衡。同时，在改革的过程中，由传统计划经济体制向社会主义市场体制的转轨过程中，一些行业和企业保留传统计划经济体制的运行模式，而另一些行业和企业采用市场经济的运行模式，传统计划经济体制与市场经济体制不能非常完美地做到无缝衔接，也是经济发展不平衡的重要原因。

五、中国城乡二元经济特征导致的经济发展不平衡

我国经济长期处于城乡二元经济结构，城市拥有优势资源，农村资源匮乏。城市地区和乡村地区经济发展程度长期存在非常大的差异，这既有历史差异原因，也有发展重工业、城乡价格剪刀差政策的原因，还有城乡劳动者各种科技、教育、经济思维等各种差异的原因，更有城乡投资差异的原因。

综上所述，经济发展不平衡的原因多而复杂，如自然要素禀赋差异、历史原因、民族差异、政策差异、投入要素差异、教育和科技水平差异、人们经济观念差异、外贸环境差异、城乡差异、产业和行业不平衡、市场化程度不同和市场分割的原因、经济所有制演变原因等。因此，经济发展不平衡的原因纷繁而复杂，需要认真全面综合动态分析，切不可把经济不平衡原因和问题简单化处理。

第九章

化解中国经济发展不平衡的措施建议

第一节 加快水利工程建设使得自然资源分布尽可能平衡

由前面的分析可得出，中国自然资源不平衡是中国经济发展水平不平衡的原因之一。

南水北调工程和西气东输工程等都是改变我国自然资源不平衡的举措。因此，建议国家投资红旗河工程，并对甘肃、陕北、内蒙古、新疆的生态环境彻底提升。我国各地降水分布不均，荒漠化土地分布广泛，如果将西南方雨季富余的水调到西北方荒漠地区，把荒漠地区改造变草原，就能提高生产力，改善自然资源分布不平衡的状态。中国八大沙漠和四大沙地，总面积约130万平方千米，约占全国土地面积的13%。[①] 毛乌素沙地是中国四大沙地之一，又称鄂尔多斯沙地。2020年4月陕西省林业局宣布陕西榆林地区沙化土地治理率已达93.24%，意味着毛乌素沙漠即将从中国版图"消失"。[②] 库布齐尔沙漠是我国的第七大沙漠面积非常大，北京沙尘暴的来源之一就是库布齐沙漠。经过多年的大力治沙，将黄河凌汛水引入沙漠治沙后，沙漠的绿化面积越来越大，有1/3的沙漠都变成了绿地。中国共产党领导群众，把沙漠变回了绿洲，这些成功的社会实践证明人类可以对沙漠、沙地和戈壁等恶

---

① 国家林业局：《中国荒漠化和沙化土地图集》，北京：科学出版社，2009。
② 宦洁、康喜平，沙海变桑田的中国奇迹——陕西省榆林市"清退"毛乌素沙漠的生态实践调查，光明日报，2020 – 05 – 13。

劣环境进行成功改造和绿化的。但是绿化的关键是水资源，只要有大量的水资源就可以把沙漠改造成绿洲和良田。

红旗河构想是由中国工程院王浩院士组提出，多名水利专家设计的西部调水项目。"红旗河"设计从雅鲁藏布江大拐弯取水，经过各大河流取水，北上穿秦岭、黄河，沿甘肃向西进入新疆，终点到喀什市。其中，北方支线向内蒙古和北京延伸。西北支线由延伸至新疆的哈密盆地和吐鲁番盆地。中部支线穿黄土高原进入延安。干线分为三段：前段从雅鲁藏布江大拐弯到兰州市，中段从兰州市到甘肃最西部，后段进入南疆延伸至和田和喀什。"红旗河"取水原则：统筹国内和国际用水需求，兼顾上游和下游用水需要；干旱期不取水，冬季微量取水，夏季少量取水，雨季适度取水，洪水期泄洪。毛乌素沙漠已经大部分由沙漠变成绿洲和良田，治沙经验就是将河水凌汛水引入沙漠，达到泄洪和治沙双赢的目的，此治沙经验叫推广到红旗河流域的广袤西北地区（甘肃、陕西、内蒙古、新疆），再经过自然环境改造，把荒漠变成绿洲和耕地，提高生态生产力。

本书构想未来三十年"红旗河"流域区域经济社会发展愿景规划。

第一步：第一个五年时间，浇灌漠北沙漠，沙漠变草原，彻底治理京津沙尘暴。

第二步：第二个五年时间，浇灌河西走廊，建全国玉米大豆基地和生猪基地。

第三步：第三个五年时间，浇灌黄土高原，黄土地变森林，建成全国绿豆基地。

第四步：第四个五年时间，浇灌吐哈盆地，戈壁滩变绿洲，建成全国瓜果基地。

第五步：第五个五年时间，浇灌塔里木盆地，沙漠变草原，建成全国牛羊基地。

当前正在积极推行新时代的西部大开发，生态建设是未来应该重点的投资领域。新疆、内蒙古、甘肃、陕北等地的生态环境由荒漠变成草原、绿洲甚至良田及牛羊猪肉养殖基地，不仅有助于保证未来中国经济健康持续的中高速发展，而且改善人们的生存环境，减少沙尘暴等恶劣天气的产生，提高空气质量和大气的氧气含量，提高人们的生活质量，同时，牛羊猪肉的大量供应也能改善人民的生活质量。因此，应加大中国生态环境改造投资，将改善中国自然资源分布不均衡状态，促进经济长远的平衡发展。

第二节　出台政策使得要素投入尽量在各地区间取得平衡

一、出台政策促进区域间资源配置均衡

由前面的分析可得出，中国固定资产投入的不平衡是经济发展不平衡的重要原因之一。

通过加大财政转移支付力度，优化税收政策，鼓励跨地区投资等手段，全国固定投资尽量在各地区间取得平衡，帮助相对落后地区加快发展，实现和发达地区的协调发展。在指定国家五年规划时，已经具体实施环境尽快尽量考虑地区间固定投资额的均衡，对于欠发达地区还应该适当倾斜。同时，出台相关优惠政策吸引民间资本投资欠发达地区，来为熨平地区间不平衡性作出相应的努力。

固定投资重点应在县、乡镇和偏远地区，而不是在已经建设很好的城市道路上每年浪费在重新翻修上。过去投资的重点对大城市基础建设，重复建设率较高，市区一些路段年年翻新，重复建设，浪费资源，还造成城市堵塞交通不便。应该立法禁止重复建设，一条公路至少十年以上才能重建。由于财政集中于地级市以上的城市，导致县级市、县和乡镇基础设施建设滞后，偏远落后地区的基础设施更是不足，这是未来中国有效投资的重点区域。

二、加速小县城城镇化、扩大中等城市城市化、限制大城市人口规模

由前面的分析可得出，中国人口密度的不平衡是中国经济发展不平衡的原因之一。特大城市人口密集，容易造成城市交通拥挤、机动车尾气污染等城市病。因此，适当疏解降低特大城市的人口是必要措施，同时应该加快中性城市的城市化进程，小县城的城镇化进程，吸纳农村剩余人口成为城市人

口。同时，中国城镇化不断深化是投资拉动经济增长的有效途径，中国城镇化的规模和速度在人类历史上是空前的。2023 年，中国常住人口城镇化率为66.16%。而发达国家城市化率大部分都在80%以上，如2022 年美国、英国、法国、日本的城镇化率分别为83%、84%、81%、91%，所以中国城镇化程度离达到发达国家标准还有很多距离和空间。中国还有 4 亿多人口在农村，未实现人口城镇化，中国目前有 2 亿多已进入城镇就业的农业转移人口，帮助 2 亿已经进城人群城镇化，可以极大地拉动经济稳定增长。① 所以通过继续城镇化拉动有效投资，未来还有很大的增长空间。因此，未来三十年中国对城镇化有效投资可以在一定程度上助推中国经济高质量发展，同时也能减轻中国经济发展的不平衡性。

第三节　扩大内需以提高中国经济长期发展稳定性和平衡性

由前面的分析可得出，经济的外向型程度的不平衡是中国经济不平衡的原因之一。

过度的外向型发展容易使世界经济萧条传导到国内。以出口为导向的外向型经济导致的巨额贸易顺差，不仅容易加剧世界各国贸易报复，而且出口换汇回来的美元由于美联储无限的开动"印钞机"而长期贬值，从而使得出口换汇得到美元价值长期缩水。中美贸易应该追求贸易平衡，而非出口创汇，购买大量农产品和石油天然气资源等战略物资，换成实物总比美元贬值强。中国经济的外向型发展不能无限制地扩张，要保持适度的规模和合理的比例，并逐年小幅减少外贸顺差占中国经济总量比例，减少外部经济危机对中国经济的冲击。中国经济今后发展的重点应该出出口导向转型为努力提高中低收入群体收入的内需驱动。因此，要保持中国经济长期稳定性和平衡性就必须重点着眼于内需的扩大和占比的提高，创造世界级的庞大的"消费红利"。

消费才是生产的最终动力和最终目的，中国人民消费能力提高才是生活

---

① 资料来源于中经网统计数据库。

改善的根本标志。消费的持续扩大为中国经济的持续发展可以提供持续动力。尤其是农村人口城镇化可以造就巨大的消费需求，推动中国经济发展的持续发展。因此，中国的注意力应该关注挖掘国内内需潜力，消费层次逐渐转向高端化和服务化升级的需求，就能经济发展提高持久增长动力。中国不太富裕人口还很多，在养老、医疗、教育、住房得到充分保障的基础上，提高低收入人群收入就可产生旺盛需求，从而拉动未来中国经济的中高速增长，通过扩大消费的平衡性来减少经济发展的不平衡性。

第四节　加快向现代产业的转型升级提升可持续发展能力

推动产业结构升级，即通过扶持新兴产业、淘汰落后产能等方式，加快传统产业向现代产业的转型升级，提升整个经济的竞争力和可持续发展能力。

由于我国现有统计系统没有生产资料的生产部门和消费资料的生产部门详尽的长期的历史统计数据，同时，价值构成"C＋V＋M"也没有统计和公布真实的全国及地方数据，从而制约了用马克思主义政治经济学理论来研判中国实际产业是否平衡以及偏离平衡到达什么程度。应该按照马克思主义政治经济学发展要求，增加产业平衡发展统计测量体系，从而加快向现代产业的转型升级从而提高可持续发展能力。

所以，要深入研判和取得中国产业和行业的经济平衡，应该在现有统计系统的基础上，增加生产资料的生产部门和消费资料的生产部门的实际统计数据，以及增加价值构成"C＋V＋M"的实际统计数据，有助于从行业细节去动态测量不同生产部门之间、生产与需求之间不平衡差距，及时调整和实施政策加以弥补。

第五节　公有制经济的主体性是实现经济平衡发展的根本保障

马克思主义基本原理认为，经济基础确定上层建筑，公有制是社会主义最根本经济属性。所以，随着生产力的迅速发展，适时升级调整生产关系，做优做强公有制经济，按照宪法要求保证公有制经济的主体地位是维持经济平衡性根本需要。我国基本经济制度实行公有制为主体、多种所有制经济共同发展。矛盾综合体里，有一个是主要矛盾，它制约其他矛盾的发展，而事物的性质是由主要矛盾决定的。社会的根本性质就取决于处于主体地位的所有制形式。如果公有制主体地位丧失，社会的性质就必然发生根本的变化。越是存在多种所有制经济，越要始终强调公有制为主体的地位。改革开放初期，生产力相对落后，自然经济成分比较重，为实施经济不平衡发展战略，私有经济在经济发展初期发展速度快一些可以理解，但是以后随着生产力的发展、生产力越来越具有社会化大生产的性质，为了减少经济的不平衡性，为了减少社会收入差距、缩小贫富差距和减少两极分化，就应该创造条件让公有制经济发展速度发展更快一些，以适应生产力的发展要求。按照马克思主义政治经济学原理的要求，在生产力水平和社会化大生产程度提高的情况下，根据实际情况，适时升级调整生产关系，做大公有制经济、做强国有经济，从而通过生产关系的调整促进生产力的进一步发展和生产力布局平衡。

我国是社会主义国家，社会主义制度不应该允许贫富差距过大、应该防止两极分化。这就要求通过提高公有制在经济中的作用和增强国家宏观调控力量来缩小贫富收入和财产差距，从而达到共同富裕的最终目的。为了防止贫富两极分化，实现共同富裕，就必须保持和不断增强国有企业的主导地位和公有制企业的主体地位，采取工人民主管理和监督等有效措施以调动公有制企业职工的主人翁精神和生产积极性，就应该想方设法调动一切积极因素。

第六节　教育普及化和均衡化是实现经济平衡发展的重要途径

一、全国的教育投资尽量在地区间取得平衡

由前面的分析可得出，中国教育投入的不平衡性是经济发展不平衡性的原因之一。

政府应该加大教育经费投入，提高对教育的支持力度，通过扩大教育公

共服务的供给，提供多元化教育服务，满足不同层次、不同需求的群体对教育的需求，促进经济均衡发展。教育的落后可以导致世代落后。因此，对于欠发达地区，国家更应该加大教育资金的投入和教育资源的投入，同时指定相应政策，让全国优秀教育资源支援欠发达地区。

二、建立公平、普惠的教育保障机制、促进教育普及化

建立全民教育保障制度，建立公平、普惠的教育保障机制，使得教育资源尽量在地区间取得平衡，提高教育公平性，优化教育资源分配。通过调整教育资源配置，缩小不同地区、不同学校间的差距，实现教育机会公平性。推行义务教育均衡发展，加强对农村地区义务教育的投入，改善乡村教育条件，增加师资力量，推动城乡义务教育均衡发展。打造多元化的职业教育体系。通过建立多层次、多种形式的职业教育体系，满足人才培养需求，促进就业和产业升级。推进素质教育，通过深化教育教学改革，注重培养学生综合素质，提高人才培养质量，以适应经济转型和社会发展的需要。通过建立全国统一人才市场、打破户籍限制、推行人才评价机制等方式，促进人才自由流动，优化人才分布结构，支撑全国范围内的经济发展。促进人口素质提升，普及教育可使更多的人获得受教育机会，提高整体素质和技能水平，为经济发展提供更多高素质人才。

教育普及化可提高劳动力素质，拓宽就业岗位，增加就业机会，促进经济平衡发展。受过教育的人们更容易接受新技术、新知识，教育普及化有助于推动技术创新，带动产业升级。教育普及化可提高人们的消费意识和品位，促进消费升级，推动经济发展转型升级。受过教育的人们更具有市场竞争力，教育普及化可提高市场的需求量，促进市场的扩大和发展。

三、通过教育的高质量发展促进经济平衡发展

（1）推进素质教育、提高教育质量：注重素质教育，培养具有创新能力和实践能力的人才，提高劳动者的整体素质，培养创新人才、适应市场需求的技能人才以及决策者和领导者。

（2）加强职业教育：提高职业技能培训和教育水平，使劳动力更加适应市场需求，为市场需求提供更多的技术和技能人才，提高就业质量和效率。

（3）推进信息化建设：利用先进的信息技术手段改善教学条件，提高教学质量和效率。

（4）发展终身教育：为成年人提供机会和资源，不断更新自己的知识和技能。

（5）促进教育与产业的深度融合：鼓励高校和企业紧密合作，共同研发新技术、新产品，并将科技成果转化为生产力。

（6）支持优质教育资源向贫困地区倾斜：使全国范围内的人们都有机会接受优质教育，促进教育公平。

（7）加强教师队伍建设：完善教师培训机制，提高教师的专业水平和素质，使其更好地适应教育现代化的需要。

四、延长义务教育至普通高中阶段，普及普通高中教育和高等职业教育

建议将全国9年义务教育改为15年义务教育。由原来的小学和初中9年义务教育扩大到幼儿园、小学、初中、高中15年义务教育。国家应大力投资公立幼儿园建设满足人民群众子女对教育高质量的需求。时代发展需要高质量人才，用普通高中教育代替初级和中级职业教育来实现基础教育的高质量发展。职业教育培养重点应该是社会人员的劳动技能。职业教育重点应该是高级职业教育，从而提高全体劳动力的文化素质和高质量劳动技能。中国的平衡发展需要把即将消失的"人口红利"努力转化为"人才红利"。中国应该优先改善乡村的办学条件。对乡村地区群众开展实用技术技能培训，利用加强科技的普及，切实提高低收入人群就业手段和致富门路，从而缩小富裕地区和低收入地区的教育环境差距。

五、在少数民族地区进行普通话和科学知识的普及教育，缩小民族地区发展不平衡

由于民族地区发展的不平衡性导致经济发展不平衡性，应该在幼儿

园阶段提供免费普通话教学，对各少数民族地区的成人普及普通话扫盲教育，消除语言交流障碍，为少数民族地区提供更多的学习机会、科技致富信息，从而改善其经济发展的不平衡性。国家制定政策，可以利用大学生的暑假期间，鼓励和引导大规模的大学生到少数民族聚集地区对少数民族的中小学生和幼儿园学生进行汉语普通话的培训和练习，使之掌握熟练的汉语普通话技能，同时，对当地的少数民族传播科学技术知识，用科学来促进少数民族地区的发展，进而缩小少数民族地区的经济发展不平衡。

第七节　缩小中国经济发展不平衡的其他建议

一、建立全国统一开放的国内市场

由于各地市场化改革进度不同步，各地生产要素配置效率存在差异，导致各地区经济发展不平衡。同时，一些地方为了保护本地企业的产品销售而采取一些隐形措施，限制外地产品和品牌在当地的销售，造成国内市场分割。因此，必须采取措施，打破狭隘的地方保护主义利益链条，促进早日建成全国公开透明的全国商品统一销售市场和要素流动市场，从而减少各地的经济发展不平衡。

二、逐步完善全国社会养老医疗保障体系，促进社会经济和谐发展

通过完善社会保险、教育、医疗等公共服务，减少城乡居民之间的差距，提高低收入群体的生活质量，促进经济和社会的和谐发展。（1）建立全民社会保障制度。通过建立全民社会保障制度，实现所有人都能够享受社会保障的权利，加强社会保障覆盖面。（2）完善养老保险制度。通过建立多层次、全覆盖的养老保险制度，确保老年人基本生活水平，减轻家庭负担。（3）建立医疗保障制度。通过建立全民医疗保障体系，实现医疗资源公平分配，减

轻群众医疗负担，提高健康水平。(4) 加强失业保障。通过完善失业保险制度，提高失业保险金标准，增加就业补贴等措施，帮助失业者尽快重新就业。(5) 加强社会福利保障。通过完善社会救助、残疾人保障等制度，帮助身处困境的群体，缓解社会矛盾，促进社会和谐发展。

第十章

结论与研究展望

第一节 结 论

本书打破了不平衡（不均衡）发展理论和平衡（均衡）发展理论两种理论的界限，提出了不平衡与平衡统一逻辑的新发展理论。

多层次转换经济发展理论认为：社会经济发展是在不平衡与平衡的矛盾运动中向前推进的，不平衡是起点、现实和启动动力，统筹协调是助推加速手段，平衡发展是最终目的和结果；在不同阶段、地区和领域，应根据具体情况，采取不同方针，统筹安排和协调发展，促使不平衡逐步向平衡逼近，最终实现总的高水平高质量综合平衡发展。不平衡并非始终有利，也并非始终有害，在经济社会不同阶段所起的正向推动作用和反向阻碍作用是不同的，影响的程度也是有区别的，应该根据具体情况适时调整发展策略，不断促进经济、社会和人的可持续全面发展。当不平衡不符合事物发展要求时，就会阻碍事物的发展。在事物发展的初期，不平衡发展一般情况下是有利于事物加速发展的，而当事物发展到一定阶段，发展的不平衡就逐渐成为事物发展的阻碍因素，并最终成为主要矛盾的主要阻碍方面。要发展首先通过不平衡发展打破原有平衡状态，通过不平衡发展走向新的平衡状态，完成第一层次的发展，然后再次打破平衡状态，通过再次不平衡发展走向更高层次平衡状态，这样一张一弛，有节奏地推进更高层次更高水平发展。平衡状态是人们追求理想状态，但只有通过不平衡的漫长发展过程才能达到平衡的理想结果，通过最初绝对不平衡发展才能追求到最终相对平衡的效果。

由不平衡发展启动到协调发展助推加速再到高水平高质量综合均衡发展，单纯依靠市场机制很难自动完成，须借助国家宏观调控力量、科学宏观指导，及时准确判断社会主要矛盾的转换，及时判断发展阶段，及时调整发展战略，及时完成不同发展阶段的转换任务。无论是不平衡发展启动阶段，还是统筹协调发展助推阶段，还是高水平高质量综合平衡发展阶段，总体目标是保证经济和社会可持续快速健康发展，同时防止差距拉大，实现又好又快的发展。

多层次转换经济发展理论认为发展永无止境是分层次的，完成第一层次发展任务后，就进入更高层次循环，进入第二层次不平衡发展启动—统筹协调发展助推—更高水平更高质量综合平衡发展，螺旋上升，不断推进，有张有弛地向更高阶段更高层级发展。

多层次转换经济发展理论的一层次三阶段发展如图 10 − 1 所示。

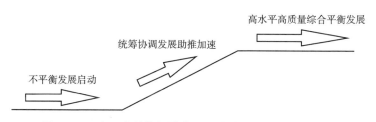

图 10 − 1 多层次转换经济发展理论的一层次三阶段发展

由此抽象出多层次转换经济发展理论的一层次三阶段模型曲线如图 10 − 2 所示。

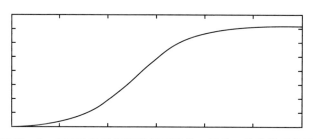

图 10 − 2 多层次转换经济发展理论的一层次三阶段模型曲线

经济系统经历一个层次的三阶段发展后，可能会有不同发展方向，即经济衰退型、经济停滞型、经济波动型、高层次高质量复合发展型。如何才能接续成为高层次高质量复合发展型？单纯依靠市场机制很难自动完成，关键是发挥政府宏观调控作用作出前瞻性的规划和科学的宏观指导，及时判断时代发展变化的主要矛盾的转换和主要制约因素，及时调整时代发展战略，及时根据生产力发展的要求适度升级调整生产关系，同时科学技术创新不断突破原有容量限制，进而才可能产生新层次的跃进和进阶。

当完成第一层次的发展后，社会主义国家应该通过国家宏观调控力量，完成生产关系的适度升级以及借助科技创新再次打破平衡状态，通过再次不平衡发展启动、统筹协调发展助推加速，再次走向更高层次更高水平的综合平衡发展状态，从一个层次迈向更高层次，这样一张一弛，有节奏地推向更高层次更高水平发展。

由此抽象出多层次转换经济发展理论的多层次复合发展理想曲线如图10-3所示。

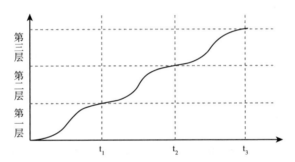

图10-3　多层次转换经济发展理论的多层次复合发展理想曲线

改革开放初期，经济不平衡发展策略对经济发展起到了推动作用。随着经济水平的提高，经济不平衡策略对经济发展的推动作用逐渐衰退，并且逐渐成为经济的阻碍因素作用。改革开放初期，中国经济不平衡发展策略扩大是经济发展水平提高的原因之一。经济发展中后期，统筹协调发展对经济发展具有促进作用。本书因果检验显示，经济发展水平是统筹协调发展的重要原因之一，而系统统筹协调发展是全面到达小康社会和中国经济发展的原因之一。

第二节　研究展望

本书只是对经济的平衡发展及不平衡发展进行了一些研究和探索，今后需要进一步研究的更多领域的平衡与不平衡性问题，对发展的平衡与不平衡进行多角度多领域的拓展。本书主要研究了经济领域的平衡与不平衡，将来还要对社会文明、政治文明、精神文明、生态文明等领域进行平衡与不平衡的相关研究，同时，五大领域之间系统的平衡与不平衡也需要深入研究，如图 10 – 4 所示。

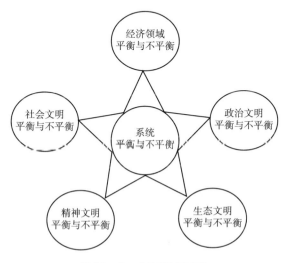

图 10 – 4 未来研究展望

本书打破了两类理论的界限，提出了不平衡与平衡统一逻辑的独创性新经济发展理论，不平衡启动—协调助推—综合平衡的多层次转换经济发展理论，多层次转换经济发展理论。今后将进一步深入、拓展和完善。

附　录

本书收集及处理数据两万多条，占篇幅太多，故不在本书中列出，原始数据可在世界银行数据库和中经网数据库查阅。本附录只列出论证过程中关键数据如附表1～附表19所示。

附表1

因子分析得分矩阵

zv1	zv2	zv3	zv4	zv5	zv6	zv7	zv8	zv9	zv10	zv11	zv12	zv13	zv14
0.09	1.39	-0.33	0.05	-0.74	-0.57	-0.04	-0.42	3.34	3.05	3.82	0.87	-0.49	0.34
-0.33	1.18	-0.58	-0.34	-0.88	-0.77	-0.43	-1.27	0.11	-0.25	1.87	0.74	-0.63	-0.65
-0.54	-0.75	-0.94	-0.89	-1.10	-0.95	-0.89	-0.92	-1.18	-0.77	-0.75	0.49	-0.85	-1.31
-1.30	0.46	-1.00	-0.99	-1.19	-1.02	-0.93	-1.49	-1.12	-1.26	0.09	-0.60	-1.34	-1.30
-0.68	-1.77	-0.98	-0.95	-1.15	-1.02	-0.93	-0.97	-1.07	-1.68	0.37	-1.83	-0.89	-1.38
-0.71	0.04	-0.80	-0.68	-1.14	-0.95	-0.70	-0.94	-0.57	-0.69	0.69	0.35	-0.95	-1.02
-0.60	-1.84	-0.95	-0.92	-1.18	-1.00	-0.83	-0.97	-0.62	-0.85	0.57	-0.66	-0.92	-1.04
-1.06	-0.06	-0.91	-0.84	-1.17	-1.00	-0.84	-0.81	-0.91	-1.01	0.18	-0.85	-0.70	-1.22
-0.55	1.59	-0.12	0.38	-0.58	-0.43	-0.09	-1.69	0.61	2.00	1.70	1.05	-0.37	-0.37

续表

zv1	zv2	zv3	zv4	zv5	zv6	zv7	zv8	zv9	zv10	zv11	zv12	zv13	zv14
-0.13	-0.04	-0.78	-0.64	-0.99	-0.91	-0.78	-0.42	-0.93	-0.28	-0.42	0.73	-0.23	-1.19
-0.16	0.17	-0.71	-0.54	-0.81	-0.86	-0.64	-0.70	-1.12	0.43	-0.38	0.87	-0.26	-1.31
-0.47	-2.13	-1.03	-1.04	-1.13	-1.04	-0.95	-0.78	-1.28	-0.91	-1.07	-0.63	-0.31	-1.42
-0.22	-0.83	-0.79	-0.66	-0.96	-0.92	-0.73	-0.70	-1.17	-0.26	-1.30	0.25	-0.12	-1.30
-1.13	-1.80	-1.04	-1.05	-1.16	-1.05	-0.96	-1.03	-1.22	-1.10	-0.89	-1.09	-0.13	-1.31
-0.07	-0.52	-0.87	-0.78	-1.06	-0.96	-0.85	-0.61	-1.22	-0.79	-0.46	0.29	-0.18	-1.33
-0.93	-1.77	-1.02	-1.02	-1.18	-1.04	-0.94	-0.97	-1.25	-1.01	-2.40	-0.91	-0.71	-1.40
-0.97	-1.10	-0.99	-0.98	-1.11	-0.99	-0.84	-0.09	-0.81	0.24	-0.25	0.02	-0.73	-1.20
-0.75	-1.68	-1.01	-1.01	-1.05	-1.03	-0.93	-1.27	-1.15	-0.13	-0.85	-0.49	-0.34	-1.31
-0.97	0.25	-0.75	-0.59	-0.74	-0.90	-0.66	0.16	-1.24	-0.57	-0.81	0.61	-0.34	-1.32
-0.99	-2.25	-1.04	-1.05	-1.07	-1.03	-0.94	-0.58	-1.30	-1.27	-0.85	0.40	-0.69	-1.40
-0.98	-3.44	-0.96	-0.93	-1.10	-0.96	-0.91	1.04	-1.31	0.60	-0.33	0.54	0.44	-1.37
-0.75	-0.63	-1.00	-1.00	-1.05	-1.02	-0.93	-1.96	-1.09	-0.53	-0.63	-0.64	-0.96	-1.29
-0.91	-1.91	-1.03	-1.04	-1.09	-1.02	-0.94	-1.41	-1.25	-0.88	-0.54	-0.68	-0.47	-1.39
-0.94	-2.31	-1.01	-1.17	-1.14	-1.06	-1.03	-0.53	-1.36	0.68	-0.93	-2.04	-1.38	-1.46
-1.36	-1.31	-1.03	-1.04	-1.02	-1.02	-0.99	-0.47	-1.29	0.46	-0.63	-0.28	-0.77	-1.42
0.19	-2.86	-1.05	-1.06	-0.95	-0.99	-0.97	5.48	-1.11	4.04	0.22	-1.14	1.52	-1.40
-0.12	-0.59	-1.04	-1.05	-1.16	-1.02	-0.96	-1.25	-0.68	-0.89	-0.22	-1.15	-0.89	-1.12
-0.68	-1.06	-1.06	-1.09	-1.18	-1.03	-0.99	-1.63	-1.16	-1.02	-0.53	-2.47	-1.41	-1.34
-1.17	-0.61	-1.02	-1.03	-1.16	-0.98	-0.97	-1.74	-1.05	-1.03	0.01	-2.15	-1.62	-1.37

续表

zv1	zv2	zv3	zv4	zv5	zv6	zv7	zv8	zv9	zv10	zv11	zv12	zv13	zv14
-0.81	-0.79	-1.02	-1.02	-1.18	-0.97	-0.96	-1.44	-1.06	0.45	-0.43	-0.42	-1.61	-1.36
-1.17	-1.51	-0.95	-0.92	-1.10	-0.94	-0.92	-0.92	-0.91	-0.35	0.74	0.58	-0.68	-1.29
-1.10	1.45	-0.22	0.20	-0.63	-0.54	0.01	-0.23	3.06	3.35	3.64	1.01	-0.40	0.31
0.04	1.24	-0.50	-0.23	-0.84	-0.75	-0.35	-1.14	0.19	-0.01	1.82	0.85	-0.60	-0.61
-0.47	-0.53	-0.90	-0.85	-1.07	-0.95	-0.87	-0.83	-1.13	-0.68	-0.74	0.67	-0.81	-1.29
-0.64	0.44	-0.98	-0.97	-1.16	-1.01	-0.92	-1.36	-1.07	-1.45	0.10	-0.52	-1.33	-1.29
0.06	-1.47	-0.95	-0.92	-1.12	-1.01	-0.91	-0.97	-0.98	-1.63	0.37	-1.55	-0.85	-1.35
-0.47	0.29	-0.76	-0.62	-1.10	-0.93	-0.67	-1.05	-0.48	-0.57	0.67	0.38	-0.81	-0.99
-0.53	-1.12	-0.91	-0.87	-1.15	-0.98	-0.81	-0.94	-0.48	-0.72	0.46	-0.62	-0.71	-1.05
-0.78	0.21	-0.88	-0.81	-1.14	-0.98	-0.82	-0.78	-0.89	-0.90	0.15	-0.71	-0.62	-1.15
-0.33	1.61	0.01	0.55	-0.50	-0.44	-0.02	-1.44	0.61	2.16	1.56	1.05	-0.34	-0.37
-0.17	0.10	-0.73	-0.59	-0.96	-0.91	-0.75	-0.39	-0.84	-0.07	-0.49	0.79	-0.28	-1.10
-0.64	0.28	-0.66	-0.48	-0.73	-0.81	-0.60	-0.50	-1.02	0.68	-0.37	0.92	-0.38	-1.26
-0.82	-1.83	-1.02	-1.03	-1.10	-1.03	-0.94	-0.70	-1.21	-0.77	-1.07	-0.36	-0.33	-1.37
-0.85	-0.62	-0.75	-0.62	-0.90	-0.92	-0.70	-0.61	-1.13	0.04	-0.94	0.22	-0.17	-1.26
0.09	-1.68	-1.02	-1.02	-1.12	-1.04	-0.95	-1.00	-1.20	-1.02	-0.82	-0.88	-0.12	-1.30
-0.34	-0.36	-0.83	-0.74	-0.99	-0.95	-0.83	-0.39	-1.16	-0.60	-0.49	0.42	-0.38	-1.29
-0.51	-1.50	-0.99	-0.99	-1.15	-1.02	-0.92	-0.94	-1.26	-0.93	-2.40	-0.70	-0.65	-1.37
1.46	-0.87	-0.96	-0.93	-1.08	-0.97	-0.79	-0.01	-0.69	0.25	-0.25	0.22	-0.64	-1.12
-0.50	-1.37	-0.99	-0.99	-1.02	-1.02	-0.91	-1.22	-1.10	-0.11	-0.77	-0.30	-0.30	-1.26

续表

zv1	zv2	zv3	zv4	zv5	zv6	zv7	zv8	zv9	zv10	zv11	zv12	zv13	zv14
-0.99	0.51	-0.69	-0.52	-0.68	-0.89	-0.62	0.10	-1.22	-0.59	-0.85	0.69	-0.44	-1.31
-1.03	-1.93	-1.03	-1.04	-1.05	-1.03	-0.92	-0.42	-1.28	-1.13	-0.85	0.47	-0.73	-1.37
-1.18	-3.60	-0.94	-0.90	-1.10	-0.96	-0.89	1.15	-1.29	-0.13	-0.42	0.69	0.72	-1.35
-0.37	-0.45	-0.99	-0.98	-1.01	-1.01	-0.91	-1.91	-1.26	-0.47	-0.63	-0.27	-0.89	-1.27
0.01	-1.66	-1.01	-1.02	-1.05	-1.01	-0.92	-1.30	-1.23	-0.79	-0.53	-0.54	-0.54	-1.34
-1.04	-1.99	-1.11	-1.16	-1.12	-1.05	-1.03	-0.36	-1.30	0.64	-0.94	-1.82	-1.35	-1.42
-1.28	-1.31	-1.02	-1.03	-1.01	-1.02	-0.98	-0.12	-1.25	0.42	-0.59	-0.25	-0.58	-1.39
-0.47	-2.65	-1.03	-1.04	-0.90	-0.97	-0.95	0.21	-1.09	3.82	0.22	-0.04	1.35	-1.46
-0.12	-0.40	-1.01	-1.02	-1.12	-1.01	-0.95	-1.47	-0.63	-0.72	-0.22	-0.55	-0.82	-1.12
-0.37	-0.82	-1.05	-1.07	-1.14	-1.02	-0.97	-1.52	-1.14	-0.91	-0.61	-1.88	-1.35	-1.33
-0.86	-0.27	-1.01	-1.01	-1.12	-0.94	-0.96	-1.61	-0.92	-1.19	-0.09	-2.15	-1.59	-1.40
-0.53	-0.41	-1.00	-0.99	-1.14	-0.94	-0.95	-1.36	-1.03	0.68	-0.42	-0.20	-1.64	-1.33
-1.30	-1.23	-0.91	-0.86	-1.07	-0.92	-0.91	-0.86	-0.83	0.70	0.71	0.60	-0.56	-1.25
-1.20	1.50	-0.10	0.42	-0.51	-0.47	0.07	0.10	2.93	3.03	3.62	1.02	-0.19	0.37
-0.13	1.27	-0.42	-0.09	-0.76	-0.70	-0.27	-0.97	0.58	-0.02	1.70	0.72	-0.50	-0.68
-0.68	-0.56	-0.88	-0.80	-1.04	-0.94	-0.85	-0.72	-1.02	-0.58	-0.70	0.03	-0.78	-1.27
-0.37	0.63	-0.96	-0.93	-1.09	-0.99	-0.91	-1.25	-0.95	-1.35	0.10	-2.29	-1.34	-1.28
0.12	-1.20	-0.92	-0.87	-1.08	-0.99	-0.89	-0.89	-0.95	-1.55	0.37	-2.11	-0.83	-1.35
-0.44	0.28	-0.72	-0.56	-1.06	-0.91	-0.62	-0.92	-0.36	-0.43	0.70	-0.56	-0.74	-0.91
-0.68	-0.96	-0.89	-0.82	-1.10	-0.96	-0.77	-0.94	-0.45	-0.70	0.55	-1.22	-0.61	-0.98

续表

zv1	zv2	zv3	zv4	zv5	zv6	zv7	zv8	zv9	zv10	zv11	zv12	zv13	zv14
-0.33	0.10	-0.85	-0.76	-1.09	-0.96	-0.80	-0.64	-0.80	-0.87	0.21	-1.15	-0.57	-1.13
-0.05	1.63	0.12	0.75	-0.39	-0.39	0.06	-1.00	0.73	2.20	1.43	1.05	-0.29	-0.32
-0.30	0.19	-0.68	-0.50	-0.91	-0.89	-0.72	-0.09	-0.73	-0.11	-0.49	-0.08	-0.29	-1.08
-0.67	0.39	-0.61	-0.38	-0.62	-0.76	-0.56	-0.03	-0.81	0.66	-0.30	0.57	-0.42	-1.22
-0.61	-1.52	-1.00	-0.99	-1.07	-1.03	-0.93	-0.70	-1.13	-0.62	-1.05	-1.90	-0.24	-1.33
-1.13	-0.47	-0.73	-0.56	-0.82	-0.91	-0.67	-0.50	-1.09	0.13	-0.93	-0.63	-0.19	-1.20
-0.75	-1.54	-1.00	-1.00	-1.08	-1.02	-0.93	-0.89	-1.13	-0.80	-0.86	-1.37	-0.08	-1.28
-0.30	-0.30	-0.80	-0.67	-0.93	-0.93	-0.80	-0.25	-1.04	-0.48	-0.35	-1.95	-0.38	-1.23
-0.38	-1.40	-0.97	-0.95	-1.11	-1.01	-0.90	-0.75	-1.18	-0.76	-2.40	-2.39	-0.68	-1.36
-0.49	-0.74	-0.93	-0.89	-1.05	-0.96	-0.76	0.02	-0.60	0.19	-0.27	-2.32	-0.57	-1.09
0.24	-1.29	-0.97	-0.94	-0.96	-1.00	-0.87	-0.75	-0.97	-0.21	-0.77	-1.62	-0.30	-1.22
-0.95	0.65	-0.64	-0.44	-0.62	-0.88	-0.59	0.71	-1.17	-0.73	-0.83	0.11	-0.40	-1.28
-0.89	-1.75	-1.01	-1.01	-0.98	-1.03	-0.91	-0.31	-1.25	-0.97	-0.86	-1.73	-0.68	-1.35
-1.11	-3.24	-0.93	-0.88	-1.05	-0.96	-0.89	0.41	-1.29	-0.03	-0.50	0.05	0.67	-1.38
-0.16	-0.30	-0.96	-0.93	-0.97	-0.98	-0.89	-1.69	-0.97	-0.44	-0.65	-3.20	-0.25	-1.24
-0.62	-1.48	-1.00	-0.99	-1.00	-0.99	-0.90	-1.22	-1.16	-0.68	-0.53	-3.58	-0.59	-1.33
-0.86	-1.67	-1.10	-1.14	-1.09	-1.03	-1.02	-0.09	-1.22	0.67	-0.93	-3.75	-1.39	-1.41
-1.50	-1.22	-1.01	-1.01	-0.96	-1.01	-0.96	0.44	-1.23	0.66	-0.63	-2.13	-0.72	-1.38
0.40	-2.08	-1.00	-0.99	-0.86	-0.93	-0.93	-1.88	-1.06	4.65	1.90	-0.89	1.47	-1.41
-0.19	-0.22	-0.99	-0.98	-1.09	-0.99	-0.93	-1.38	-0.50	-0.61	-0.17	-1.57	-0.80	-1.04

续表

zv1	zv2	zv3	zv4	zv5	zv6	zv7	zv8	zv9	zv10	zv11	zv12	zv13	zv14
-0.31	-0.83	-1.04	-1.05	-1.10	-1.01	-0.96	-1.41	-1.04	-0.81	-0.63	-3.58	-1.33	-1.28
0.11	-0.22	-0.98	-0.96	-1.05	-0.89	-0.94	-0.92	-0.93	-1.19	-0.21	-2.84	-1.53	-1.37
-0.63	-0.28	-0.97	-0.94	-1.08	-0.91	-0.94	-1.33	-0.89	0.54	-0.43	-2.10	-1.63	-1.33
-1.03	-0.96	-0.89	-0.82	-1.00	-0.89	-0.90	-0.61	-0.79	1.09	0.66	-1.10	-0.54	-1.20
-0.26	1.54	0.06	0.62	-0.43	-0.37	0.16	0.16	2.74	2.51	3.00	1.02	-0.08	0.74
0.83	1.30	-0.33	0.02	-0.72	-0.64	-0.16	-1.08	0.85	-0.37	0.90	0.74	-0.48	-0.29
-0.30	-0.46	-0.85	-0.77	-0.97	-0.94	-0.82	-1.05	-0.51	-1.02	-0.91	0.40	-0.81	-1.15
0.75	0.62	-0.93	-0.89	-1.02	-0.97	-0.88	-1.74	-0.30	-1.65	-0.18	-1.50	-1.32	-1.14
1.07	-0.96	-0.88	-0.82	-1.03	-0.94	-0.86	-1.08	-0.93	-1.63	0.23	-1.97	-0.84	-1.28
0.02	0.29	-0.68	-0.51	-0.99	-0.89	-0.57	-1.05	-0.22	-0.71	0.05	-0.08	-0.70	-0.77
-0.28	-0.91	-0.86	-0.78	-1.01	-0.93	-0.74	-1.22	-0.33	-1.01	0.01	-1.03	-0.51	-0.93
0.09	0.07	-0.82	-0.73	-1.03	-0.95	-0.76	-0.94	-0.57	-1.08	-0.31	-1.04	-0.50	-1.01
0.32	1.64	0.25	0.90	-0.36	-0.32	0.17	-0.94	0.85	1.28	1.03	1.05	-0.27	0.04
0.45	0.32	-0.62	-0.42	-0.83	-0.84	-0.67	-0.67	-0.58	-0.93	-0.73	0.12	-0.34	-0.92
0.72	0.60	-0.51	-0.26	-0.50	-0.68	-0.49	-0.83	-0.67	-0.47	-0.46	0.70	-0.46	-1.11
-0.28	-1.35	-0.98	-0.97	-1.03	-1.01	-0.92	-1.38	-1.04	-1.13	-1.31	-1.31	-0.24	-1.26
-0.24	-0.31	-0.68	-0.52	-0.74	-0.90	-0.63	-1.25	-1.01	-0.73	-1.02	-0.04	-0.25	-1.09
-0.16	-1.33	-0.98	-0.97	-1.01	-0.99	-0.92	-1.27	-0.97	-1.22	-1.09	-1.09	-0.05	-1.20
0.44	-0.11	-0.75	-0.62	-0.89	-0.89	-0.76	-1.25	-0.91	-1.40	-0.37	-1.40	-0.39	-1.10
-0.24	-1.26	-0.95	-0.92	-1.01	-1.00	-0.88	-1.05	-1.10	-1.42	-2.42	-2.13	-0.73	-1.23

续表

zv1	zv2	zv3	zv4	zv5	zv6	zv7	zv8	zv9	zv10	zv11	zv12	zv13	zv14
-0.35	-0.59	-0.91	-0.86	-0.96	-0.95	-0.72	-1.33	-0.41	-1.17	-0.66	-1.78	-0.55	-0.94
0.26	-1.12	-0.94	-0.91	-0.95	-0.98	-0.84	-1.33	-0.88	-0.99	-0.98	-1.48	-0.31	-1.12
0.42	0.75	-0.58	-0.36	-0.56	-0.86	-0.53	-0.45	-0.98	-1.24	-1.02	0.32	-0.45	-1.14
-0.05	-1.59	-0.99	-0.98	-0.91	-1.01	-0.89	-1.41	-1.17	-1.65	-1.13	-1.94	-0.64	-1.27
-0.49	-3.35	-0.90	-0.84	-0.96	-0.95	-0.87	-0.12	-1.19	-0.66	-0.59	-0.25	0.60	-1.37
0.33	-0.20	-0.93	-0.89	-0.92	-0.95	-0.87	-2.02	-0.86	-1.51	-0.94	-2.30	-0.24	-1.14
-0.06	-1.32	-0.98	-0.96	-0.98	-0.97	-0.88	-1.91	-1.05	-1.84	-0.74	-3.30	-0.62	-1.29
-0.72	-1.44	-1.08	-1.13	-1.04	-1.01	-1.01	-1.16	-1.13	-0.61	-1.06	-1.82	-1.39	-1.38
-0.74	-1.11	-1.00	-0.99	-0.92	-1.00	-0.95	-0.47	-1.19	-0.41	-0.98	-1.28	-0.74	-1.32
0.50	-1.72	-0.97	-0.95	-0.84	-0.88	-0.91	-2.18	-1.05	1.68	1.39	-2.28	1.59	-1.29
0.23	-0.11	-0.96	-0.95	-1.01	-0.97	-0.92	-1.52	-0.31	-1.04	-0.41	-1.51	-0.79	-0.92
-0.29	-0.68	-1.02	-1.03	-1.02	-0.99	-0.95	-1.99	-0.96	-1.63	-0.78	-3.58	-1.34	-1.20
0.29	-0.06	-0.95	-0.92	-1.02	-0.85	-0.92	-1.00	-0.78	-1.65	-0.61	-2.15	-1.53	-1.35
-0.48	-0.18	-0.94	-0.91	-1.03	-0.88	-0.92	-1.83	-0.82	0.11	-0.45	-2.04	-1.65	-1.31
-1.20	-0.90	-0.87	-0.80	-0.95	-0.87	-0.88	-0.78	-0.68	0.54	0.06	0.25	-0.55	-1.20
-0.61	1.59	0.23	0.66	-0.30	-0.23	0.25	0.49	3.52	3.61	3.04	1.04	0.11	1.18
1.55	1.36	-0.16	0.12	-0.63	-0.51	-0.18	-0.78	1.08	-0.35	0.71	0.87	-0.36	0.32
0.36	-0.38	-0.79	-0.75	-0.92	-0.90	-0.79	-0.81	-0.76	-0.99	-0.93	0.59	-0.79	-0.79
1.44	0.76	-0.86	-0.84	-0.94	-0.92	-0.89	-1.47	-0.56	-1.58	-0.21	-1.45	-1.28	-1.01
2.75	-0.71	-0.80	-0.76	-0.94	-0.82	-0.81	-0.89	-0.74	-1.60	0.23	-1.55	-0.91	-1.10

续表

zv1	zv2	zv3	zv4	zv5	zv6	zv7	zv8	zv9	zv10	zv11	zv12	zv13	zv14
0.47	0.37	-0.63	-0.52	-0.92	-0.82	-0.55	-0.89	-0.04	-0.63	0.06	0.15	-0.73	-0.47
0.00	-0.81	-0.81	-0.77	-0.94	-0.90	-0.70	-1.08	-0.22	-0.88	0.29	-0.81	-0.48	-0.66
0.05	0.06	-0.78	-0.73	-0.97	-0.93	-0.75	-0.83	-0.32	-0.98	-0.34	-1.01	-0.40	-0.73
-1.15	1.67	0.41	0.90	-0.21	-0.26	0.21	-0.58	0.88	1.37	0.90	1.05	-0.25	0.41
1.14	0.57	-0.52	-0.37	-0.73	-0.70	-0.62	-0.42	-0.45	-0.86	-0.70	0.33	-0.39	-0.71
1.37	0.77	0.37	-0.17	-0.36	-0.53	-0.44	-0.56	-0.54	-0.23	-0.35	0.86	-0.47	-0.80
-0.31	-0.87	-0.96	-0.97	-0.96	-0.98	-0.90	-1.22	-0.93	-1.10	-1.27	-1.31	-0.28	-1.09
0.26	-0.17	-0.62	-0.52	-0.66	-0.86	-0.61	-0.67	-0.82	-0.34	-0.99	0.40	-0.34	-0.94
0.75	-1.05	-0.94	-0.96	-0.95	-0.93	-0.90	-0.86	-0.79	-0.96	-1.02	-0.59	-0.17	-1.07
1.02	0.07	-0.67	-0.58	-0.81	-0.77	-0.68	-0.92	-0.76	-1.40	-0.67	-0.84	-0.31	-0.98
0.21	-0.78	-0.91	-0.91	-0.95	-0.97	-0.85	-0.81	-1.02	-1.02	-2.42	-1.41	-0.73	-1.04
-0.17	-0.59	-0.87	-0.86	-0.91	-0.93	-0.69	-1.08	-0.18	-0.96	-0.63	-1.21	-0.54	-0.59
0.01	-0.92	-0.90	-0.90	-0.88	-0.96	-0.82	-1.22	-0.65	-0.79	-0.97	-1.04	-0.34	-0.89
1.19	0.86	-0.48	-0.32	-0.44	-0.80	-0.47	-0.36	-0.85	-1.35	-0.95	0.47	-0.49	-1.03
-0.19	-1.52	-0.96	-0.98	-0.87	-0.99	-0.93	-1.33	-1.10	-1.52	-1.19	-1.85	-0.70	-1.18
-0.13	-3.23	-0.86	-0.84	-0.92	-0.91	-0.88	-0.50	-1.07	-1.53	-0.93	-0.83	0.49	-1.27
0.71	-0.06	-0.88	-0.87	-0.84	-0.90	-0.85	-1.77	-0.76	-1.11	-0.98	-1.49	-0.14	-0.95
0.34	-1.23	-0.34	-0.96	-0.94	-0.94	-0.85	-0.72	-0.96	-0.83	-0.75	-0.25	-0.65	-1.16
-0.31	-1.20	-1.07	-1.12	-0.98	-1.00	-1.00	-1.16	-1.10	-0.46	-1.07	-1.52	-1.35	-1.28
-0.78	-1.01	-0.98	-1.00	-0.88	-0.98	-0.94	-0.58	-1.15	-0.52	-0.97	-1.16	-0.67	-1.26

续表

zv1	zv2	zv3	zv4	zv5	zv6	zv7	zv8	zv9	zv10	zv11	zv12	zv13	zv14
0.19	-1.35	-0.93	-0.94	-0.78	-0.82	-0.90	-2.49	-1.00	3.53	1.52	-2.59	1.70	-1.29
0.47	0.06	-0.93	-0.93	-0.96	-0.92	-0.88	-1.44	-0.17	-0.83	-0.39	-0.35	-0.77	-0.56
0.36	-0.61	-0.99	-1.02	-0.98	-0.97	-0.93	-1.41	-0.80	-1.22	-0.77	-1.54	-1.36	-1.05
0.27	0.14	-0.91	-0.91	-0.97	-0.83	-0.92	-0.89	-0.72	-1.58	-0.65	-2.31	-1.55	-1.17
0.36	0.04	-0.90	-0.89	-0.99	-0.79	-0.91	-1.38	-0.60	0.43	-0.27	-1.92	-1.65	-1.14
0.19	-1.34	-0.81	-0.77	-0.93	-0.82	-0.90	-0.89	-0.64	0.66	0.22	0.28	-0.45	-0.97
0.50	1.62	0.49	0.77	-0.13	-0.11	0.41	0.27	3.60	2.77	3.10	1.04	0.32	1.69
1.72	1.39	0.05	0.23	-0.53	-0.40	-0.06	-0.39	1.66	-0.05	1.05	0.96	-0.21	0.85
0.82	-0.50	-0.70	-0.69	-0.85	-0.84	-0.74	-0.61	-0.62	-0.94	-0.93	0.63	-0.74	-0.58
1.58	0.83	-0.77	-0.78	-0.86	-0.86	-0.85	-1.25	-0.33	-1.43	-0.18	-0.92	-1.20	-0.86
3.63	-0.57	-0.69	-0.68	-0.84	-0.67	-0.74	-0.70	-0.55	-1.33	0.23	-1.28	-0.91	-0.98
0.92	0.18	-0.56	-0.52	-0.85	-0.70	-0.48	-0.67	0.06	-0.53	0.38	0.25	-0.75	-0.28
0.72	-0.76	-0.74	-0.74	-0.87	-0.86	-0.64	-1.03	-0.01	-0.89	0.35	-0.75	-0.37	-0.44
0.57	0.06	-0.70	-0.70	-0.90	-0.89	-0.70	-0.70	-0.15	-0.97	-0.33	-0.91	-0.24	-0.53
0.78	1.69	0.71	1.04	-0.04	-0.09	0.33	-0.28	1.28	1.71	0.77	1.05	-0.07	0.86
1.53	0.58	-0.38	-0.30	-0.62	-0.60	-0.54	-0.17	-0.24	-0.70	-0.66	0.55	-0.40	-0.32
1.27	0.84	-0.21	-0.08	-0.24	-0.41	-0.34	-0.31	-0.32	0.04	-0.25	0.94	-0.36	-0.56
0.92	-1.00	-0.90	-0.94	-0.90	-0.93	-0.87	-1.00	-0.80	-0.81	-1.23	-0.88	-0.20	-0.91
0.40	-0.11	-0.54	-0.49	-0.55	-0.80	-0.53	-0.39	-0.61	-0.10	-0.91	0.62	-0.31	-0.87
0.85	-1.15	-0.88	-0.92	-0.89	-0.88	-0.87	-0.58	-0.38	-0.84	-1.01	-0.19	0.02	-0.86

续表

zv1	zv2	zv3	zv4	zv5	zv6	zv7	zv8	zv9	zv10	zv11	zv12	zv13	zv14
1.66	0.13	-0.54	-0.49	-0.72	-0.67	-0.62	-0.50	-0.60	-1.23	-0.53	-0.56	-0.21	-0.72
1.37	-0.95	-0.84	-0.86	-0.88	-0.92	-0.81	-0.67	-0.85	-0.86	-2.42	-1.07	-0.61	-0.91
0.35	-0.78	-0.81	-0.83	-0.85	-0.88	-0.64	-1.00	0.05	-0.91	-0.58	-1.18	-0.44	-0.39
0.64	-1.13	-0.84	-0.86	-0.79	-0.92	-0.78	-0.83	-0.54	-0.47	-0.98	-0.91	-0.21	-0.73
1.09	0.90	-0.35	-0.26	-0.32	-0.73	-0.40	0.02	-0.73	-1.02	-0.91	0.61	-0.47	-0.93
0.40	-1.59	-0.91	-0.95	-0.79	-0.95	-0.90	-0.86	-0.97	-1.07	-1.11	-0.99	-0.55	-1.08
-0.09	-3.20	-0.81	-0.83	-0.87	-0.89	-0.85	0.19	-0.85	-1.23	-0.93	0.31	0.42	-1.15
0.92	-0.21	-0.82	-0.84	-0.74	-0.83	-0.81	-1.49	-0.62	-0.74	-1.02	-1.24	-0.03	-0.83
0.83	-1.33	-0.89	-0.93	-0.88	-0.91	-0.82	-0.50	-0.79	-0.78	-0.81	-0.09	-0.56	-1.00
0.17	-1.05	-1.04	-1.11	-0.91	-0.98	-0.98	-1.16	-1.02	-0.62	-0.94	-1.49	-1.33	-1.22
0.28	-1.00	-0.93	-0.97	-0.77	-0.94	-0.91	-0.58	-1.03	-0.47	-0.95	-1.34	-0.70	-1.22
0.29	-1.01	-0.88	-0.92	-0.75	-0.76	-0.88	-2.49	-0.94	3.53	1.60	-2.59	2.01	-1.23
0.85	0.05	-0.86	-0.89	-0.90	-0.87	-0.85	-1.38	0.13	-0.70	-0.42	-0.41	-0.72	-0.15
0.64	-0.57	-0.95	-1.00	-0.91	-0.94	-0.91	-0.94	-0.70	-1.24	-0.81	-1.13	-1.32	-0.86
0.44	0.05	-0.36	-0.89	-0.91	-0.80	-0.90	-0.78	-0.63	-1.61	-0.65	-0.83	-1.58	-1.08
-0.10	0.09	-0.34	-0.86	-0.92	-0.74	-0.88	-1.30	-0.52	0.52	-0.14	-2.12	-1.67	-0.98
-0.09	-1.08	-0.75	-0.75	-0.90	-0.77	-0.87	-0.75	-0.53	1.12	0.35	0.25	-0.39	-0.85
-0.40	1.66	0.67	0.87	0.05	-0.04	0.83	0.68	3.99	1.57	3.19	1.04	0.41	2.18
1.03	1.45	0.27	0.40	-0.42	-0.32	0.00	-0.31	1.87	0.08	0.99	0.96	-0.01	1.46
0.96	-0.33	-0.61	-0.62	-0.75	-0.76	-0.67	-0.47	-0.53	-0.87	-0.93	0.69	-0.72	-0.32

续表

zv1	zv2	zv3	zv4	zv5	zv6	zv7	zv8	zv9	zv10	zv11	zv12	zv13	zv14
0.68	0.96	-0.70	-0.73	-0.76	-0.80	-0.70	-0.97	-0.19	-1.32	-0.23	-0.94	-1.17	-0.34
4.75	-0.34	-0.54	-0.54	-0.74	-0.47	-0.54	-0.47	-0.45	-1.23	0.23	-0.94	-0.89	-0.81
0.78	0.26	-0.43	-0.41	-0.75	-0.54	-0.39	-0.56	0.19	-0.46	0.34	0.30	-0.60	0.05
0.68	-0.66	-0.67	-0.69	-0.79	-0.74	-0.57	-0.75	0.19	-0.84	-0.10	-0.44	-0.13	-0.11
0.54	0.05	-0.62	-0.63	-0.82	-0.85	-0.65	-0.58	-0.02	-0.98	-0.29	-0.77	-0.06	-0.33
-0.33	1.74	0.94	1.19	0.15	0.04	0.60	-0.78	1.51	0.48	0.77	1.05	-0.03	1.21
1.41	0.72	-0.20	-0.14	-0.45	-0.48	-0.35	0.21	-0.07	-0.43	-0.63	0.74	-0.35	-0.14
0.43	0.90	-0.07	0.01	-0.07	-0.33	-0.14	-0.06	-0.24	0.19	-0.17	0.96	-0.41	-0.28
0.29	-0.78	-0.86	-0.91	-0.81	-0.87	-0.83	-0.81	-0.71	-0.86	-1.21	-0.69	-0.20	-0.69
0.33	-0.01	-0.45	-0.43	-0.45	-0.73	-0.43	-0.09	-0.42	0.28	-1.18	0.81	-0.31	-0.71
0.75	-0.76	-0.83	-0.88	-0.79	-0.82	-0.83	-0.47	-0.06	-0.67	-1.14	-0.17	0.03	-0.50
1.58	0.30	-0.38	-0.36	-0.59	-0.52	-0.43	-0.39	-0.39	-0.93	-0.50	-0.47	-0.12	-0.42
1.34	-0.75	-0.75	-0.78	-0.79	-0.84	-0.75	-0.45	-0.77	-0.73	-2.42	-0.88	-0.48	-0.75
0.64	-0.54	-0.74	-0.78	-0.78	-0.84	-0.59	-0.83	0.17	-0.72	-0.58	-0.92	-0.38	-0.03
0.02	-0.96	-0.79	-0.83	-0.71	-0.87	-0.72	-0.72	-0.38	-0.48	-0.98	-0.49	-0.08	-0.45
0.84	0.94	-0.20	-0.15	-0.22	-0.67	-0.24	0.41	-0.60	-1.04	-0.86	0.76	-0.36	-0.78
0.82	-1.49	-0.85	-0.91	-0.73	-0.90	-0.80	-0.75	-0.88	-0.93	-1.01	-0.66	-0.49	-0.91
-0.30	-2.93	-0.76	-0.80	-0.84	-0.86	-0.79	0.24	-0.67	-1.03	-0.90	-0.04	0.22	-0.92
0.57	-0.09	-0.76	-0.80	-0.64	-0.76	-0.73	-1.25	-0.51	-0.51	-0.99	-0.91	-0.05	-0.70
0.58	-1.07	-0.84	-0.89	-0.81	-0.86	-0.74	-0.42	-0.67	-0.76	-0.81	-0.07	-0.48	-0.78

续表

zv1	zv2	zv3	zv4	zv5	zv6	zv7	zv8	zv9	zv10	zv11	zv12	zv13	zv14
0.29	-0.83	-1.01	-1.09	-0.84	-0.96	-0.96	-0.97	-1.00	-0.53	-1.35	-1.15	-1.24	-1.14
-0.68	-0.96	-0.89	-0.95	-0.73	-0.88	-0.88	-0.42	-0.97	-0.44	-0.89	-1.46	-0.81	-1.08
0.23	-0.96	-0.84	-0.89	-0.72	-0.72	-0.85	-2.52	-0.83	0.93	1.72	-1.85	2.15	-1.04
0.75	0.25	-0.80	-0.84	-0.82	-0.83	-0.77	-1.22	0.31	-0.63	-0.41	-0.22	-0.52	0.15
0.43	-0.46	-0.91	-0.97	-0.84	-0.92	-0.87	-0.72	-0.63	-1.07	-0.75	-1.75	-1.27	-0.67
0.43	0.11	-0.80	-0.85	-0.84	-0.76	-0.82	-1.03	-0.65	-1.43	-0.74	-0.71	-1.54	-0.87
-0.19	0.15	-0.79	-0.84	-0.84	-0.68	-0.82	-1.14	-0.45	0.49	-0.19	-1.97	-1.67	-0.89
-0.40	-1.00	-0.68	-0.70	-0.85	-0.72	-0.79	-0.86	-0.51	1.62	0.18	0.38	-0.37	-0.71
-0.16	1.69	0.87	1.01	0.27	0.08	0.97	0.33	4.02	2.64	3.35	1.05	0.63	2.46
0.68	1.48	0.48	0.57	-0.26	-0.14	0.16	-0.81	2.34	0.78	0.99	1.00	0.02	2.04
0.92	-0.18	-0.52	-0.55	-0.63	-0.65	-0.61	-0.45	-0.42	-0.66	-0.87	0.23	-0.73	-0.04
0.43	1.04	-0.64	-0.68	-0.66	-0.73	-0.64	-0.81	-0.14	-1.21	-0.18	-0.54	-1.17	-0.10
3.08	-0.06	-0.38	-0.39	-0.63	-0.31	-0.45	-0.03	-0.26	-1.12	0.23	-0.77	-0.94	-0.50
1.09	0.33	-0.31	-0.32	-0.63	-0.34	-0.29	-0.45	0.29	-0.38	0.42	0.30	-0.53	0.15
1.65	-0.44	-0.57	-0.60	-0.68	-0.56	-0.49	-0.61	0.30	-0.76	0.33	-0.52	0.03	0.22
0.75	0.13	-0.55	-0.58	-0.74	-0.77	-0.58	-0.61	0.06	-0.51	-0.30	-0.79	0.04	0.05
-0.05	1.74	1.18	1.35	0.34	0.12	0.76	-0.61	1.63	0.38	0.77	1.05	0.10	1.31
1.44	0.83	-0.02	0.01	-0.28	-0.34	-0.22	0.02	0.19	-0.53	-0.54	-0.19	-0.35	0.04
0.68	1.01	0.10	0.15	0.11	-0.22	-0.01	-0.70	-0.13	-0.37	-0.03	-0.83	-0.40	-0.01
1.41	-0.60	-0.80	-0.87	-0.68	-0.77	-0.78	-0.61	-0.58	-0.75	-1.15	-0.45	-0.20	-0.46

续表

zv1	zv2	zv3	zv4	zv5	zv6	zv7	zv8	zv9	zv10	zv11	zv12	zv13	zv14
1.41	0.14	-0.33	-0.34	-0.31	-0.62	-0.34	-0.56	-0.24	-0.43	-0.85	-0.41	-0.29	-0.31
0.57	-0.52	-0.77	-0.83	-0.70	-0.76	-0.79	-0.50	0.03	-0.66	-0.98	-0.37	0.12	-0.08
1.41	0.44	-0.23	-0.23	-0.46	-0.41	-0.33	0.90	-0.21	-0.09	-0.41	0.70	-0.11	-0.19
1.30	-0.56	-0.67	-0.72	-0.68	-0.75	-0.70	-0.45	-0.65	-0.89	-2.40	-1.26	-0.43	-0.57
1.16	-0.32	-0.67	-0.72	-0.68	-0.77	-0.51	-0.34	0.37	-0.08	-0.58	0.03	-0.31	0.61
0.23	-0.67	-0.72	-0.78	-0.62	-0.82	-0.67	-0.70	-0.28	-0.45	-0.98	-0.46	-0.04	-0.17
1.20	1.00	-0.04	-0.02	-0.10	-0.62	-0.12	-0.06	-0.49	-1.20	-0.70	-0.77	-0.27	-0.59
0.82	-1.32	-0.79	-0.85	-0.67	-0.83	-0.76	-0.53	-0.78	-0.81	-0.97	-0.64	-0.41	-0.74
0.47	-2.87	-0.70	-0.76	-0.72	-0.82	-0.75	0.38	-0.57	-0.71	-0.71	-0.78	0.15	-0.68
0.71	0.27	-0.71	-0.76	-0.52	-0.67	-0.67	-0.83	-0.32	-0.38	-1.01	-0.47	-0.11	-0.44
0.99	-0.82	-0.78	-0.84	-0.72	-0.80	-0.69	-0.50	-0.52	-0.62	-0.81	-0.72	-0.41	-0.59
0.33	-0.59	-0.98	-1.07	-0.75	-0.94	-0.95	-1.11	-0.97	-1.19	-1.18	-1.43	-1.26	-0.97
0.36	-0.89	-0.85	-0.92	-0.66	-0.82	-0.85	-0.83	-0.87	-0.28	-0.89	-1.62	-0.82	-0.91
0.75	-0.70	-0.79	-0.85	-0.76	-0.63	-0.79	-0.09	-0.58	1.07	1.66	-2.17	2.48	-0.94
0.85	0.36	-0.72	-0.77	-0.73	-0.74	-0.72	-1.00	0.51	-0.42	-0.41	-0.76	-0.41	0.40
0.34	-0.28	-0.86	-0.93	-0.76	-0.88	-0.84	-0.70	-0.55	-1.12	-1.02	-1.64	-1.21	-0.54
0.45	0.30	-0.73	-0.79	-0.76	-0.68	-0.79	-0.47	-0.59	-0.74	-0.77	-0.14	-1.54	-0.85
0.43	0.26	-0.73	-0.78	-0.74	-0.64	-0.79	-0.23	-0.39	0.59	-0.17	-1.05	-1.69	-0.73
-0.44	-0.67	-0.60	-0.64	-0.77	-0.66	-0.75	-0.70	-0.44	1.73	0.22	0.01	-0.34	-0.55
0.02	1.72	1.20	1.21	0.46	0.23	1.19	-0.25	4.07	2.49	3.47	1.05	0.93	2.45

续表

zv1	zv2	zv3	zv4	zv5	zv6	zv7	zv8	zv9	zv10	zv11	zv12	zv13	zv14
0.54	1.56	0.70	0.69	-0.07	0.09	0.33	-0.70	2.27	0.43	1.07	1.05	0.08	2.31
0.89	-0.07	-0.39	-0.46	-0.50	-0.53	-0.52	-0.31	-0.29	-0.45	-0.49	0.76	-0.70	0.10
1.30	1.21	-0.52	-0.59	-0.52	-0.64	-0.57	-0.67	0.02	-1.00	0.06	-0.24	-1.17	0.19
3.01	0.13	-0.16	-0.22	-0.44	-0.11	-0.35	0.30	-0.28	-0.93	0.10	-0.48	-0.95	-0.32
1.23	0.38	-0.15	-0.21	-0.45	-0.12	-0.17	-0.14	0.41	-0.20	0.30	0.55	-0.40	0.29
2.03	-0.30	-0.41	-0.49	-0.54	-0.33	-0.37	-0.34	0.41	-0.52	0.22	-0.05	0.25	0.32
0.69	-0.02	-0.45	-0.52	-0.64	-0.68	-0.50	-0.36	0.19	-0.45	-0.23	-0.55	0.23	0.27
0.64	1.75	1.54	1.57	0.61	0.25	0.98	-0.56	1.69	0.35	0.90	1.05	0.30	1.44
1.30	0.85	0.19	0.15	-0.06	-0.18	-0.07	0.85	0.40	0.15	-0.49	0.89	-0.28	0.35
1.03	1.10	0.33	0.30	0.33	-0.14	0.15	-0.20	-0.03	0.10	0.07	0.91	-0.33	0.17
1.41	-0.52	-0.72	-0.81	-0.52	-0.63	-0.72	-0.23	-0.45	-0.52	-1.18	0.00	-0.13	-0.17
1.41	0.28	-0.14	-0.20	-0.15	-0.41	-0.20	-0.25	-0.09	-0.32	-0.83	0.88	-0.19	-0.06
0.78	-0.42	-0.70	-0.78	-0.53	-0.69	-0.74	-0.23	0.09	-0.36	-0.98	0.18	0.24	0.70
1.27	0.44	-0.06	-0.12	-0.26	-0.33	-0.18	1.04	-0.08	0.12	-0.42	0.87	-0.05	0.25
1.65	-0.29	-0.55	-0.63	-0.52	-0.61	-0.62	-0.17	-0.54	-0.72	-2.40	-0.90	-0.39	-0.23
1.62	-0.29	-0.55	-0.62	-0.52	-0.67	-0.40	-0.06	0.45	0.23	-0.54	0.40	-0.15	0.71
1.48	-0.65	-0.62	-0.70	-0.45	-0.74	-0.59	-0.53	-0.16	-0.06	-0.77	0.00	0.08	-0.05
1.09	1.09	0.16	0.12	0.06	-0.55	0.02	-0.09	-0.41	-0.70	-0.62	-0.27	-0.17	-0.43
1.34	-1.25	-0.70	-0.78	-0.46	-0.74	-0.70	-0.25	-0.65	-0.65	-0.94	-0.11	-0.34	-0.53
1.30	-2.35	-0.62	-0.70	-0.57	-0.77	-0.69	0.16	-0.45	-0.96	-0.59	-1.12	0.18	-0.51

续表

zv1	zv2	zv3	zv4	zv5	zv6	zv7	zv8	zv9	zv10	zv11	zv12	zv13	zv14
1.86	0.36	-0.61	-0.69	-0.42	-0.54	-0.59	-0.53	-0.20	-0.29	-0.97	0.32	0.04	-0.24
1.68	-0.95	-0.68	-0.77	-0.56	-0.71	-0.62	-0.31	-0.44	-0.29	-0.69	-0.27	-0.25	-0.26
1.09	-0.40	-0.93	-1.03	-0.60	-0.90	-0.92	-1.00	-0.93	-0.67	-1.15	-1.33	-1.20	-0.89
0.61	-0.70	-0.78	-0.87	-0.52	-0.76	-0.80	-0.58	-0.82	-0.02	-0.89	-0.35	-0.77	-0.83
0.89	-0.49	-0.72	-0.80	-0.56	-0.55	-0.71	-0.72	-0.54	1.36	1.46	-1.14	2.56	-0.86
1.48	0.36	-0.61	-0.69	-0.59	-0.61	-0.65	-0.42	0.63	0.02	-0.46	0.18	-0.28	0.79
0.54	-0.22	-0.79	-0.88	-0.66	-0.82	-0.79	-0.75	-0.46	-0.76	-0.78	-1.18	-1.18	-0.43
0.60	0.34	-0.63	-0.71	-0.64	-0.61	-0.74	-0.28	-0.65	-0.65	-0.78	0.39	-1.51	-0.78
0.50	0.31	-0.61	-0.69	-0.58	-0.56	-0.74	0.24	-0.36	1.10	-0.17	-0.54	-1.65	-0.52
-0.02	-0.75	-0.51	-0.59	-0.63	-0.59	-0.70	-0.39	-0.36	1.83	0.21	0.60	-0.34	-0.53
-2.17	1.72	1.46	1.52	0.72	0.17	1.65	-0.25	4.10	3.21	3.82	1.05	1.21	2.66
0.50	1.60	1.22	1.26	0.22	0.61	0.75	-0.42	2.39	0.80	0.98	1.05	0.58	2.69
-0.23	0.01	-0.26	-0.32	-0.34	-0.37	-0.38	-0.01	-0.25	-0.26	-0.51	0.87	-0.52	0.28
-0.71	1.26	-0.33	-0.38	-0.37	-0.51	-0.39	-0.53	0.17	-0.94	0.25	-0.04	-0.94	0.40
2.49	0.30	0.23	0.21	-0.25	0.19	-0.08	0.44	-0.12	-0.79	0.14	-0.56	-0.66	-0.14
0.99	0.47	0.10	0.07	-0.25	0.24	0.08	-0.03	0.55	-0.07	0.29	0.57	-0.10	0.67
2.00	-0.22	-0.24	-0.29	-0.40	-0.04	-0.16	-0.09	0.46	-0.38	0.26	0.10	0.56	0.48
0.61	-0.05	-0.32	-0.37	-0.51	-0.56	-0.33	-0.01	0.28	-0.28	-0.25	-0.24	0.45	0.54
-1.69	1.75	1.56	1.63	0.90	0.22	1.12	-0.47	1.46	0.38	2.32	1.05	0.44	1.20
0.68	0.88	0.44	0.44	0.15	0.04	0.19	0.99	0.56	0.35	-0.41	0.94	-0.05	0.77

续表

zv1	zv2	zv3	zv4	zv5	zv6	zv7	zv8	zv9	zv10	zv11	zv12	zv13	zv14
-0.47	1.12	0.50	0.50	0.53	-0.07	0.37	0.02	-3.01	0.55	0.33	0.91	-0.19	0.29
0.85	-0.48	-0.62	-0.69	-0.38	-0.47	-0.61	-0.06	-0.39	-0.40	-1.10	0.27	0.02	-0.10
0.82	0.30	0.02	-0.02	0.08	-0.28	-0.03	0.24	-0.01	-0.11	-0.91	0.87	-0.02	0.13
0.85	-0.36	-0.56	-0.63	-0.39	-0.48	-0.62	0.30	0.27	-0.16	-0.97	0.44	0.53	1.31
0.50	0.45	0.15	0.12	-0.07	-0.16	0.05	1.29	0.30	0.30	-0.30	0.96	0.23	0.51
0.68	-0.29	-0.42	-0.49	-0.36	-0.46	-0.48	-0.36	-0.42	-0.68	-1.06	-1.03	-0.22	-0.05
1.13	-0.43	-0.39	-0.46	-0.37	-0.54	-0.20	-0.03	0.55	0.23	-0.55	0.48	0.10	1.38
1.27	-0.68	-0.47	-0.53	-0.30	-0.61	-0.44	-0.42	-0.04	0.00	-0.71	0.07	0.53	0.25
-0.71	1.09	0.34	0.33	0.25	-0.47	0.25	0.55	-0.39	-0.26	-0.23	0.67	0.06	-0.21
0.61	-1.16	-0.61	-0.69	-0.27	-0.66	-0.61	-0.25	-0.63	-0.58	-0.99	0.05	-0.18	-0.49
-0.26	-2.40	-0.48	-0.55	-0.42	-0.63	-0.56	-0.17	-0.26	-0.82	-0.58	-0.66	0.44	-0.28
1.37	0.41	-0.37	-0.43	-0.25	-0.29	-0.34	0.02	0.13	-0.31	-0.95	0.48	0.36	0.10
0.43	-0.88	-0.58	-0.65	-0.42	-0.60	-0.50	-0.23	-0.35	0.04	-0.74	-0.14	0.04	-0.13
0.99	-0.38	-0.81	-0.90	-0.50	-0.81	-0.81	-0.92	-0.76	-0.61	-1.29	-0.97	-1.01	-0.72
-0.05	-0.76	-0.70	-0.78	-0.36	-0.67	-0.72	-0.53	-0.74	0.03	-0.83	-0.45	-0.68	-0.76
-0.44	-0.38	-0.66	-0.73	-0.43	-0.49	-0.66	-1.08	-0.50	0.43	-0.49	-0.53	2.95	-0.63
2.14	0.36	-0.40	-0.46	-0.39	-0.39	-0.48	-0.23	0.92	0.29	-0.53	0.40	0.03	1.22
0.05	-0.27	-0.70	-0.78	-0.57	-0.72	-0.71	-0.45	-0.35	-0.65	-0.77	-1.13	-1.13	-0.18
1.03	0.35	-0.45	-0.52	-0.51	-0.50	-0.64	-0.28	-0.57	-0.36	-0.21	0.72	-1.42	-0.75
0.47	0.41	-0.41	-0.47	-0.39	-0.33	-0.63	0.41	-0.23	0.54	-0.13	-0.47	-1.52	-0.41

续表

zv1	zv2	zv3	zv4	zv5	zv6	zv7	zv8	zv9	zv10	zv11	zv12	zv13	zv14
-0.37	-0.55	-0.40	-0.46	-0.53	-0.49	-0.61	-0.45	-0.32	1.58	0.22	0.33	-0.30	-0.36
-1.86	1.73	1.56	1.88	0.91	0.37	1.89	0.71	4.01	3.23	4.15	1.05	1.27	2.53
0.40	1.62	1.38	1.67	0.41	1.18	0.96	-0.25	2.35	1.05	1.17	1.05	0.71	2.47
-0.23	-0.01	-0.20	-0.15	-0.22	-0.09	-0.28	0.46	-0.17	-0.44	-0.27	0.92	-0.58	0.34
-1.76	0.92	-0.33	-0.30	-0.29	-0.27	-0.28	-0.36	0.21	-0.89	0.70	0.25	-0.89	0.57
2.17	0.47	0.43	0.57	-0.11	0.63	0.08	0.60	-0.03	-0.79	1.19	-0.49	-0.54	-0.11
0.89	0.51	0.24	0.35	-0.12	0.54	0.26	0.08	0.64	-0.13	0.43	0.65	0.01	0.70
1.20	-0.10	-0.11	-0.06	-0.29	0.25	-0.01	0.08	0.50	-0.31	0.38	0.14	0.80	0.65
0.50	-0.10	-0.29	-0.26	-0.42	-0.35	-0.21	0.27	0.35	-0.18	0.01	0.03	0.46	0.60
-1.86	1.76	1.65	1.99	1.10	0.24	1.32	-0.42	1.46	0.43	2.48	1.05	0.58	1.21
0.64	0.91	0.62	0.79	0.33	0.30	0.40	1.01	0.63	0.55	-0.31	0.95	0.04	0.96
-0.78	1.13	0.60	0.77	0.71	0.08	0.57	0.35	0.03	0.65	0.65	0.92	-0.18	0.41
0.99	-0.31	-0.54	-0.55	-0.28	-0.26	-0.53	0.19	-0.31	-0.53	-0.90	0.33	0.08	0.01
0.57	0.45	0.17	0.27	0.24	-0.12	0.14	0.27	0.09	0.14	-0.47	0.96	0.12	0.28
0.82	-0.23	-0.50	-0.50	-0.29	-0.24	-0.54	0.55	0.30	-0.39	-0.86	0.56	0.48	0.73
0.57	0.47	0.27	0.39	0.07	0.06	0.23	1.54	0.04	-0.13	-0.09	1.00	0.27	0.60
0.09	-0.21	-0.36	-0.35	-0.25	-0.27	-0.39	-0.23	-0.31	-0.64	-0.67	-0.65	-0.17	0.10
1.16	-0.16	-0.28	-0.25	-0.25	-0.31	-0.05	0.02	0.62	0.03	-0.45	0.50	0.25	1.17
1.13	-0.34	-0.37	-0.35	-0.19	-0.41	-0.33	-0.28	-0.02	-0.07	-0.55	0.15	0.56	0.32
-0.99	1.12	0.42	0.56	0.42	-0.36	0.41	0.77	-0.34	-0.11	0.01	0.83	0.15	-0.11

续表

zv1	zv2	zv3	zv4	zv5	zv6	zv7	zv8	zv9	zv10	zv11	zv12	zv13	zv14
1.03	-0.89	-0.55	-0.56	-0.15	-0.48	-0.53	0.02	-0.57	-0.22	-0.86	0.56	-0.23	-0.39
0.16	-2.22	-0.42	-0.41	-0.31	-0.44	-0.48	0.13	-0.14	-0.73	-0.43	0.03	0.44	0.13
1.44	0.51	-0.27	-0.23	-0.12	-0.05	-0.23	0.49	0.21	-0.71	-0.75	0.54	0.42	0.34
1.41	-0.45	-0.50	-0.50	-0.30	-0.30	-0.40	-0.01	-0.31	0.07	-0.51	0.01	0.10	-0.11
1.03	-0.19	-0.76	-0.81	-0.39	-0.72	-0.76	-0.94	-0.67	-0.61	-1.22	-0.93	-1.02	-0.73
0.50	-0.67	-0.66	-0.68	-0.25	-0.53	-0.66	-0.17	-0.68	-0.26	-0.77	-0.35	-0.67	-0.70
0.40	-0.25	-0.60	-0.61	-0.33	-0.36	-0.57	-0.53	-0.45	0.40	-0.47	-0.12	3.01	-0.22
1.16	0.45	-0.31	-0.28	-0.28	-0.14	-0.38	-0.06	1.03	0.57	-0.15	0.40	0.17	1.14
0.09	-0.28	-0.67	-0.70	-0.48	-0.57	-0.64	-0.42	-0.28	-0.63	-0.71	-0.64	-1.10	-0.01
-0.12	0.41	-0.41	-0.40	-0.41	-0.28	-0.56	-0.39	-0.45	-0.20	-0.06	0.52	-1.42	-0.70
0.23	0.49	-0.32	-0.29	-0.29	-0.11	-0.56	-0.03	-0.18	0.31	-0.02	0.24	-1.48	-0.33
-1.20	-0.73	-0.39	-0.38	-0.45	-0.37	-0.56	-0.28	-0.31	1.57	0.37	0.38	-0.49	-0.32
-1.79	1.74	1.85	1.97	1.13	0.53	2.23	1.51	3.84	0.78	4.41	1.05	1.48	2.26
0.61	1.64	1.81	1.93	0.68	1.77	1.21	-0.25	2.29	0.27	1.33	1.05	0.84	2.43
0.23	0.03	-0.03	-0.05	-0.08	0.12	-0.13	1.29	-0.13	-0.32	-0.11	0.99	-0.53	0.42
0.43	0.99	-0.13	-0.16	-0.13	-0.11	-0.15	-0.03	0.20	-0.95	0.81	0.42	-0.79	0.68
1.55	0.50	0.75	0.79	0.06	0.99	0.29	0.79	0.03	-0.94	0.49	-0.25	-0.53	0.25
1.20	0.57	0.54	0.56	0.06	1.03	0.50	0.19	0.69	-0.36	0.47	0.69	0.12	0.83
1.27	0.09	0.09	0.08	-0.16	0.56	0.19	0.21	0.55	-0.27	0.47	0.15	0.98	0.79
0.92	0.03	-0.09	-0.12	-0.30	-0.08	-0.04	0.49	0.40	-0.21	0.22	0.09	0.75	0.68

续表

zv1	zv2	zv3	zv4	zv5	zv6	zv7	zv8	zv9	zv10	zv11	zv12	zv13	zv14
-1.23	1.77	1.94	2.07	1.38	0.20	1.65	-0.70	1.43	-0.49	2.43	1.05	0.62	1.26
0.71	0.97	0.98	1.03	0.55	0.61	0.66	1.04	0.66	0.00	-0.26	0.99	0.11	1.35
-0.16	1.15	0.93	0.98	0.96	0.23	0.84	0.44	0.04	0.23	0.82	0.99	-0.07	0.50
3.08	-0.18	-0.35	-0.40	-0.12	0.02	-0.39	0.41	-0.17	-0.74	-0.87	0.45	0.26	0.29
1.13	0.51	0.44	0.46	0.44	0.18	0.36	0.41	0.17	-0.13	-0.35	0.98	0.21	0.41
1.13	0.00	-0.34	-0.38	-0.15	0.03	-0.44	0.96	0.31	-0.77	-0.81	0.57	0.67	0.85
0.47	0.53	0.49	0.51	0.27	0.31	0.46	1.73	0.05	-0.17	0.02	1.01	0.34	0.65
0.92	-0.20	-0.20	-0.24	-0.11	-0.09	-0.25	-0.23	-0.19	-0.77	-0.66	-0.62	-0.08	0.35
1.65	-0.10	-0.06	-0.08	-0.09	-0.07	0.14	0.02	0.66	-0.33	-0.41	0.54	0.37	1.19
1.03	-0.25	-0.19	-0.23	-0.05	-0.25	-0.20	-0.17	-0.02	-0.21	-0.49	0.20	0.71	0.45
-0.16	1.14	0.64	0.67	0.64	-0.23	0.62	1.04	-0.29	-0.32	0.17	0.79	0.23	-0.03
1.37	-0.69	-0.38	-0.43	0.00	-0.24	-0.40	0.08	-0.46	-0.66	-0.79	0.57	-0.12	-0.19
1.76	-1.96	-0.23	-0.27	-0.14	-0.23	-0.36	0.46	-0.05	-0.53	-0.42	-0.05	0.57	0.45
2.17	0.60	-0.07	-0.10	0.04	0.24	-0.07	1.01	0.27	-0.86	-0.63	0.55	0.50	0.46
2.00	-0.25	-0.34	-0.39	-0.15	-0.17	-0.26	0.19	-0.23	-0.29	-0.42	0.07	0.18	0.05
1.65	-0.12	-0.67	-0.75	-0.27	-0.60	-0.69	-0.61	-0.62	-0.57	-1.18	-0.85	-0.96	-0.57
0.57	-0.38	-0.57	-0.63	-0.09	-0.41	-0.55	-0.06	-0.62	-0.27	-0.70	-0.43	-0.61	-0.60
0.29	-0.11	-0.51	-0.57	-0.20	-0.21	-0.48	-1.03	-0.34	2.34	-0.54	-0.22	2.99	-0.27
1.55	0.44	-0.09	-0.12	-0.13	0.13	-0.24	0.33	1.12	0.41	-0.30	0.45	0.32	1.44
0.57	-0.26	-0.55	-0.61	-0.36	-0.39	-0.56	-0.39	-0.21	-0.65	-0.63	-0.56	-1.03	0.14

续表

zv1	zv2	zv3	zv4	zv5	zv6	zv7	zv8	zv9	zv10	zv11	zv12	zv13	zv14
1.58	0.41	-0.22	-0.25	-0.30	-0.06	-0.48	-0.28	-0.47	-0.06	-0.01	0.47	-1.49	-0.64
0.78	0.49	-0.10	-0.13	-0.16	0.22	-0.46	1.84	0.01	0.18	-0.02	0.30	-1.45	-0.13
-0.23	-1.04	-0.18	-0.21	-0.32	-0.20	-0.47	-0.25	-0.30	1.73	0.46	0.79	-0.40	-0.19
-2.14	1.75	2.17	2.15	1.48	0.52	2.61	0.49	3.66	2.68	4.69	1.05	1.95	2.13
0.33	1.66	2.32	2.31	0.92	1.98	1.51	0.21	2.21	1.00	1.41	1.05	1.24	2.35
-0.09	0.13	0.19	0.12	0.11	0.21	0.02	1.32	-0.11	-0.11	-0.09	1.04	-0.40	0.48
0.16	1.03	0.08	0.01	0.10	0.04	0.00	0.19	0.21	-0.71	0.66	0.71	-0.69	0.45
1.34	0.54	1.19	1.14	0.31	1.32	0.54	1.37	0.08	-0.86	0.53	-0.07	-0.51	0.27
0.61	0.61	0.89	0.83	0.32	1.24	0.78	0.30	0.73	0.03	0.50	0.77	0.36	1.00
1.23	0.10	0.38	0.31	0.07	0.46	0.42	0.27	0.65	-0.37	0.35	0.32	1.34	0.88
0.78	-0.11	0.14	0.07	-0.13	0.02	0.15	0.55	0.42	0.06	0.10	-0.12	1.12	0.86
-1.72	1.77	2.21	2.19	1.80	0.13	2.06	-0.70	1.37	0.21	2.48	1.04	0.84	1.29
0.12	0.96	1.37	1.33	0.87	0.85	0.97	1.04	0.69	0.54	-0.18	0.99	0.26	1.32
-0.96	1.15	1.24	1.20	1.30	0.40	1.24	0.63	0.05	0.62	0.90	1.01	0.04	0.51
0.92	-0.06	-0.15	-0.24	0.14	0.10	-0.21	0.66	-0.13	-0.27	-0.93	0.64	0.48	0.47
0.57	0.52	0.75	0.69	0.73	0.44	0.62	0.60	0.25	0.22	-0.22	0.97	0.28	0.66
0.64	0.13	-0.13	-0.22	0.04	0.07	-0.30	1.10	0.33	-0.26	-0.81	0.69	0.78	0.84
-0.02	0.59	0.75	0.69	0.54	0.51	0.72	1.79	0.10	0.35	0.02	1.02	0.47	0.78
0.89	-0.04	-0.03	-0.11	0.11	-0.01	-0.09	-0.17	-0.10	-0.52	-0.66	-0.44	-0.01	0.62
1.23	-0.05	0.20	0.13	0.12	0.16	0.38	0.16	0.79	0.06	-0.35	0.67	0.68	1.45

续表

zv1	zv2	zv3	zv4	zv5	zv6	zv7	zv8	zv9	zv10	zv11	zv12	zv13	zv14
0.43	-0.19	0.02	-0.06	0.17	-0.06	0.01	-0.20	0.00	-0.13	-0.46	0.33	1.02	0.48
-0.68	1.14	0.89	0.84	0.92	-0.16	0.87	1.35	-0.24	0.47	0.31	0.50	0.39	0.04
0.71	-0.69	-0.17	-0.25	0.17	-0.11	-0.25	0.41	-0.37	-0.47	-0.73	0.49	0.07	-0.03
0.40	-1.96	-0.02	-0.10	0.12	-0.01	-0.15	0.82	-0.02	-0.03	-0.29	0.65	0.70	0.56
1.79	0.63	0.21	0.14	0.30	0.38	0.22	2.31	0.37	-0.49	-0.58	0.61	0.77	0.57
2.07	-0.21	-0.13	-0.22	0.08	-0.08	-0.06	0.33	-0.16	0.40	-0.30	0.24	0.37	0.13
2.14	0.00	-0.54	-0.63	-0.05	-0.40	-0.56	-0.61	-0.53	-0.51	-1.14	-0.73	-0.85	-0.45
1.03	-0.46	-0.42	-0.51	0.14	-0.33	-0.43	0.21	-0.51	-0.20	-0.67	-0.57	-0.57	-0.46
0.47	0.07	-0.39	-0.48	-0.08	-0.12	-0.31	0.33	-0.30	-0.44	-0.73	0.01	3.12	-0.30
1.30	0.44	0.17	0.10	0.11	0.35	-0.05	0.52	1.16	1.10	-0.33	0.55	0.52	1.74
0.82	-0.11	-0.41	-0.50	-0.19	-0.21	-0.41	-0.34	-0.12	-0.27	-0.57	-0.48	-0.97	0.27
0.82	0.51	0.01	-0.07	-0.14	0.36	-0.37	0.05	-0.48	0.08	0.15	0.55	-1.47	-0.53
0.29	0.59	0.15	0.08	0.05	0.39	-0.29	1.79	0.07	0.60	-0.06	0.32	-1.49	-0.12
0.26	-0.65	0.03	-0.05	-0.15	0.11	-0.34	-0.01	-0.26	1.41	0.43	0.81	-0.47	-0.20
-1.76	1.75	2.41	2.45	1.82	0.63	2.97	0.66	3.63	2.93	2.22	1.05	2.09	2.06
-0.27	1.67	2.65	2.69	1.18	2.22	1.79	0.27	2.18	1.50	0.33	1.05	1.56	2.34
-0.36	0.11	0.30	0.25	0.33	0.46	0.19	1.24	-0.06	0.09	0.05	1.04	-0.32	0.50
-0.12	1.02	0.18	0.12	0.31	0.32	0.17	0.35	0.23	-0.57	0.66	0.75	-0.68	0.57
0.39	0.53	1.43	1.43	0.57	1.66	0.77	1.65	0.11	-0.90	0.62	0.07	-0.47	0.44
-0.21	0.60	1.13	1.12	0.58	1.78	1.06	0.38	0.80	0.05	0.50	0.80	0.59	1.00

续表

zv1	zv2	zv3	zv4	zv5	zv6	zv7	zv8	zv9	zv10	zv11	zv12	zv13	zv14
0.67	0.14	0.58	0.54	0.29	0.90	0.66	0.41	0.74	-0.27	0.41	0.39	1.74	0.97
0.06	-0.39	0.26	0.21	0.06	0.36	0.35	0.63	0.45	0.03	0.17	0.01	1.29	0.97
-1.48	1.78	2.33	2.36	2.17	0.15	2.29	-0.67	1.35	0.24	0.55	1.05	0.96	1.19
-0.05	0.94	1.62	1.62	1.18	1.15	1.27	1.12	0.73	0.57	0.09	1.01	0.33	1.27
-0.79	1.17	1.41	1.41	1.64	0.76	1.55	0.82	0.11	0.71	0.59	1.02	0.12	0.58
0.64	0.01	-0.02	-0.09	0.37	0.39	-0.06	0.66	-0.07	-0.18	-0.51	0.71	0.50	0.54
0.19	0.55	0.37	0.95	1.03	0.82	0.88	0.71	0.30	0.25	-0.19	0.96	0.46	0.71
0.16	0.15	-0.02	-0.09	0.26	0.28	-0.18	1.26	0.35	-0.21	-0.58	0.70	0.96	0.89
-0.28	0.62	0.93	0.90	0.81	0.77	0.97	1.90	0.11	0.43	0.19	1.02	0.61	0.77
0.05	0.00	0.09	0.03	0.32	0.21	0.07	-0.09	-0.05	-0.54	-0.19	-0.34	0.12	0.63
0.27	-0.01	0.38	0.33	0.35	0.46	0.61	0.27	0.83	0.08	-0.05	0.74	0.93	1.35
0.25	-0.12	0.17	0.11	0.40	0.16	0.17	-0.20	0.03	-0.12	-0.23	0.50	1.28	0.64
-0.89	1.14	1.03	1.01	1.23	-0.08	1.09	1.73	-0.13	0.59	-0.06	0.73	0.44	0.25
0.16	-0.57	-0.06	-0.12	0.39	0.11	-0.13	0.52	-0.32	-0.40	-0.34	0.63	0.23	0.08
-0.68	-1.78	0.13	0.07	0.36	0.30	-0.01	0.68	0.02	0.16	-0.23	0.56	0.69	0.64
0.85	0.66	0.43	0.35	0.55	0.62	0.42	2.37	0.51	-0.44	-0.21	0.63	1.14	0.66
0.82	-0.15	0.01	-0.05	0.30	0.12	0.11	0.35	-0.04	0.57	0.13	0.30	0.58	0.12
1.23	-0.04	-0.40	-0.48	0.15	-0.16	-0.45	-0.03	-0.48	-0.45	-0.69	-0.74	-0.74	-0.42
0.82	-0.48	-0.30	-0.37	0.38	-0.13	-0.32	0.24	-0.45	-0.15	-0.61	-1.05	-0.48	-0.37
0.16	0.19	-0.27	-0.34	0.09	0.16	-0.19	-0.03	-0.27	-0.54	-0.82	-3.35	3.07	-0.25

续表

zv1	zv2	zv3	zv4	zv5	zv6	zv7	zv8	zv9	zv10	zv11	zv12	zv13	zv14
0.92	0.48	0.38	0.33	0.34	0.75	0.14	0.57	1.26	1.09	-0.10	0.68	0.68	1.82
0.77	-0.15	-0.31	-0.38	0.01	0.05	-0.30	-0.01	-0.05	-0.20	-0.34	-0.34	-0.92	0.33
0.47	0.50	0.16	0.10	0.05	0.81	-0.26	0.08	-0.49	0.36	0.21	0.59	-1.44	-0.62
0.12	0.62	0.29	0.24	0.26	0.78	-0.18	1.70	0.18	0.70	0.11	-0.22	-1.43	-0.05
0.28	-0.71	0.18	0.13	0.08	0.50	-0.23	0.13	-0.25	1.33	0.45	0.84	-0.75	-0.20
-1.65	1.75	2.71	2.77	2.58	0.79	3.24	0.88	4.01	3.15	5.23	1.05	2.34	1.88
-0.70	1.68	2.94	3.00	1.12	2.56	2.07	0.41	2.15	1.89	1.67	1.05	1.72	2.45
-0.85	0.07	0.40	0.35	0.48	0.73	0.36	1.26	-0.03	0.40	0.10	0.95	-0.29	0.60
-0.56	0.97	0.23	0.18	0.49	0.66	0.34	0.46	0.35	-0.23	0.77	0.81	-0.67	0.71
-0.44	0.49	1.60	1.61	0.84	2.20	0.99	2.03	0.10	-0.54	0.79	0.29	-0.50	0.49
-0.46	0.62	1.36	1.35	0.90	2.21	1.36	0.44	0.88	0.07	0.69	0.81	0.68	1.05
-0.57	0.17	0.75	0.72	0.40	1.00	0.91	0.63	0.80	-0.16	0.51	0.51	1.99	0.97
-0.70	-0.68	0.35	0.30	0.35	0.62	0.56	0.71	0.49	0.40	0.27	0.15	1.41	0.72
-1.30	1.78	2.56	2.61	2.61	0.26	2.55	-0.67	1.33	0.28	2.83	1.05	1.08	1.09
-0.23	0.98	1.91	1.93	1.36	1.55	1.59	1.24	0.77	0.76	0.41	1.02	0.38	1.29
-0.71	1.18	1.64	1.65	1.88	1.09	1.87	0.79	0.16	0.87	1.25	1.04	0.15	0.55
-0.02	0.08	0.11	0.05	0.54	0.69	0.08	0.82	-0.03	0.02	-0.67	0.81	0.49	0.65
0.09	0.57	1.20	1.19	1.04	1.26	1.14	0.85	0.37	0.41	0.10	0.98	0.54	0.80
-0.12	0.21	0.11	0.05	0.47	0.54	-0.05	1.26	0.41	-0.41	-0.62	0.74	1.02	0.97
-0.33	0.61	1.14	1.13	0.92	1.09	1.24	2.01	0.15	0.62	0.65	1.02	0.68	0.76

续表

zv1	zv2	zv3	zv4	zv5	zv6	zv7	zv8	zv9	zv10	zv11	zv12	zv13	zv14
-0.37	0.02	0.20	0.15	0.44	0.50	0.24	0.02	0.07	-0.43	-0.38	-0.08	0.18	0.71
-0.09	0.04	0.56	0.52	0.52	0.83	0.84	0.35	0.86	0.15	-0.03	0.74	1.02	1.42
-0.23	0.02	0.32	0.27	0.68	0.44	0.35	-0.14	0.05	-0.02	-0.19	0.54	1.45	0.53
-0.76	1.15	1.22	1.22	1.17	0.11	1.34	1.76	-0.13	0.51	0.63	0.86	0.56	0.27
-0.20	-0.51	0.06	0.00	0.53	0.36	0.00	0.55	-0.27	-0.35	-0.51	0.65	0.30	0.14
-0.44	-1.62	0.26	0.21	0.50	0.65	0.14	0.82	0.03	0.14	-0.11	0.71	0.71	0.77
0.47	0.70	0.58	0.54	0.56	0.94	0.64	2.34	0.58	0.16	-0.38	0.62	1.13	0.83
-0.12	-0.03	0.14	0.08	0.48	0.35	0.28	0.46	0.03	0.86	-0.03	0.40	0.68	0.30
0.68	0.01	-0.26	-0.33	0.33	0.11	-0.36	0.52	-0.35	-0.30	-0.82	-0.52	-0.61	-0.39
0.54	-0.48	-0.17	-0.24	0.51	0.13	-0.22	0.30	-0.34	0.17	-0.39	-0.74	-0.43	-0.28
0.20	0.31	-0.13	-0.19	0.31	0.53	-0.05	-0.14	-0.23	-0.75	-0.39	-2.80	3.35	-0.18
0.26	0.49	0.57	0.53	0.49	1.19	0.31	0.63	1.38	1.25	-0.06	0.66	0.79	1.66
0.16	-0.17	-0.20	-0.27	0.26	0.36	-0.18	0.63	0.03	-0.13	-0.37	-0.19	-0.88	0.44
-0.02	0.44	0.31	0.26	0.31	1.27	-0.14	0.05	-0.48	0.54	0.51	0.10	-1.44	-0.56
-0.47	0.60	0.43	0.38	0.41	1.25	-0.06	2.20	0.29	0.81	0.29	0.37	-1.43	0.05
-0.12	-0.68	0.34	0.29	0.38	0.89	-0.12	0.16	-0.20	0.83	0.55	0.82	-0.96	-0.10
-1.65	1.76	2.93	2.97	2.95	0.77	3.52	1.76	4.03	3.25	2.39	1.05	2.56	1.78
-1.30	1.68	3.15	3.20	1.35	2.98	2.14	0.05	2.03	1.69	0.37	1.05	1.96	2.39
-1.44	0.15	0.44	0.39	0.66	0.99	0.53	1.37	0.00	0.10	0.29	0.69	-0.27	0.66
-1.94	0.96	0.24	0.18	0.66	0.86	0.49	0.49	0.32	-0.48	0.71	0.79	-0.65	0.71

zv1	zv2	zv3	zv4	zv5	zv6	zv7	zv8	zv9	zv10	zv11	zv12	zv13	zv14
-0.86	0.53	1.73	1.72	1.06	2.97	1.20	2.56	0.12	-0.44	0.74	0.57	-0.58	0.56
-1.47	0.70	1.49	1.47	1.13	2.16	1.66	0.57	0.94	0.21	0.51	0.81	0.78	1.12
-1.21	0.25	0.86	0.83	0.58	1.28	1.15	0.71	0.83	-0.13	0.50	0.55	2.14	1.06
-1.51	-0.67	0.41	0.36	0.52	0.38	0.76	0.71	0.52	0.44	0.26	0.18	1.49	0.73
-1.37	1.79	2.83	2.86	2.98	0.33	2.83	-0.61	1.32	0.25	0.79	1.05	1.43	1.04
-0.53	1.05	2.18	2.19	1.62	1.95	1.91	1.35	0.68	0.98	0.42	1.02	0.57	1.30
-0.91	1.22	1.81	1.81	2.19	1.45	2.21	0.93	0.22	1.06	0.97	1.04	0.26	0.62
-0.55	0.19	0.21	0.15	0.73	0.99	0.23	1.01	0.01	0.16	-0.29	0.85	0.60	0.79
-0.31	0.64	1.42	1.40	1.28	1.67	1.41	0.90	0.40	0.57	0.07	0.97	0.56	0.82
-0.25	0.30	0.22	0.16	0.68	0.82	0.08	1.26	0.48	-0.55	-0.38	0.75	1.07	0.96
-0.64	0.69	1.31	1.29	1.14	1.42	1.52	2.09	0.19	0.53	0.58	1.02	0.79	0.69
-0.44	0.12	0.32	0.26	0.62	0.79	0.41	0.10	0.14	-0.27	0.11	0.03	0.36	0.68
-0.22	0.17	0.74	0.70	0.73	1.18	1.08	0.44	0.88	0.24	0.33	0.72	1.29	1.65
-0.45	0.16	0.45	0.40	0.89	0.73	0.52	0.10	0.07	0.36	0.07	0.50	1.77	0.53
-0.99	1.19	1.42	1.40	1.41	0.32	1.62	1.87	-0.07	0.56	0.13	0.84	0.56	0.39
-0.79	-0.39	0.15	0.09	0.71	0.59	0.13	0.46	-0.24	-0.40	-0.14	0.61	0.36	0.17
-0.86	-1.52	0.40	0.34	0.70	0.90	0.28	0.96	0.11	0.25	0.03	0.83	0.76	0.80
0.03	0.78	0.77	0.73	0.76	1.28	0.85	2.06	0.67	0.07	0.02	0.69	1.28	1.08
-0.65	0.06	0.24	0.18	0.67	0.56	0.45	0.49	0.13	0.78	0.38	0.48	0.81	0.41
0.16	-0.16	-0.12	-0.20	0.51	0.38	-0.26	0.82	-0.22	-0.07	-0.37	-0.44	-0.47	-0.25

续表

zv1	zv2	zv3	zv4	zv5	zv6	zv7	zv8	zv9	zv10	zv11	zv12	zv13	zv14
-0.86	-0.41	-0.09	-0.16	0.68	0.31	-0.11	0.41	-0.31	0.34	-0.43	-0.44	-0.37	-0.14
-0.31	0.41	0.00	-0.07	0.46	0.86	0.07	0.35	-0.18	-0.58	-0.22	-1.64	3.45	-0.21
-0.20	0.57	0.73	0.69	0.68	1.54	0.49	0.82	1.41	1.15	0.14	0.74	0.86	1.95
-0.47	-0.06	-0.12	-0.20	0.44	0.66	-0.06	0.90	0.09	-0.29	-0.11	0.02	-0.81	0.61
-0.61	0.50	0.43	0.37	0.49	1.75	-0.02	0.35	-0.45	0.55	0.39	0.35	-1.43	-0.55
-1.09	0.72	0.52	0.47	0.58	1.69	0.03	2.31	0.44	1.08	0.46	0.37	-1.42	0.19
-0.54	-0.56	0.47	0.42	0.58	1.29	-0.02	0.33	-0.17	0.82	0.61	0.86	-1.08	-0.17
-1.55	1.78	3.21	3.50	3.77	0.90	3.80	1.79	3.99	3.19	2.63	1.05	2.85	1.85
-1.15	1.69	3.27	3.57	1.88	3.37	2.41	0.16	1.95	1.26	0.50	1.05	2.13	2.56
-1.34	0.18	0.45	0.49	1.05	1.20	0.68	1.29	0.01	0.48	0.37	0.97	-0.16	0.54
-2.56	0.97	0.23	0.25	0.96	1.12	0.58	0.57	0.31	-0.55	0.77	0.88	-0.58	0.92
-0.88	0.54	1.73	1.90	1.49	2.06	1.38	2.70	0.16	-0.42	0.90	0.68	-0.65	0.47
-2.39	0.65	1.50	1.63	1.48	1.26	1.88	0.55	0.99	0.33	0.63	0.72	0.87	1.24
-1.27	0.21	0.90	0.99	0.89	1.57	1.36	0.82	0.87	-0.06	0.63	0.58	2.32	1.15
-1.38	-0.69	0.42	0.46	0.81	0.44	0.93	0.68	0.52	0.52	0.37	0.21	1.46	0.85
-1.05	1.81	3.09	3.38	3.81	0.41	3.18	-0.53	1.39	0.34	0.90	1.05	1.56	0.97
-0.57	1.04	2.44	2.66	2.16	2.26	2.22	1.40	0.74	1.15	0.63	1.02	0.72	1.33
-0.83	1.24	2.01	2.19	2.83	1.76	2.56	1.01	0.26	1.19	1.30	1.04	0.38	0.71
-0.79	0.23	0.28	0.30	1.13	1.21	0.38	1.07	0.04	0.11	-0.17	0.90	0.66	0.71
-0.68	0.68	1.60	1.75	1.78	2.12	1.71	0.96	0.43	0.83	0.10	0.96	0.78	0.86

续表

zv1	zv2	zv3	zv4	zv5	zv6	zv7	zv8	zv9	zv10	zv11	zv12	zv13	zv14
-0.50	0.32	0.31	0.33	1.09	1.11	0.22	1.24	0.58	-0.52	-0.30	0.72	1.06	0.88
-0.91	0.71	1.45	1.58	1.59	1.75	1.79	2.17	0.24	0.82	0.63	1.01	0.43	0.73
-0.71	0.20	0.41	0.44	0.95	1.08	0.59	0.19	0.19	-0.18	0.23	0.17	0.54	0.77
-0.54	0.23	0.88	0.97	1.15	1.53	1.35	0.41	0.89	0.22	0.50	0.70	1.54	1.62
-0.76	0.18	0.56	0.61	1.33	1.04	0.71	0.13	0.10	0.64	0.37	0.57	1.99	0.54
-1.04	1.20	1.58	1.73	1.93	0.52	1.88	2.17	-0.02	0.61	0.23	0.90	0.72	0.53
-0.96	-0.37	0.24	0.26	1.06	0.86	0.25	0.57	-0.21	-0.42	-0.03	0.70	0.49	0.25
-1.06	-1.51	0.48	0.52	1.07	1.10	0.38	0.96	0.12	0.08	0.23	0.91	0.69	0.97
0.05	0.80	0.95	1.04	1.18	1.66	1.08	2.06	0.71	0.03	0.10	0.76	1.58	1.31
-0.96	0.08	0.31	0.34	1.06	0.70	0.63	0.68	0.18	0.61	0.37	0.58	1.00	0.53
0.12	-0.42	0.02	0.02	0.91	0.70	-0.16	0.93	-0.11	0.09	-0.17	0.05	-0.26	0.00
-0.68	-0.34	-0.02	-0.03	1.08	0.55	-0.01	0.30	-0.26	0.40	-0.30	-0.41	-0.15	-0.11
-0.35	0.47	0.11	0.12	1.01	1.23	0.19	0.60	-0.20	-0.43	-0.03	-0.20	3.08	-0.17
-0.85	0.57	0.76	0.83	1.07	1.74	0.67	0.85	1.47	1.08	0.23	0.72	0.93	2.22
-0.78	-0.19	-0.13	-0.15	0.81	0.85	0.03	0.74	0.14	-0.44	-0.03	0.16	-0.82	0.71
-0.96	0.60	0.49	0.54	0.91	2.07	0.09	0.27	-0.40	0.72	0.50	0.17	-1.33	-0.50
-1.06	0.67	0.60	0.66	0.95	1.95	0.10	2.37	0.48	1.21	0.63	0.25	-1.40	0.45
-1.17	-0.58	0.44	0.48	1.07	1.58	0.03	0.55	-0.17	0.55	0.63	0.90	-1.20	-0.16
-1.27	1.80	3.69	3.68	3.77	1.01	4.09	1.79	4.06	3.13	2.91	1.05	3.05	1.85
-0.85	1.69	3.56	3.55	1.88	3.66	2.61	0.30	1.83	1.68	0.66	1.05	2.44	2.68

续表

zv1	zv2	zv3	zv4	zv5	zv6	zv7	zv8	zv9	zv10	zv11	zv12	zv13	zv14
-1.34	0.27	0.57	0.49	1.05	1.36	0.86	1.32	0.03	0.65	0.59	0.98	-0.08	0.57
-2.07	0.99	0.26	0.17	0.96	1.13	0.69	0.66	0.34	-0.35	0.75	0.92	-0.60	1.02
-1.10	0.55	1.77	1.72	1.49	2.37	1.62	2.83	0.13	-0.15	0.94	0.73	-0.66	0.54
-4.26	0.44	0.89	0.82	1.48	-0.22	2.03	0.49	0.98	0.47	0.78	0.81	0.15	1.30
-0.92	0.38	1.02	0.95	0.89	1.84	1.62	1.07	0.93	-0.5	0.83	0.61	2.43	1.30
-1.20	-0.67	0.46	0.38	0.81	0.51	1.15	0.66	0.53	0.6	0.39	0.22	1.42	0.93
-1.06	1.81	3.62	3.61	3.81	0.51	3.54	-0.47	1.45	0.42	1.03	1.05	1.79	1.04
-0.85	1.10	2.81	2.78	2.16	2.50	2.57	1.46	0.79	1.32	0.85	1.02	0.81	1.31
-1.10	1.26	2.31	2.27	2.83	2.05	2.94	1.01	0.28	1.25	1.45	1.05	0.41	0.77
-0.78	0.33	0.42	0.35	1.13	1.43	0.55	1.24	0.06	0.25	-0.14	0.93	0.69	0.81
-0.85	0.67	1.88	1.84	1.78	2.39	1.99	0.99	0.41	1.02	0.18	0.87	0.91	0.89
-0.54	0.36	0.45	0.37	1.09	1.37	0.36	1.29	0.49	-0.48	-0.27	0.76	1.11	1.08
-1.13	0.81	1.64	1.58	1.59	2.02	2.06	2.31	0.28	1.16	0.71	1.02	0.49	0.88
-0.82	0.32	0.55	0.47	0.95	1.36	0.78	0.24	0.27	0.00	0.33	0.35	0.68	0.87
-0.85	0.23	1.09	1.03	1.15	1.86	1.62	0.41	0.87	0.43	0.65	0.82	1.70	1.64
-0.92	0.21	0.71	0.63	1.33	1.31	0.91	0.30	0.14	0.99	0.57	0.63	2.22	0.64
-1.30	1.20	1.86	1.81	1.93	0.66	2.15	2.31	-0.01	0.77	0.38	0.89	0.86	0.56
-1.27	-0.37	0.36	0.28	1.06	1.09	0.38	0.63	-0.16	-0.26	0.10	0.79	0.67	0.29
-1.13	-1.56	0.62	0.55	1.07	1.36	0.51	0.68	0.16	0.11	0.33	0.88	0.80	0.97
-0.12	0.79	1.21	1.15	1.18	1.96	1.34	2.03	0.72	-0.05	0.26	0.81	1.83	1.42

zv1	zv2	zv3	zv4	zv5	zv6	zv7	zv8	zv9	zv10	zv11	zv12	zv13	zv14
-1.03	0.12	0.44	0.36	1.06	0.92	0.83	0.82	0.20	0.47	0.42	0.54	1.12	0.52
-0.05	-0.43	0.16	0.08	0.91	1.05	-0.04	1.51	0.01	0.11	0.02	0.15	-0.15	-0.01
-0.68	-0.30	0.07	-0.01	1.08	0.86	0.12	0.49	-0.20	0.53	-0.17	-0.28	0.06	-0.06
-0.71	0.40	0.24	0.16	1.01	1.72	0.32	-0.47	-0.31	-1.10	0.07	-1.90	2.69	-0.25
-0.99	0.59	0.90	0.83	1.07	2.07	0.87	0.77	1.43	1.19	0.43	0.72	0.84	2.48
-0.96	-0.13	-0.07	-0.16	0.81	1.04	0.14	1.21	0.17	-0.41	0.13	0.31	-0.70	0.62
-0.99	0.61	0.59	0.51	0.91	2.36	0.21	0.35	-0.35	0.60	0.50	0.27	-1.25	-0.45
-1.03	0.75	0.74	0.67	0.95	2.17	0.18	2.42	0.48	1.01	0.81	0.47	-1.35	0.51
-1.62	-0.63	0.47	0.39	1.07	1.40	0.10	0.74	-0.16	0.84	0.78	0.92	-1.23	-0.11
-1.12	1.81	4.14	3.79	4.25	1.13	4.36	1.84	4.04	3.65	3.23	1.05	3.28	1.86
-2.31	1.74	3.72	3.39	2.18	3.09	2.66	1.29	1.88	2.04	0.95	1.05	2.62	2.71
-1.41	0.52	0.67	0.47	1.26	1.48	1.06	1.37	0.08	1.04	0.83	0.97	-0.06	0.52
-1.20	1.19	0.53	0.34	1.13	-0.16	0.81	0.68	0.32	-0.27	0.83	0.94	-0.49	1.15
-2.21	0.37	1.43	1.20	1.74	2.11	1.80	2.81	0.21	-0.06	1.14	0.80	-0.94	0.65
-1.95	0.68	1.00	0.79	1.68	-0.22	2.13	0.71	0.91	0.54	0.97	0.87	0.16	1.37
-1.37	0.80	1.06	0.84	1.05	1.72	1.84	0.52	0.96	0.06	0.90	0.61	2.26	1.41
-1.13	-0.86	0.52	0.33	0.97	0.62	1.35	0.63	0.51	0.75	0.55	0.28	1.41	0.91
-1.10	1.82	4.04	3.69	4.27	0.63	3.91	-0.36	1.54	0.71	1.18	1.05	2.01	1.08
-1.10	1.18	3.23	2.92	2.49	2.75	2.95	1.51	0.85	1.52	1.03	1.03	0.94	1.35
-1.15	1.32	2.61	2.32	3.21	2.16	3.32	1.04	0.32	1.41	1.64	1.05	0.44	0.77

续表

zv1	zv2	zv3	zv4	zv5	zv6	zv7	zv8	zv9	zv10	zv11	zv12	zv13	zv14
-0.85	0.47	0.58	0.39	1.37	1.62	0.73	1.32	0.07	0.63	0.01	0.96	0.79	0.90
-0.99	0.86	2.22	1.95	2.06	2.83	2.32	1.26	0.42	1.16	0.30	0.89	1.03	0.93
-0.64	0.53	0.58	0.39	1.32	1.67	0.54	1.37	0.53	0.39	-0.15	0.89	1.07	1.50
-1.20	0.90	1.31	1.56	1.85	2.10	2.35	2.28	0.32	1.27	0.95	1.02	0.65	1.16
-0.90	0.51	0.72	0.52	1.17	1.60	1.00	0.68	0.37	0.32	0.50	0.67	0.79	0.95
-0.92	0.41	1.28	1.06	1.39	2.07	1.91	0.41	0.86	0.35	0.77	0.87	1.79	1.63
-0.89	0.57	0.84	0.63	1.58	1.60	1.11	0.13	0.17	0.82	0.79	0.64	2.29	0.74
-1.38	1.28	2.14	1.88	2.24	0.87	2.42	2.39	0.02	1.03	0.51	0.86	0.99	0.62
-1.27	-0.41	0.36	0.18	1.26	1.34	0.53	0.79	-0.07	-0.04	0.19	0.91	0.54	0.49
-1.30	-1.29	0.79	0.59	1.29	1.56	0.69	0.74	0.20	0.62	0.42	0.94	0.90	1.04
-0.61	0.91	1.42	1.18	1.42	2.21	1.59	2.09	0.77	0.14	0.41	0.82	1.90	1.49
-0.85	0.18	0.64	0.44	1.28	1.13	1.05	0.82	0.15	0.83	0.57	0.50	1.34	0.65
-0.19	-0.33	0.36	0.17	1.13	1.41	0.08	1.59	0.09	0.03	0.25	0.28	-0.08	0.42
-0.40	-0.22	0.20	0.02	1.31	1.19	0.26	0.55	-0.19	0.63	0.05	-0.46	0.09	0.16
-0.71	0.50	0.41	0.23	1.28	2.32	0.49	-1.00	-0.33	-0.11	0.45	-1.66	2.52	-0.30
-0.92	0.70	1.16	0.94	1.29	2.51	1.09	0.85	1.45	1.10	0.67	0.65	0.91	2.25
-2.40	0.18	-0.04	-0.20	1.00	0.18	0.22	1.48	0.28	-0.09	0.29	0.46	-0.77	0.70
-1.23	0.54	0.61	0.42	1.13	2.67	0.33	0.46	-0.26	1.02	0.89	0.69	-1.30	-0.42
-1.13	0.80	0.89	0.68	1.16	2.08	0.29	2.67	0.49	0.86	0.99	0.53	-1.36	0.64
-1.48	-0.22	0.65	0.45	1.28	1.79	0.17	1.01	-0.14	0.81	0.83	0.94	-1.21	-0.03

附表 2   因子分析得分及综合得分

年省份	f1	f2	f3	f4	f5	综合得分	新综合得分
1999 北京	0.5195	− 1.1167	4.9476	− 1.5354	− 0.9053	35.5767	135.5767
1999 天津	0.8660	− 1.2566	1.2122	− 1.6562	0.0946	− 3.8321	96.1679
1999 河北	− 0.8043	− 0.1694	− 0.2376	− 1.1534	0.4590	− 40.8726	59.1274
1999 山西	0.3629	− 1.4756	− 0.4822	− 1.7973	1.2969	− 37.3724	62.6276
1999 内蒙古	− 0.6911	− 1.4776	− 0.7379	− 0.3009	1.2401	− 52.7233	47.2767
1999 辽宁	− 0.0449	− 0.7566	0.4517	− 1.5731	0.5627	− 25.1878	74.8122
1999 吉林	− 0.9850	− 0.9114	0.2818	− 0.6227	0.8096	− 43.1283	56.8717
1999 黑龙江	− 0.1853	− 1.1689	− 0.2541	− 1.0032	1.0653	− 35.5004	64.4996
1999 上海	0.7422	− 1.2646	2.4628	− 1.3805	0.2499	16.3074	116.3074
1999 江苏	− 0.6776	0.0231	0.2202	− 0.8893	− 0.0793	− 28.5817	71.4183
1999 浙江	− 0.7121	− 0.0279	0.5563	− 0.9780	0.0951	− 24.9652	75.0348
1999 安徽	− 1.6342	− 0.4067	− 0.5640	0.1138	0.6617	− 55.9348	44.0652
1999 福建	− 1.1182	− 0.0599	− 0.2765	− 0.2563	0.1798	− 39.4086	60.5914
1999 江西	− 1.3386	− 0.9821	− 0.6923	0.2347	1.2069	− 53.8372	46.1628
1999 山东	− 0.7836	− 0.2433	− 0.2256	− 0.5840	0.0704	− 38.2278	61.7722
1999 河南	− 1.3849	− 0.4259	− 1.2925	− 0.1086	0.9669	− 59.6182	40.3818
1999 湖北	− 1.5345	0.1014	0.7317	− 0.9899	0.8071	− 36.2036	63.7964
1999 湖南	− 1.4816	− 0.7310	0.0459	− 0.0698	0.8470	− 49.6336	50.3664
1999 广东	− 0.6827	0.3529	− 0.3209	− 1.1793	0.6957	− 25.5109	74.4891
1999 广西	− 1.6860	0.1742	− 0.4495	− 0.6483	0.9327	− 50.8303	49.1697
1999 海南	− 3.6444	1.3940	1.1737	0.4130	0.8566	− 45.0404	54.9596
1999 重庆	− 0.3894	− 1.4114	− 0.2785	− 0.8285	0.9111	− 46.1905	53.8095
1999 四川	− 1.2750	− 0.9910	− 0.3549	− 0.1255	1.1173	− 52.8666	47.1334
1999 贵州	− 2.0992	− 0.5892	0.2489	− 0.4297	1.5149	− 59.3043	40.6957
1999 云南	− 1.7682	− 0.1091	0.5475	− 0.8826	1.3388	− 43.0735	56.9265
1999 西藏	− 5.8532	3.5317	3.4095	1.2806	− 0.1647	− 30.8898	69.1102
1999 山西	− 0.2833	− 1.3224	− 0.2988	− 0.6507	0.3289	− 45.3835	54.6165
1999 甘肃	− 0.3068	− 1.9657	− 0.9148	− 0.5689	1.3138	− 57.1018	42.8982
1999 青海	0.0202	− 2.0874	− 0.6511	− 1.1231	1.6835	− 49.5939	50.4061
1999 宁夏	− 0.8858	− 0.7838	0.5549	− 1.5411	1.0052	− 43.5827	56.4173
1999 新疆	− 1.3094	− 0.3717	0.8796	− 1.0854	1.0758	− 35.7185	64.2815

年省份	f1	f2	f3	f4	f5	综合得分	新综合得分
2000 北京	0.2518	− 0.9368	5.0065	− 1.6827	0.0778	40.9032	140.9032
2000 天津	0.8549	− 1.0786	1.3329	− 1.6007	− 0.2319	− 1.3807	98.6193
2000 河北	− 0.7340	− 0.0658	− 0.1508	− 1.2397	0.3316	− 37.8693	62.1307
2000 山西	0.4529	− 1.3231	− 0.6048	− 1.7162	0.7513	− 38.1200	61.8800
2000 内蒙古	− 0.4816	− 1.3506	− 0.6896	− 0.3222	0.5555	− 50.8113	49.1887
2000 辽宁	0.1164	− 0.8580	0.4930	− 1.4564	0.3250	− 22.9714	77.0286
2000 吉林	− 0.6662	− 1.0078	0.2862	− 0.6379	0.6242	− 37.9605	62.0395
2000 黑龙江	− 0.0656	− 1.1026	− 0.2110	− 1.0099	0.7736	− 33.1770	66.8230
2000 上海	0.7038	− 1.0638	2.4489	− 1.3046	0.0971	18.5495	118.5495
2000 江苏	− 0.6427	0.0810	0.3241	− 0.9707	− 0.0871	− 25.9678	74.0322
2000 浙江	− 0.7660	0.1104	0.7333	− 1.1987	0.4560	− 20.1006	79.8994
2000 安徽	− 1.5824	− 0.2905	− 0.4042	− 0.1396	0.8311	− 51.1771	48.8229
2000 福建	− 1.1226	− 0.1421	0.0619	− 0.4842	0.7114	− 33.5832	66.4168
2000 江西	− 1.1950	− 0.8005	− 0.6273	0.3202	0.2007	− 54.4590	45.5410
2000 山东	− 0.7944	− 0.0279	− 0.0975	− 0.8885	0.2503	− 34.2635	65.7365
2000 河南	− 1.2482	− 0.3264	− 1.2341	− 0.1373	0.5554	− 57.4452	42.5548
2000 湖北	− 1.1913	0.3707	0.6855	− 0.6655	− 1.2233	− 38.5594	61.4406
2000 湖南	− 1.3115	− 0.6664	0.1057	− 0.1525	0.5700	− 46.4756	53.5244
2000 广东	− 0.4737	0.3275	− 0.3881	− 1.3372	0.6990	− 23.0093	76.9907
2000 广西	− 1.6043	0.2774	− 0.3616	− 0.8265	0.9034	− 47.6593	52.3407
2000 海南	− 3.5932	1.4436	0.7238	0.6310	0.9269	− 45.5825	54.4175
2000 重庆	− 0.3263	− 1.2075	− 0.1851	− 0.8867	0.4971	− 43.8771	56.1229
2000 四川	− 1.0948	− 0.8045	− 0.3267	− 0.1718	0.3409	− 52.1692	47.8308
2000 贵州	− 1.9835	− 0.4494	0.2510	− 0.6021	1.4821	− 55.6190	44.3810
2000 云南	− 1.8818	0.0955	0.5595	− 0.7539	1.2070	− 41.6337	58.3663
2000 西藏	− 4.1560	0.5284	3.3535	1.2952	0.5057	− 37.5929	62.4071
2000 山西	− 0.2268	− 1.2155	− 0.0757	− 0.8098	0.1951	− 41.7108	58.2892
2000 甘肃	− 0.2915	− 1.6155	− 0.7746	− 0.7343	0.9022	− 53.8272	46.1728
2000 青海	0.2580	− 2.0441	− 0.8159	− 1.1451	1.3702	− 47.8373	52.1627
2000 宁夏	− 0.7597	− 0.6417	0.7043	− 1.7054	0.7046	− 40.0922	59.9078
2000 新疆	− 1.5609	− 0.2914	1.5325	− 1.0762	1.1483	− 30.7573	69.2427

续表

年省份	f1	f2	f3	f4	f5	综合得分	新综合得分
2001 北京	0.3115	-0.7619	4.6732	-1.5318	0.1779	44.3855	144.3855
2001 天津	0.9136	-1.0980	1.3001	-1.4753	-0.1289	2.1869	102.1869
2001 河北	-0.7307	-0.3213	-0.1956	-1.0257	0.6186	-37.8833	62.1167
2001 山西	0.7512	-2.0897	-0.9738	-1.1490	0.8701	-42.1379	57.8621
2001 内蒙古	-0.2956	-1.5975	-0.8132	-0.1993	0.6066	-50.2117	49.7883
2001 辽宁	0.1718	-1.2155	0.3829	-1.0641	0.4643	-23.7784	76.2216
2001 吉林	-0.5115	-1.3551	0.1772	-0.4154	0.8402	-37.0783	62.9217
2001 黑龙江	-0.0500	-1.1925	-0.2769	-0.7129	0.5056	-34.4982	65.5018
2001 上海	0.6793	-0.7460	2.3698	-1.2052	-0.1507	21.9687	121.9687
2001 江苏	-0.5355	-0.1658	0.0951	-0.7524	0.1725	-25.7554	74.2446
2001 浙江	-0.7065	0.2054	0.6659	-1.1813	0.5147	-16.5422	83.4578
2001 安徽	-1.2672	-1.0600	-0.6875	0.4022	0.9384	-53.9498	46.0502
2001 福建	-0.9943	-0.5056	-0.0987	-0.2999	1.1084	-33.1593	66.8407
2001 江西	-1.2439	-1.0243	-0.5887	0.3491	0.9306	-51.8408	48.1592
2001 山东	-0.5165	-1.0816	-0.5283	-0.1230	0.7133	-39.5038	60.4962
2001 河南	-1.0765	-0.9834	-1.5339	0.3697	0.7979	-61.3242	38.6758
2001 湖北	-1.0061	-0.9879	0.1092	-0.0797	0.8247	-40.5628	59.4372
2001 湖南	-1.1112	-0.9560	-0.2905	0.3303	0.2117	-49.9997	50.0003
2001 广东	-0.4266	0.4051	-0.6317	-1.2070	0.7451	-21.4356	78.5644
2001 广西	-1.3341	-0.6916	-0.8199	-0.0790	1.2454	-53.2930	46.7070
2001 海南	-3.1174	0.6422	0.5320	0.8069	1.0388	-47.7728	52.2272
2001 重庆	-0.0904	-2.5538	-0.8605	0.6225	0.8299	-51.6314	48.3686
2001 四川	-0.7535	-2.2360	-0.9691	0.6430	1.4714	-58.8501	41.1499
2001 贵州	-1.6580	-1.2058	-0.1969	-0.0953	1.6988	-59.5682	40.4318
2001 云南	-1.8639	-0.3996	0.2588	-0.3676	1.7636	-44.8903	55.1097
2001 西藏	-3.1667	-1.5492	4.2464	1.6961	0.2669	-36.0329	63.9671
2001 山西	-0.0465	-1.6877	-0.2167	-0.5104	0.4169	-42.0839	57.9161
2001 甘肃	-0.1432	-2.3328	-1.1140	-0.1258	1.1837	-58.4760	41.5240
2001 青海	0.2453	-1.8186	-1.0910	-0.7961	0.7007	-50.0973	49.9027
2001 宁夏	-0.4096	-1.5678	0.1607	-1.1041	1.1578	-44.5291	55.4709
2001 新疆	-1.3886	-0.9052	1.3354	-0.5331	1.2351	-33.3640	66.6360

年省份	f1	f2	f3	f4	f5	综合得分	新综合得分
2002 北京	0.6223	− 0.5357	3.8918	− 1.1445	− 0.6319	43.0426	143.0426
2002 天津	1.2527	− 0.9741	0.7096	− 1.1033	− 1.0809	0.6628	100.6628
2002 河北	− 0.3811	− 0.3511	− 0.5155	− 1.0382	0.1928	− 37.7786	62.2214
2002 山西	1.0680	− 1.9368	− 1.1586	− 1.0795	− 0.2131	− 43.0617	56.9383
2002 内蒙古	0.0250	− 1.5914	− 0.9802	− 0.1161	− 0.1944	− 50.6403	49.3597
2002 辽宁	0.3191	− 0.9530	0.0103	− 0.9707	− 0.0982	− 24.3038	75.6962
2002 吉林	− 0.2873	− 1.3611	− 0.2483	− 0.2058	0.4205	− 38.6942	61.3058
2002 黑龙江	0.1418	− 1.2461	− 0.5911	− 0.4623	0.0509	− 36.2236	63.7764
2002 上海	1.1323	− 0.6859	1.5475	− 1.0047	− 0.5602	22.4728	122.4728
2002 江苏	0.1336	− 0.4400	− 0.5677	− 0.6357	− 0.5017	− 27.4703	72.5297
2002 浙江	0.2713	− 0.2565	− 0.2462	− 0.9377	− 0.6046	− 19.9387	80.0613
2002 安徽	− 0.8014	− 1.2358	− 1.0348	0.3496	0.5198	− 54.3617	45.6383
2002 福建	− 0.2827	− 0.7308	− 0.6499	− 0.3194	0.2770	− 34.4254	65.5746
2002 江西	− 0.8105	− 1.1421	− 0.9350	0.4220	0.3466	− 52.0671	47.9329
2002 山东	0.2944	− 1.5365	− 1.0796	− 0.0917	0.0156	− 40.5770	59.4230
2002 河南	− 0.6297	− 1.1235	− 1.9497	0.2897	0.6119	− 60.4534	39.5466
2002 湖北	− 0.0278	− 1.7064	− 0.8656	0.0042	0.5548	− 43.3191	56.6809
2002 湖南	− 0.5514	− 1.3289	− 0.8851	0.3565	0.1185	− 50.9646	49.0354
2002 广东	0.3605	− 0.1867	− 1.0832	− 0.9194	− 0.3700	− 25.6092	74.3908
2002 广西	− 0.5535	− 1.4893	− 1.5097	0.3033	0.6258	− 58.9817	41.0183
2002 海南	− 2.6456	0.1837	− 0.0331	1.0725	0.6560	− 52.5550	47.4450
2002 重庆	0.4211	− 2.3738	− 1.5120	0.4796	0.1917	− 51.3511	48.6489
2002 四川	0.0051	− 2.6133	− 1.7963	0.6882	0.9431	− 61.9536	38.0464
2002 贵州	− 0.9218	− 1.1403	− 0.6871	− 0.6213	1.1748	− 56.5882	43.4118
2002 云南	− 1.1598	− 0.5866	− 0.4608	− 0.4109	0.9685	− 48.0124	51.9876
2002 西藏	− 1.7057	− 2.6425	1.6894	2.2731	0.3391	− 45.9438	54.0562
2002 山西	0.2851	− 1.7431	− 0.5903	− 0.4027	− 0.0092	− 42.2478	57.7522
2002 甘肃	0.4330	− 2.7815	− 1.7452	− 0.0617	1.1513	− 59.9442	40.0558
2002 青海	0.4724	− 1.5426	− 1.4053	− 0.9572	0.3331	− 48.4448	51.5552
2002 宁夏	− 0.0042	− 1.9057	− 0.1520	− 1.0730	1.0455	− 45.2003	54.7997
2002 新疆	− 1.2893	− 0.3419	1.0397	− 0.9142	1.0129	− 30.5296	69.4704

年省份	f1	f2	f3	f4	f5	综合得分	新综合得分
2003 北京	0.3238	− 0.3290	4.7912	− 0.9491	− 0.6054	54.9124	154.9124
2003 天津	1.3639	− 0.6123	0.6494	− 0.8354	− 1.8950	5.4454	105.4454
2003 河北	− 0.3064	− 0.0464	− 0.4651	− 0.9693	− 0.4915	− 34.8578	65.1422
2003 山西	1.1594	− 1.7089	− 1.1089	− 0.9819	− 0.8726	− 40.6270	59.3730
2003 内蒙古	0.3175	− 1.1631	− 0.9586	− 0.0935	− 1.6790	− 48.3432	51.6568
2003 辽宁	0.3850	− 0.6953	0.1222	− 0.9813	− 0.6046	− 20.8668	79.1332
2003 吉林	− 0.2315	− 1.2097	− 0.0020	− 0.2291	0.0961	− 33.9993	66.0007
2003 黑龙江	0.1248	− 1.1699	− 0.4711	− 0.3393	− 0.0577	− 32.8692	67.1308
2003 上海	0.9395	− 0.4914	1.5622	− 1.1592	0.5174	30.5340	130.5340
2003 江苏	0.3084	− 0.1290	− 0.5336	− 0.6900	− 1.1447	− 22.9379	77.0621
2003 浙江	0.3747	0.0571	− 0.0979	− 0.9100	− 1.2012	− 14.1514	85.8486
2003 安徽	− 0.5523	− 1.2025	− 1.0297	0.1694	0.4554	− 49.4044	50.5956
2003 福建	− 0.4356	− 0.0910	− 0.2760	− 0.5473	− 0.2900	− 29.0124	70.9876
2003 江西	− 0.7578	− 0.5852	− 0.6432	0.1810	− 0.5575	− 47.3724	52.6276
2003 山东	0.3286	− 0.9861	− 1.1280	− 0.1264	− 0.6615	− 36.4789	63.5211
2003 河南	− 0.5755	− 0.6190	− 1.5661	− 0.0166	− 0.0080	− 53.2846	46.7154
2003 湖北	− 0.1367	− 1.2522	− 0.5311	− 0.1091	0.1657	− 37.6745	62.3255
2003 湖南	− 0.5410	− 1.0887	− 0.6210	0.1237	0.1307	− 44.6704	55.3296
2003 广东	0.5916	− 0.0385	− 1.1616	− 0.8892	− 1.0193	− 23.4549	76.5451
2003 广西	− 0.5805	− 1.3742	− 1.4222	0.1980	0.6758	− 56.9303	43.0697
2003 海南	− 2.0216	− 0.3321	− 0.9068	1.3079	0.4335	− 57.3918	42.6082
2003 重庆	0.2614	− 1.7851	− 1.0948	0.3365	− 0.3668	− 45.3434	54.6566
2003 四川	− 0.9188	− 0.2864	− 0.3966	− 0.4210	− 0.1336	− 45.6221	54.3779
2003 贵州	− 0.8211	− 0.9863	− 0.5694	− 0.6794	0.7431	− 54.0451	45.9549
2003 云南	− 1.0430	− 0.6419	− 0.5122	− 0.3947	0.9492	− 46.5206	53.4794
2003 西藏	− 2.0492	− 2.9274	2.8359	2.3591	0.6747	− 40.1126	59.8874
2003 山西	0.2456	− 1.1227	− 0.1718	− 0.7280	− 0.5690	− 34.4836	65.5164
2003 甘肃	0.0498	− 1.3735	− 0.9764	− 0.7209	0.1103	− 50.0817	49.9183
2003 青海	0.5760	− 1.5439	− 1.4316	− 0.9632	0.3143	− 46.1250	53.8750
2003 宁夏	0.0199	− 1.5385	0.1524	− 1.0878	0.2594	− 40.8590	59.1410
2003 新疆	− 1.3549	− 0.2358	1.1696	− 0.4539	− 0.0862	− 33.8840	66.1160

年省份	f1	f2	f3	f4	f5	综合得分	新综合得分
2004 北京	0.9606	−0.4810	4.1106	−0.4471	−1.5448	56.8213	156.8213
2004 天津	1.3964	−0.4021	1.0815	−0.6603	−2.2317	15.9473	115.9473
2004 河北	−0.3280	0.1527	−0.4300	−0.7930	−0.9061	−32.8845	67.1155
2004 山西	1.1152	−1.3323	−0.8645	1.0662	−1.1684	−34.6791	65.3209
2004 内蒙古	0.3979	−0.8289	−0.7854	−0.0518	−2.4616	−44.2181	55.7819
2004 辽宁	0.3135	−0.4670	0.3330	−0.9103	−0.9694	−17.9845	82.0155
2004 吉林	−0.0834	−1.1360	0.0233	−0.0120	−0.5656	−31.9326	68.0674
2004 黑龙江	0.1668	−1.0240	−0.4428	−0.1067	−0.5736	−30.5859	69.4141
2004 上海	1.1134	−0.1148	1.6374	0.5852	−1.1531	34.4209	134.4209
2004 江苏	0.3482	0.1849	−0.3876	−0.6418	−1.5883	−17.1357	82.8643
2004 浙江	0.3458	0.2332	0.1236	−0.8294	−1.1974	−6.9174	93.0826
2004 安徽	−0.6654	−0.7312	−0.7507	0.3485	−0.6587	−48.1860	51.8140
2004 福建	−0.4991	0.1868	−0.0360	−0.5818	−0.4828	−24.0009	75.9991
2004 江西	−0.8928	−0.2499	−0.3706	0.2914	−0.8666	−42.0800	57.9200
2004 山东	0.3125	−0.5616	−0.9351	−0.0450	−1.2996	−30.9277	69.0723
2004 河南	−0.6365	−0.2639	−1.4056	0.2413	−1.0261	−52.6695	47.3305
2004 湖北	−0.1557	−1.1490	−0.4293	0.1553	−0.3220	−36.2443	63.7557
2004 湖南	−0.7927	−0.6765	−0.3791	0.3612	−0.4500	−42.8335	57.1665
2004 广东	0.4435	0.2893	−0.9167	−0.9432	−0.9916	−17.7067	82.2933
2004 广西	−0.9241	−0.6104	−0.8916	0.1321	−0.0261	−51.4425	48.5575
2004 海南	−2.3638	0.6766	−0.3929	0.8149	0.0706	−49.0557	50.9443
2004 重庆	0.0048	−1.4140	−0.8128	0.4536	−0.6216	−42.0418	57.9582
2004 四川	−0.9790	−0.0189	−0.3355	−0.2635	−0.6250	−44.0237	55.9763
2004 贵州	−0.5980	−1.0106	−0.6414	−0.6398	0.3371	−52.9141	47.0859
2004 云南	−0.8745	−0.6414	−0.5728	−0.1676	0.1561	−47.9251	52.0749
2004 西藏	−1.8842	−3.0362	2.8345	2.5505	0.5151	−36.7609	63.2391
2004 山西	0.3284	−1.0797	−0.0727	−0.5110	−1.0040	−31.4493	68.5507
2004 甘肃	−0.0390	−0.8571	−0.9105	−0.7916	−0.2909	−46.1188	53.8812
2004 青海	0.4216	−0.7530	−1.1033	−1.4064	−0.1478	−40.0169	59.9831
2004 宁夏	0.0407	−1.6230	0.2165	−1.1099	0.6512	−37.1890	62.8110
2004 新疆	−1.3984	−0.2141	1.5172	−0.5119	0.0893	−28.4254	71.5746

年省份	f1	f2	f3	f4	f5	综合得分	新综合得分
2005 北京	1.4353	-0.4598	3.3841	-0.4168	-0.9646	66.8360	166.8360
2005 天津	1.4346	-0.3946	1.1496	-0.4681	-1.8495	24.8310	124.8310
2005 河北	-0.2010	0.2761	-0.4310	-0.7659	-1.0880	-28.2032	71.7968
2005 山西	1.0951	-1.2086	-0.8017	-1.1147	-0.5928	-26.2804	73.7196
2005 内蒙古	0.6209	-0.4455	-0.7970	0.0160	-3.4178	-39.1618	60.8382
2005 辽宁	0.3735	-0.3644	0.3254	-0.7636	-0.9472	-12.0381	87.9619
2005 吉林	-0.1420	-0.7528	-0.0667	0.1731	-0.7882	-26.9044	73.0956
2005 黑龙江	0.1681	-0.9256	-0.3997	0.0409	-0.6426	-26.6347	73.3653
2005 上海	1.8344	-0.6521	0.7666	-0.5347	-0.2857	41.1340	141.1340
2005 江苏	0.3271	0.5143	-0.2280	-0.6735	-1.5477	-8.4961	91.5039
2005 浙江	0.3207	0.3584	0.2095	-0.9600	-0.5416	1.4795	101.4795
2005 安徽	-0.6004	-0.5887	-0.7298	0.1394	-0.2800	-41.7537	58.2463
2005 福建	-0.6179	0.5407	0.1321	-0.6188	-0.5445	-18.7260	81.2740
2005 江西	-0.6814	-0.2013	-0.2908	0.2496	-0.9737	-35.4103	64.5897
2005 山东	0.3946	-0.4593	-0.7641	0.0390	-1.3114	-22.8720	77.1280
2005 河南	-0.6123	-0.0599	-1.3182	0.2522	-1.1058	-47.1137	52.8863
2005 湖北	-0.0688	-0.9068	-0.2835	0.1433	-0.7257	-30.9389	69.0611
2005 湖南	-0.7783	-0.4973	-0.2590	0.2409	-0.1603	-35.4067	64.5933
2005 广东	0.4180	0.5527	-0.9052	-0.9294	-0.8551	-11.1592	88.8408
2005 广西	-0.8779	-0.3805	-0.7141	0.1291	-0.4593	-47.2991	52.7009
2005 海南	-2.1611	0.5287	-0.3275	0.6898	0.2380	-45.1382	54.8618
2005 重庆	-0.0781	-1.1142	-0.5872	0.2614	-0.4506	-35.5735	64.4265
2005 四川	-0.8386	-0.0176	-0.3368	-0.2744	-0.5234	-38.9901	61.0099
2005 贵州	-0.6187	-0.6702	-0.7211	-0.6571	0.0808	-50.5594	49.4406
2005 云南	-0.9214	-0.6443	-0.5261	-0.3810	0.9246	-43.3180	56.6820
2005 西藏	-0.9824	-3.0162	1.3536	2.4033	0.3228	-36.1192	63.8808
2005 山西	0.3920	-0.9477	0.0260	-0.4288	-1.0944	-25.2505	74.7495
2005 甘肃	-0.0136	-1.0241	-0.9232	-0.6034	-0.0556	-44.0611	55.9389
2005 青海	0.4949	-0.8107	-1.0536	-1.3332	-0.1793	-37.7127	62.2873
2005 宁夏	0.0495	-1.4445	0.1941	-1.1598	0.6637	-34.0736	65.9264
2005 新疆	-1.4977	-0.1695	1.7641	-0.5161	0.2905	-24.6294	75.3706

年省份	f1	f2	f3	f4	f5	综合得分	新综合得分
2006 北京	1.3311	-0.6042	4.0112	-0.0583	-1.1007	73.4204	173.4204
2006 天津	1.5728	-0.6613	1.6155	-0.2748	-1.6854	34.5323	134.5323
2006 河北	-0.0553	0.0957	-0.4242	-0.6089	-1.0082	-24.6944	75.3056
2006 山西	1.0593	-0.9207	-0.6392	-1.2764	-0.5241	-20.3121	79.6879
2006 内蒙古	0.5817	-0.2043	0.6827	-0.3879	-2.2228	-26.2229	73.7771
2006 辽宁	0.4751	-0.2711	0.3205	-0.6354	-1.1768	-7.9496	92.0504
2006 吉林	0.1222	-0.7248	0.0521	0.4277	-1.5858	-21.9643	78.0357
2006 黑龙江	0.1473	-0.8852	-0.1386	0.2342	-0.8823	-22.5012	77.4988
2006 上海	1.9765	-0.5542	0.5967	-0.3079	-0.4789	45.7320	145.7320
2006 江苏	0.7666	-0.0919	-0.5489	-0.2851	-1.3709	-6.0924	93.9076
2006 浙江	1.1517	-0.9510	-0.6459	-0.1938	-0.3114	-1.7705	98.2295
2006 安徽	-0.4338	-0.2776	-0.6489	0.2167	-1.2714	-38.7197	61.2803
2006 福建	0.2627	-0.4001	-0.5813	0.0373	-1.1650	-21.2249	78.7751
2006 江西	-0.4595	-0.3843	-0.2908	0.3630	-0.8989	-30.4683	69.5317
2006 山东	-0.2285	0.9747	0.0912	-0.5002	-1.5213	-7.7555	92.2445
2006 河南	-0.3410	-0.2834	-1.5519	0.4233	-1.0459	-44.4513	55.5487
2006 湖北	-0.2577	-0.0529	0.3499	-0.0259	-1.5469	-20.1734	79.8266
2006 湖南	-0.5513	-0.4825	-0.2808	0.2724	-0.4202	-31.1555	68.8445
2006 广东	0.9805	-0.5148	-1.3985	-0.1953	-0.7812	-13.8746	86.1254
2006 广西	-0.8428	-0.2543	-0.6398	0.1532	-0.5301	-42.9765	57.0235
2006 海南	-2.0214	0.3406	-0.2640	0.9928	-0.2306	-45.0154	54.9846
2006 重庆	0.0132	-0.6480	-0.4286	-0.0109	-0.7662	-27.7871	72.2129
2006 四川	-0.5533	-0.3820	-0.4432	0.0620	-0.7722	-38.0561	61.9439
2006 贵州	-0.1235	-1.0035	-1.1902	-0.6263	0.0869	-49.5976	50.4024
2006 云南	-0.6207	-0.8987	-0.5364	-0.0937	0.1293	-44.6642	55.3358
2006 西藏	-1.5576	-1.6356	1.4328	2.5265	-0.3362	-28.2812	71.7188
2006 山西	0.4599	-1.0565	0.0285	-0.1251	-1.1580	-22.1633	77.8367
2006 甘肃	0.1017	-0.9487	-1.0727	-0.5828	-0.0855	-41.4051	58.5949
2006 青海	0.1677	-0.1297	-0.5155	-1.6073	-0.3435	-30.4027	69.5973
2006 宁夏	-0.1711	-0.3702	0.4490	-1.4983	-0.1064	-26.9675	73.0325
2006 新疆	-1.3105	-0.2810	1.7148	-0.4535	0.3414	-20.8679	79.1321

年省份	f1	f2	f3	f4	f5	综合得分	新综合得分
2007 北京	1.7163	−1.0540	3.7823	0.3712	−1.1023	77.5203	177.5203
2007 天津	1.8158	−0.5774	1.2659	−0.2017	−1.5422	40.6393	140.6393
2007 河北	−0.0403	0.3600	−0.0506	−0.7948	−1.0645	−16.2432	83.7568
2007 山西	1.2308	−0.6620	−0.4113	−1.2545	−1.3128	−14.6203	85.3797
2007 内蒙古	0.5979	0.2158	−0.6991	−0.4938	−2.2107	−18.5078	81.4922
2007 辽宁	0.4287	0.1066	0.3398	−0.5337	−1.3494	−1.6280	98.3720
2007 吉林	0.0767	−0.2748	0.1654	0.5367	−2.0126	−15.3111	84.6889
2007 黑龙江	0.0054	−0.6151	−0.0201	0.3851	−0.9362	−17.8137	82.1863
2007 上海	2.2228	−0.5144	0.4381	0.0628	−0.9359	51.4223	151.4223
2007 江苏	0.3216	1.0069	0.1292	−0.5916	−1.5518	7.9705	107.9705
2007 浙江	0.8838	0.2202	0.0075	−0.6591	−0.9449	11.6848	111.6848
2007 安徽	−0.5527	0.2274	−0.4521	0.1480	−1.4392	−31.4149	68.5851
2007 福建	0.2038	0.4074	−0.2889	−0.2814	−1.4774	−9.2884	90.7116
2007 江西	−0.5247	0.1356	0.0024	0.3914	−1.3724	−21.8184	78.1816
2007 山东	−0.2224	1.1732	0.2063	−0.4099	−1.5086	−0.3950	99.6050
2007 河南	−0.2334	0.0935	−1.4439	0.3713	−1.4794	−37.1450	62.8550
2007 湖北	−0.3600	0.3441	0.5795	0.0697	−1.9852	−14.8512	85.1488
2007 湖南	−0.5647	−0.0857	0.0778	0.4319	−1.4961	−27.2539	72.7461
2007 广东	0.9178	−0.2972	−1.0019	−0.2301	−0.7798	−5.7093	94.2907
2007 广西	−0.8709	0.2301	−0.4709	0.1423	−1.0845	−37.2140	62.7860
2007 海南	−1.3763	−0.0345	−0.5731	1.1731	−0.8615	−42.9683	57.0317
2007 重庆	0.0298	−0.0126	−0.2498	0.0368	−1.9029	−22.8385	77.1615
2007 四川	−0.6894	0.0391	−0.1317	0.2506	−1.4451	−33.2572	66.7428
2007 贵州	−0.1337	−0.8083	−0.8915	−0.5279	−0.5534	−46.8761	53.1239
2007 云南	−0.7549	−0.1216	−0.1244	−0.4810	−0.3578	−36.5356	63.4644
2007 西藏	−1.4120	−1.5102	1.6718	2.3786	−0.6332	−22.9768	77.0232
2007 山西	0.1737	−0.1175	0.4698	−0.1904	−1.9669	−13.8076	86.1924
2007 甘肃	0.0763	−0.7632	−0.6676	−0.6595	−0.3970	−36.5662	63.4338
2007 青海	0.1048	0.2808	−0.4235	−1.7262	−0.5437	−26.0061	73.9939
2007 宁夏	−0.4359	0.2474	0.8422	−1.6250	−0.2972	−19.6523	80.3477
2007 新疆	−1.4349	0.2575	1.8667	−0.5619	−0.0984	−17.1100	82.8900

年省份	f1	f2	f3	f4	f5	综合得分	新综合得分
2008 北京	1.4667	−1.2957	4.3271	0.3857	0.7436	93.1202	193.1202
2008 天津	1.9006	−0.3481	1.1629	0.4185	−1.4479	55.5597	155.5597
2008 河北	−0.1940	0.5445	0.0336	−0.8180	−0.2254	−7.0137	92.9863
2008 山西	1.1231	−0.7016	−0.2542	−1.3860	0.2329	−1.5613	98.4387
2008 内蒙古	0.7824	0.1846	−0.7948	−0.2237	−1.7291	−6.5248	93.4752
2008 辽宁	0.5451	0.1909	0.2703	−0.1981	−1.1838	8.6827	108.6827
2008 吉林	0.0680	−0.0496	0.1700	0.7895	−2.0056	−7.3854	92.6146
2008 黑龙江	−0.1303	−0.2288	0.1057	0.5320	−0.9883	−10.4517	89.5483
2008 上海	2.0621	−0.9362	1.0062	−0.3700	1.2137	63.5137	163.5137
2008 江苏	0.3651	1.0723	0.1941	−0.3737	−1.0852	19.4051	119.4051
2008 浙江	0.6682	0.2237	0.3445	−0.7403	0.3118	22.7722	122.7722
2008 安徽	−0.6340	0.4114	−0.3283	0.1216	−1.0419	−24.2348	75.7652
2008 福建	0.0451	0.7155	−0.2656	−0.1760	−1.0220	−0.9074	99.0926
2008 江西	−0.6221	0.6177	0.1560	0.6333	−1.6563	−12.1350	87.8650
2008 山东	−0.3005	1.2924	0.3033	−0.2287	−0.9160	9.9520	109.9520
2008 河南	−0.0566	−0.4429	−0.9180	0.3378	−0.5280	−25.6859	74.3141
2008 湖北	−0.3530	0.3978	0.5451	0.4031	−1.7242	−6.8554	93.1446
2008 湖南	−0.5917	−0.0496	0.0996	0.8563	−1.4103	−20.4353	79.5647
2008 广东	0.4367	0.3628	−0.3618	−0.6368	0.4792	11.5623	111.5623
2008 广西	−0.8849	0.2404	0.4628	0.1524	−0.5275	−31.2372	68.7628
2008 海南	−1.4536	−0.1595	−0.3609	1.1642	0.2572	−32.8987	67.1013
2008 重庆	0.0199	0.3315	−0.2684	0.2470	−1.6525	−10.7925	89.2075
2008 四川	−0.8884	0.0657	0.0744	0.3222	−0.5217	−24.6733	75.3267
2008 贵州	−0.1463	−0.5936	−0.8566	−0.4186	−0.6033	−41.3324	58.6676
2008 云南	−0.7981	−0.1785	−0.1236	−0.4069	0.2132	−31.9239	68.0761
2008 西藏	−1.2721	−1.3049	0.3687	2.6592	0.0003	−23.5831	76.4169
2008 山西	0.2214	0.1747	0.5749	0.2497	−2.6336	−6.0230	93.9770
2008 甘肃	−0.0518	−0.5580	−0.5782	−0.6655	0.0096	−30.4503	69.5497
2008 青海	0.1653	0.3683	−0.0148	−1.7152	−0.8332	−19.2674	80.7326
2008 宁夏	−0.1087	0.3170	0.3911	−1.5080	−0.2661	−13.5084	86.4916
2008 新疆	−1.1389	0.0293	1.5668	−0.4833	0.2280	−13.2028	86.7972

年省份	f1	f2	f3	f4	f5	综合得分	新综合得分
2009 北京	1.3433	-0.6951	4.3012	0.3740	0.6478	100.4886	200.4886
2009 天津	1.9100	-0.1903	1.1389	0.5387	-1.1247	63.7921	163.7921
2009 河北	-0.1531	0.8685	-0.0596	-0.9139	-0.1771	-1.2111	98.7889
2009 山西	0.8369	-0.5177	0.0493	-1.5106	1.0735	5.7335	105.7335
2009 内蒙古	1.0289	0.1044	-0.5053	-0.3201	-1.3079	6.4933	106.4933
2009 辽宁	0.6749	0.2729	0.1789	-0.1102	-1.0310	15.6017	115.6017
2009 吉林	0.0729	-0.0023	0.1746	0.8780	-1.3668	1.7691	101.7691
2009 黑龙江	-0.2157	0.0680	0.2837	0.4373	-0.9076	-4.4965	95.5035
2009 上海	2.1480	-0.9777	0.9915	-0.2318	1.4582	69.3552	169.3552
2009 江苏	0.4877	1.1159	0.2019	-0.2119	-0.9822	27.2373	127.2373
2009 浙江	0.6749	0.3852	0.4479	-0.7819	0.6445	30.8571	130.8571
2009 安徽	-0.4620	0.5602	-0.4072	0.1146	-1.1560	-18.6021	81.3979
2009 福建	0.1698	0.6588	-0.0028	-0.1346	-0.7805	8.5677	108.5677
2009 江西	-0.5305	0.7806	-0.0433	0.4246	-1.4581	-9.6919	90.3081
2009 山东	-0.0514	1.4172	-0.0130	-0.1917	-0.9040	15.7169	115.7169
2009 河南	-0.0401	-0.2858	-0.6799	0.1343	-0.1131	-16.6724	83.3276
2009 湖北	-0.0739	0.3453	0.3237	0.4523	-1.6641	-1.8265	98.1735
2009 湖南	-0.3450	0.0041	0.0170	0.7473	-1.2862	-13.4876	86.5124
2009 广东	0.4223	0.5191	-0.2077	-0.6520	0.7214	19.0662	119.0662
2009 广西	-0.8542	0.6965	-0.1616	-0.0837	-0.9536	-23.9981	76.0019
2009 海南	-1.3798	0.3883	-0.1543	0.9943	-0.2949	-24.3642	75.6358
2009 重庆	0.2064	0.6162	-0.5289	0.2558	-1.7336	-4.0470	95.9530
2009 四川	-0.5606	0.2800	0.0444	0.3276	-1.2888	-19.1828	80.8172
2009 贵州	0.0338	-0.6278	-0.8783	-0.4679	-0.6165	-37.9166	62.0834
2009 云南	-0.6455	0.1107	-0.3348	-0.3891	-0.2513	-29.2927	70.7073
2009 西藏	-1.2263	-0.6765	0.3649	2.6779	-0.8533	-18.0245	81.9755
2009 山西	0.1258	0.1490	0.8636	0.1741	-1.7761	3.0645	103.0645
2009 甘肃	-0.0448	-0.2903	-0.4751	-0.7471	-0.1242	-25.6295	74.3705
2009 青海	0.1870	0.1236	0.0797	-1.7997	0.1637	-12.8579	87.1421
2009 宁夏	-0.3265	1.3309	0.3929	-1.8827	-0.2578	-3.5565	96.4435
2009 新疆	-1.2696	0.1508	1.6299	-0.7389	0.9544	-9.2019	90.7981

年省份	f1	f2	f3	f4	f5	综合得分	新综合得分
2010 北京	2.3873	− 1.1435	2.5592	0.5776	0.8237	100.1745	200.1745
2010 天津	2.4173	− 0.1876	0.3620	0.7687	− 1.0573	70.8135	170.8135
2010 河北	− 0.2823	1.4842	− 0.0096	− 0.8971	− 0.5253	5.1302	105.1302
2010 山西	1.0959	− 0.0783	− 0.1178	− 1.1476	− 0.6474	6.4720	106.4720
2010 内蒙古	1.1025	0.5053	− 1.0039	− 0.2726	− 0.9051	14.4758	114.4758
2010 辽宁	0.9630	0.4173	− 0.1860	0.1059	− 1.1831	22.8101	122.8101
2010 吉林	0.2416	0.0769	0.0841	1.0488	− 1.3904	8.9952	108.9952
2010 黑龙江	− 0.0826	0.2010	0.2204	0.7095	− 1.2158	1.5356	101.5356
2010 上海	2.7770	− 1.2107	0.1684	0.0311	1.0863	70.0911	170.0911
2010 江苏	0.9412	1.1465	− 0.3387	− 0.0291	− 0.9951	35.3136	135.3136
2010 浙江	1.0568	0.4446	0.0435	− 0.5457	0.2571	36.2069	136.2069
2010 安徽	− 0.0738	0.8940	− 0.6942	0.5899	− 2.8662	− 16.4884	83.5116
2010 福建	0.4890	0.7746	− 0.3258	0.0793	− 1.1421	14.4576	114.4576
2010 江西	− 0.3020	1.0259	− 0.4123	0.5668	− 1.7178	− 4.2963	95.7037
2010 山东	0.0546	1.5382	− 0.1509	− 0.1128	− 0.7231	22.2362	122.2362
2010 河南	0.2143	− 0.2068	− 0.8713	0.4223	− 0.7874	− 13.8177	86.1823
2010 湖北	0.2507	0.3625	− 0.0593	0.6706	− 1.9729	1.8901	101.8901
2010 湖南	− 0.2137	0.0664	− 0.1473	0.8747	− 1.1874	− 8.0738	91.9262
2010 广东	0.6481	0.6915	− 0.4486	− 0.4151	0.1457	22.6684	122.6684
2010 广西	− 0.4604	0.7019	− 0.5474	0.0798	− 1.2395	− 19.0349	80.9651
2010 海南	− 1.1191	0.6911	− 0.2197	1.3586	− 1.5950	− 20.4254	79.5746
2010 重庆	0.3457	1.0074	− 0.7306	0.4131	− 2.2846	1.3919	101.3919
2010 四川	− 0.2191	0.4008	− 0.2583	0.4468	− 1.7773	− 14.8384	85.1616
2010 贵州	0.0785	− 0.3252	− 0.8974	− 0.3527	− 1.1499	− 34.7326	65.2674
2010 云南	− 0.4281	0.1037	− 0.4328	− 0.3567	− 0.2913	− 24.5614	75.4386
2010 西藏	− 1.6162	− 0.8554	1.5022	2.7748	0.6519	− 12.7556	87.2444
2010 山西	0.2118	0.5022	0.5827	0.4348	− 2.1343	8.3928	108.3928
2010 甘肃	0.0959	− 0.1933	− 0.5309	− 0.5942	− 0.5121	− 22.4408	77.5592
2010 青海	0.3938	0.3641	− 0.0157	− 1.5371	− 1.0791	− 12.9687	87.0313
2010 宁夏	− 0.1823	1.6498	0.2107	− 1.7282	− 0.7204	1.7065	101.7065
2010 新疆	− 1.3306	0.5060	1.7392	− 0.4976	0.1904	− 6.8715	93.1285

续表

年省份	f1	f2	f3	f4	f5	综合得分	新综合得分
2011 北京	1.7691	−1.1215	3.6957	1.0132	1.3363	110.7558	210.7558
2011 天津	2.1634	0.1052	0.6263	1.1192	−0.6688	82.2223	182.2223
2011 河北	−0.2316	1.4902	0.0343	−0.8089	−0.2275	11.7132	111.7132
2011 山西	0.9819	0.2208	−0.0905	−1.1746	−0.3655	12.4300	112.4300
2011 内蒙古	1.1277	0.9859	−1.1252	−0.3114	−0.6345	25.7846	125.7846
2011 辽宁	0.9232	0.5064	−0.0746	0.3122	−0.6476	33.5828	133.5828
2011 吉林	0.3479	0.0996	−0.0857	1.4031	−1.3953	14.6695	114.6695
2011 黑龙江	−0.1843	0.1600	0.1925	1.2393	−1.0495	6.0788	106.0788
2011 上海	2.6298	−1.2459	0.4648	0.2731	1.6318	78.4811	178.4811
2011 江苏	0.8966	1.1435	−0.1768	0.1426	−0.3279	45.7240	145.7240
2011 浙江	0.9832	0.5390	0.1433	−0.4766	1.0606	46.9623	146.9623
2011 安徽	−0.3738	1.0020	−0.4095	0.4383	−1.1982	−3.0233	96.9767
2011 福建	0.4790	0.8990	−0.2036	0.1717	−0.6121	25.4306	125.4306
2011 江西	−0.4164	1.1417	−0.1478	0.5531	−1.2951	3.0348	103.0348
2011 山东	−0.0015	1.6013	0.0326	0.0166	−0.2496	31.3945	131.3945
2011 河南	0.3087	−0.0838	−0.7634	0.4708	−0.8082	−6.4780	93.5220
2011 湖北	0.1891	0.4881	0.1293	0.9321	−1.6622	12.2797	112.2797
2011 湖南	−0.1891	0.0337	−0.1857	1.0799	−0.6758	−0.4640	99.5360
2011 广东	0.4060	0.7445	−0.0545	−0.2084	0.7106	31.3248	131.3248
2011 广西	−0.5615	0.8232	−0.4780	0.2107	−0.6949	−10.8998	89.1002
2011 海南	−1.4688	1.1980	0.2315	1.0788	−0.5916	−6.3687	93.6313
2011 重庆	−0.0532	1.8382	−0.5591	0.5061	−2.0049	13.8473	113.8473
2011 四川	−0.3726	0.5883	0.1620	0.6160	−1.7999	−7.1464	92.8536
2011 贵州	0.2655	−0.2348	−0.9535	−0.1809	−1.5278	−29.9800	70.0200
2011 云南	−0.3962	0.2735	−0.4936	−0.1336	−0.5943	−21.2665	78.7335
2011 西藏	−0.9144	−0.1385	−0.4130	2.6483	−0.9494	−10.7201	89.2799
2011 山西	0.0248	0.7571	0.8982	0.6524	−1.9344	17.9601	117.9601
2011 甘肃	0.1541	−0.0805	−0.3504	−0.5032	−0.6881	−16.3735	83.6265
2011 青海	0.3590	0.6177	0.0076	−1.6732	−0.4013	−2.9517	97.0483
2011 宁夏	−0.1449	1.6473	0.3317	−1.7723	−0.2251	9.2262	109.2262
2011 新疆	−0.9069	0.6927	1.3211	−0.5714	−0.1367	−1.3134	98.6866

年省份	f1	f2	f3	f4	f5	综合得分	新综合得分
2012 北京	1.6344	− 0.4629	2.5581	1.6319	0.9482	107.6905	207.6905
2012 天津	1.9838	0.3460	0.2769	1.5691	− 0.1541	88.2298	188.2298
2012 河北	− 0.2042	1.4418	0.0935	− 0.6966	0.0994	17.3427	117.3427
2012 山西	0.9589	0.4063	− 0.1184	− 1.1483	− 0.0836	18.5558	118.5558
2012 内蒙古	1.1537	1.2028	− 1.2450	− 0.3882	0.1939	37.0649	137.0649
2012 辽宁	0.9606	0.5729	− 0.2706	0.4947	0.1410	43.9330	143.9330
2012 吉林	0.3340	0.1865	− 0.1474	1.7241	− 0.9048	24.6189	124.6189
2012 黑龙江	− 0.3522	0.2966	0.1670	1.4029	− 0.4043	12.6757	112.6757
2012 上海	2.5788	− 0.8243	− 0.5121	0.7565	1.3737	74.8918	174.8918
2012 江苏	1.0476	1.1779	− 0.2568	0.2367	0.0119	54.4998	154.4998
2012 浙江	1.0593	0.8102	− 0.1452	− 0.2336	1.0206	53.3319	153.3319
2012 安徽	− 0.2454	0.9823	− 0.2957	0.3974	− 0.8683	4.9647	104.9647
2012 福建	0.5562	0.9766	− 0.3532	0.3695	− 0.1811	34.2615	134.2615
2012 江西	− 0.4397	1.1909	− 0.1251	0.6508	− 0.8354	9.8937	109.8937
2012 山东	0.0729	1.6429	− 0.0234	0.1526	0.0984	39.0865	139.0865
2012 河南	0.3518	− 0.1327	− 0.6429	0.4061	− 0.0592	2.6519	102.6519
2012 湖北	0.1889	0.4553	0.1488	0.9873	− 0.7677	22.1136	122.1136
2012 湖南	− 0.0785	0.0540	− 0.1863	1.2579	− 0.5111	7.2769	107.2769
2012 广东	0.3235	1.1893	− 0.1938	− 0.1514	0.8222	38.0597	138.0597
2012 广西	− 0.5089	0.8491	− 0.3426	0.1934	− 0.2216	− 2.0143	97.9857
2012 海南	− 1.3572	1.0343	0.2216	0.9837	0.3796	2.3807	102.3807
2012 重庆	− 0.0328	1.7050	− 0.4615	0.7173	− 1.1991	24.4672	124.4672
2012 四川	− 0.4111	0.4449	0.4010	0.5881	− 0.7192	3.4137	103.4137
2012 贵州	0.1001	0.0165	− 0.8216	− 0.2782	− 0.7226	− 20.3292	79.6708
2012 云南	− 0.2961	0.0734	− 0.6579	0.1499	− 0.2624	− 17.6916	82.3084
2012 西藏	− 0.2577	− 1.9140	− 1.4641	3.7678	0.1085	− 18.2104	81.7896
2012 山西	0.1456	0.8126	0.8540	0.7546	− 1.5504	27.4068	127.4068
2012 甘肃	0.1041	0.2083	− 0.2791	− 0.4984	− 0.6131	− 9.8886	90.1114
2012 青海	0.3102	0.7308	0.0471	− 1.6528	0.0253	3.3745	103.3745
2012 宁夏	0.0450	1.3596	0.2007	− 1.5052	0.1268	14.0764	114.0764
2012 新疆	− 0.7683	0.9242	1.0981	− 0.7418	0.0051	3.4791	103.4791

年省份	f1	f2	f3	f4	f5	综合得分	新综合得分
2013 北京	1.9963	-0.9747	3.7872	1.5737	1.3530	129.3884	229.3884
2013 天津	2.0193	0.1861	0.9487	1.5296	0.4097	101.3966	201.3966
2013 河北	-0.2774	1.4629	0.1969	-0.6330	0.5865	23.2055	123.2055
2013 山西	0.8506	0.5566	0.0759	-1.1438	0.3037	25.6010	125.6010
2013 内蒙古	0.9489	1.6271	-1.0815	-0.5535	0.9702	48.4382	148.4382
2013 辽宁	1.1280	0.6164	-0.3988	0.6299	0.4994	53.4000	153.4000
2013 吉林	0.2062	0.2277	-0.0511	1.7237	0.1030	33.8869	133.8869
2013 黑龙江	-0.6578	0.4344	0.3478	1.4606	0.3700	18.3277	118.3277
2013 上海	2.9278	-1.2803	0.2608	0.6603	1.6723	88.9580	188.9580
2013 江苏	1.1768	1.2376	-0.2193	0.3008	0.3419	64.4200	164.4200
2013 浙江	1.2629	0.7245	0.0269	-0.1872	1.1958	62.5081	162.5081
2013 安徽	-0.2932	1.1910	-0.3252	0.3198	-0.3161	12.3207	112.3207
2013 福建	0.6540	1.0648	-0.3068	0.4480	0.0040	42.6468	142.6468
2013 江西	-0.2603	1.2112	-0.3843	0.7154	-0.5728	15.3270	115.3270
2013 山东	0.1504	1.6697	0.1244	0.2170	0.3047	47.1465	147.1465
2013 河南	0.3072	0.1101	-0.6804	0.3983	0.2455	8.9866	108.9866
2013 湖北	0.2608	0.5337	0.0324	1.0853	-0.3869	29.4508	129.4508
2013 湖南	-0.0184	0.0711	-0.2624	1.3380	-0.0192	14.5359	114.5359
2013 广东	0.5204	1.1056	-0.0221	-0.1158	0.8136	44.9862	144.9862
2013 广西	-0.4662	0.9148	-0.4804	0.2661	0.0951	2.8728	102.8728
2013 海南	-1.1697	1.2308	0.1213	0.9922	0.2150	8.8065	108.8065
2013 重庆	-0.1148	1.7928	-0.2590	0.7654	-0.8531	31.2402	131.2402
2013 四川	-0.4857	0.5698	0.4631	0.5689	-0.0016	12.1340	112.1340
2013 贵州	-0.1067	0.4975	-0.7759	-0.3168	-0.3340	-12.0241	87.9759
2013 云南	-0.3594	0.2547	-0.3682	0.0917	-0.0466	-9.9188	90.0812
2013 西藏	-0.0374	-1.8211	-1.4605	3.8331	0.0583	-9.4704	90.5296
2013 山西	0.1353	0.8352	0.8315	0.8033	-0.8839	34.9670	134.9670
2013 甘肃	-0.0922	0.7243	-0.2999	-0.5861	-0.1404	-1.2951	98.7049
2013 青海	0.3876	0.5159	-0.0072	-1.4849	0.6872	9.5935	109.5935
2013 宁夏	-0.1340	1.9851	0.3747	-1.7802	0.5289	25.1269	125.1269
2013 新疆	-0.4262	0.9561	0.6365	-0.9151	0.4641	9.8215	109.8215

年省份	f1	f2	f3	f4	f5	综合得分	新综合得分
2014 北京	1.5782	0.1428	2.4941	2.1391	1.1317	126.3864	226.3864
2014 天津	2.0932	0.2215	0.0429	1.9366	0.9146	101.5494	201.5494
2014 河北	−0.0986	1.3409	−0.0770	−0.6165	1.1760	28.2742	128.2742
2014 山西	0.8260	0.4994	−0.1638	−1.2799	1.4717	30.7311	130.7311
2014 内蒙古	0.8543	2.2640	−1.2026	−0.7376	1.3657	58.9251	158.9251
2014 辽宁	1.0879	0.6248	−0.4398	0.6356	1.3214	60.6038	160.6038
2014 吉林	0.2415	0.2768	−0.1545	1.8024	0.6485	41.2339	141.2339
2014 黑龙江	−0.6888	0.3197	0.3841	1.4416	1.0205	22.2322	122.2322
2014 上海	2.8661	−0.8856	−0.8336	1.3420	1.6412	87.7791	187.7791
2014 江苏	1.2294	1.3432	−0.3382	0.5041	0.7478	73.3804	173.3804
2014 浙江	1.2962	0.9182	−0.1721	0.0150	1.4469	69.8979	169.8979
2014 安徽	−0.2838	1.2652	−0.1700	0.3010	0.1565	21.2226	121.2226
2014 福建	0.7512	1.1515	−0.4289	0.4958	0.4660	51.0081	151.0081
2014 江西	−0.0576	1.1686	−0.5030	0.7358	−0.3713	20.9850	120.9850
2014 山东	0.2831	1.7216	−0.1403	0.3291	0.6720	53.5382	153.5382
2014 河南	0.3754	0.1249	−0.4695	0.4624	0.3899	16.8049	116.8049
2014 湖北	0.4093	0.5139	0.0532	1.3302	−0.2128	38.7596	138.7596
2014 湖南	−0.1079	0.1574	−0.0499	1.5679	0.2392	22.6746	122.6746
2014 广东	0.5998	1.2904	−0.3699	0.0221	1.0407	50.2077	150.2077
2014 广西	0.2984	0.7322	−0.4713	0.2293	0.6704	9.7128	109.7128
2014 海南	−1.1306	1.3469	0.1723	0.9298	0.6001	16.3907	116.3907
2014 重庆	0.1767	1.5572	−0.2833	0.8862	−0.4338	40.5057	140.5057
2014 四川	−0.3474	0.4904	0.5136	0.5669	0.4691	20.2324	120.2324
2014 贵州	−0.2893	0.6796	−0.4615	−0.2597	0.1186	−3.3027	96.6973
2014 云南	−0.5102	0.4114	−0.2452	−0.1288	1.0137	−0.8689	99.1311
2014 西藏	−0.2828	−0.9840	−1.1052	3.3979	0.2777	2.6948	102.6948
2014 山西	0.2574	0.9752	0.7297	0.8128	−0.5021	44.1069	144.1069
2014 甘肃	−0.0400	0.9293	−0.3369	−0.7107	0.3377	7.3786	107.3786
2014 青海	0.3335	0.9034	−0.1485	−1.6164	1.1701	17.3815	117.3815
2014 宁夏	−0.1381	2.0717	0.5363	−1.8469	1.0558	33.9355	133.9355
2014 新疆	−0.3248	1.1167	0.4989	−1.0993	0.9127	16.4010	116.4010

年省份	f1	f2	f3	f4	f5	综合得分	新综合得分
2015 北京	1.8767	0.1107	2.2029	2.5450	1.3068	137.3004	237.3004
2015 天津	2.4189	0.3179	-0.4882	2.2322	0.9737	109.6741	209.6741
2015 河北	-0.1407	1.4727	0.1022	-0.5451	1.1879	33.5335	133.5335
2015 山西	0.8378	0.6087	-0.2728	-1.2712	1.9699	37.1365	137.1365
2015 内蒙古	0.9164	2.1774	-1.0451	-0.8554	1.4153	60.2392	160.2392
2015 辽宁	1.0522	0.2817	-0.2259	0.6535	2.0534	63.6063	163.6063
2015 吉林	0.2535	0.3806	-0.1960	2.0247	0.7849	47.5189	147.5189
2015 黑龙江	-0.5922	0.3402	0.3720	1.5023	1.0028	25.9056	125.9056
2015 上海	3.1483	-0.8376	-1.0682	1.6607	1.6617	97.9434	197.9434
2015 江苏	1.4066	1.3845	-0.4276	0.7539	1.0155	84.2217	184.2217
2015 浙江	1.5180	0.9712	-0.2594	0.2487	1.6212	81.1023	181.1023
2015 安徽	-0.1735	1.3091	-0.3044	0.3355	0.4801	27.2447	127.2447
2015 福建	0.8149	1.2285	-0.5329	0.7656	0.9493	61.6203	161.6203
2015 江西	0.0723	1.1590	-0.6205	0.7718	-0.0076	27.1592	127.1592
2015 山东	0.4239	1.8945	-0.1665	0.0872	1.1201	62.4137	162.4137
2015 河南	0.4347	0.2318	-0.4891	0.5852	0.6623	24.9861	124.9861
2015 湖北	0.5703	0.4505	-0.1262	1.5802	0.2248	47.4110	147.4110
2015 湖南	-0.1075	0.1850	0.0748	1.7493	0.6351	31.7236	131.7236
2015 广东	0.6874	1.5197	-0.4977	0.2229	1.1938	59.9212	159.9212
2015 广西	-0.2314	0.8587	-0.5759	0.3386	0.8749	16.3606	116.3606
2015 海南	-0.9339	1.3856	0.0129	0.8899	0.8561	22.7434	122.7434
2015 重庆	0.3601	1.6069	-0.4993	1.2753	-0.3651	49.5440	149.5440
2015 四川	-0.2782	0.6334	0.2973	0.7255	0.7313	26.8949	126.8949
2015 贵州	-0.4214	1.0389	-0.2947	-0.0660	0.1267	5.4704	105.4704
2015 云南	-0.3684	0.3637	-0.3087	0.1443	0.9561	4.3218	104.3218
2015 西藏	-0.2952	-0.0186	-0.8468	2.6429	0.2297	15.8105	115.8105
2015 山西	0.3564	0.9599	0.5956	0.8873	0.0677	51.7132	151.7132
2015 甘肃	0.0477	0.9155	-0.4700	-0.6856	0.6495	11.3080	111.3080
2015 青海	0.4538	0.7831	-0.2010	-1.4615	1.6062	24.2768	124.2768
2015 宁夏	-0.0517	2.1166	0.5138	-1.6900	1.1344	39.9610	139.9610
2015 新疆	-0.2703	1.3194	0.1976	-1.2558	1.5275	22.1871	122.1871

年省份	f1	f2	f3	f4	f5	综合得分	新综合得分
2016 北京	2.1144	0.0084	2.1343	2.8077	1.1969	143.3802	243.3802
2016 天津	2.2955	0.4608	− 0.3041	2.5724	0.7969	114.4238	214.4238
2016 河北	− 0.0972	1.4575	0.2377	− 0.4907	1.2349	37.7181	137.7181
2016 山西	0.8172	0.7403	− 0.1533	− 1.2087	1.5569	37.4995	137.4995
2016 内蒙古	0.7883	2.3577	− 0.8995	− 0.8850	1.6057	64.0665	164.0665
2016 辽宁	0.5855	− 0.0072	0.4827	− 0.3430	3.3605	55.2432	155.2432
2016 吉林	0.4108	0.5323	− 0.2610	2.1234	0.4998	52.5737	152.5737
2016 黑龙江	− 0.5460	0.3601	0.4081	1.5325	0.8831	27.3340	127.3340
2016 上海	3.3054	− 0.8843	− 1.1143	1.9348	1.7664	105.5974	205.5974
2016 江苏	1.5010	1.3544	− 0.3681	0.8296	1.3645	91.9364	191.9364
2016 浙江	1.6414	0.9574	− 0.3038	0.3008	1.9489	87.9178	187.9178
2016 安徽	− 0.1440	1.4581	− 0.2904	0.3634	0.4896	31.8890	131.8890
2016 福建	0.8373	1.2132	− 0.5342	0.9429	1.2040	66.9843	166.9843
2016 江西	0.1181	1.2635	− 0.6933	0.8424	0.0411	31.0394	131.0394
2016 山东	0.3954	2.0073	− 0.0107	0.1353	1.3230	69.0442	169.0442
2016 河南	0.4619	0.3427	− 0.3774	0.6424	0.7188	31.1105	131.1105
2016 湖北	0.5398	0.4974	− 0.0257	1.6855	0.5460	53.8010	153.8010
2016 湖南	− 0.2293	0.3054	0.3251	1.9157	0.7709	38.0583	138.0583
2016 广东	0.6716	1.5503	− 0.4270	0.3400	1.4774	65.7122	165.7122
2016 广西	− 0.3034	0.9057	− 0.4443	0.4393	1.1249	21.1905	121.1905
2016 海南	− 0.8276	1.2002	− 0.0244	1.0623	0.9934	25.1592	125.1592
2016 重庆	0.4722	1.5643	− 0.5985	1.5171	− 0.1760	55.6522	155.6522
2016 四川	− 0.1950	0.6740	0.1288	0.8405	0.8376	30.3048	130.3048
2016 贵州	− 0.5641	1.4484	− 0.2329	− 0.0809	0.2607	11.9993	111.9993
2016 云南	− 0.4357	0.5472	− 0.2053	0.2757	0.9350	9.2404	109.2404
2016 西藏	0.5225	− 1.4432	− 1.8381	2.9874	1.1490	9.4898	109.4898
2016 山西	0.4644	0.9599	0.6383	0.8505	0.2423	56.8632	156.8632
2016 甘肃	− 0.0993	1.2459	− 0.3763	− 0.7466	0.7788	15.8761	115.8761
2016 青海	0.4962	0.9086	− 0.3183	− 1.4036	1.6231	27.3273	127.3273
2016 宁夏	0.0814	2.2244	0.4263	− 1.7310	1.0957	43.8303	143.8303
2016 新疆	− 0.4896	1.3923	0.5227	− 1.3766	1.8636	24.1329	124.1329

年省份	f1	f2	f3	f4	f5	综合得分	新综合得分
2017 北京	2.1207	0.0320	2.3609	3.1088	1.2827	152.3234	252.3234
2017 天津	1.7620	0.8230	0.1981	2.3516	1.8670	122.3570	222.3570
2017 河北	-0.0336	1.4471	0.4789	-0.5468	1.3807	43.7507	143.7507
2017 山西	1.0610	0.4856	0.0276	-1.0528	0.7676	35.6609	135.6609
2017 内蒙古	0.5172	2.3165	-0.5895	-1.2762	2.4676	63.9070	163.9070
2017 辽宁	0.8971	0.2858	0.4348	-0.0896	1.5677	54.0246	154.0246
2017 吉林	0.7805	0.0847	-0.1618	1.8933	0.8963	56.6529	156.6529
2017 黑龙江	-0.6161	0.4145	0.4905	1.6052	0.9347	29.1621	129.1621
2017 上海	3.3655	-0.8432	-1.0781	2.2416	1.9498	114.7482	214.7482
2017 江苏	1.6553	1.3583	-0.3876	0.9827	1.7257	102.0814	202.0814
2017 浙江	1.8015	0.9426	-0.3198	0.3946	2.1708	95.6315	195.6315
2017 安徽	-0.1381	1.5368	-0.1072	0.4388	0.6090	38.6937	138.6937
2017 福建	0.9647	1.4159	-0.6433	1.0368	1.4496	77.1468	177.1468
2017 江西	0.0097	1.5043	-0.1916	0.8165	0.1095	40.7532	140.7532
2017 山东	0.5311	1.9398	0.0476	0.3250	1.4055	75.8431	175.8431
2017 河南	0.3889	0.7622	-0.1369	0.5711	0.7553	40.7520	140.7520
2017 湖北	0.7675	0.4770	-0.2019	1.7499	0.7059	59.9344	159.9344
2017 湖南	0.1879	0.1407	0.1320	1.9424	0.8138	44.7080	144.7080
2017 广东	0.7443	1.5887	-0.3978	0.5161	1.6619	73.3533	173.3533
2017 广西	-0.3677	1.1678	-0.2961	0.3487	1.1306	25.8490	125.8490
2017 海南	-0.8108	1.2653	0.2244	1.0902	1.1713	32.9660	132.9660
2017 重庆	0.5343	1.5828	-0.5560	1.5300	0.3025	63.7323	163.7323
2017 四川	-0.1819	0.6845	0.2457	1.1336	0.7959	36.0781	136.0781
2017 贵州	-0.3650	1.5680	-0.2976	-0.0254	0.3423	20.9284	120.9284
2017 云南	-0.2759	0.5567	-0.2573	0.4488	0.8186	14.3708	114.3708
2017 西藏	0.5431	-1.5053	-1.2455	2.8391	1.3815	18.1250	118.1250
2017 山西	0.6773	0.9674	0.4367	0.9319	0.4094	63.0680	163.0680
2017 甘肃	-0.2203	1.1510	0.1205	-1.2228	1.7798	22.1016	122.1016
2017 青海	0.3001	1.2101	0.1437	-1.5957	1.8334	34.4747	134.4747
2017 宁夏	0.1734	2.3383	0.3666	-1.7871	1.1874	48.2256	148.2256
2017 新疆	-0.2336	1.6017	0.3388	-1.4411	1.7832	31.5115	131.5115

单位：元

附表3　中国 31 个省份（不包括港澳台地区）人均 GDP（1978～2018 年）

年份	北京	天津	河北	山西	内蒙古	辽宁	吉林	黑龙江	上海	江苏
1978	1 257	1 133	364	365	317	680	381	564	2 485	430
1979	1 358	1 241	400	437	343	717	417	594	2 556	509
1980	15 44	1 357	427	442	361	811	445	694	2 725	541
1981	1 526	1 458	427	488	407	823	496	709	2 800	586
1982	1 671	1 469	474	551	480	884	538	762	2 864	645
1983	1 943	1 555	526	604	535	1 012	658	841	2 947	716
1984	2 262	1 853	609	756	640	1 203	760	959	3 232	843
1985	2 643	2 169	719	838	809	1 413	868	1 062	3 811	1 053
1986	2 836	2 352	782	890	888	1 633	977	1 189	3 956	1 193
1987	3 150	2 621	921	962	1 025	1 917	1 269	1 335	4 340	1 462
1988	3 892	3 035	1 219	1 168	1 291	2 285	1 559	1 602	5 080	1 891
1989	4 269	3 261	1 409	1 367	1 377	2 574	1 636	1 808	5 362	2 038
1990	4 635	3 487	1 465	1 528	1 478	2 698	1 746	2 028	5 911	2 109
1991	5 494	3 777	1 727	1 592	1 642	3 027	1 878	2 310	6 661	2 353
1992	6 458	4 481	2 040	1 862	1 906	3 693	2 246	2 672	8 208	3 106
1993	8 006	5 800	2 682	2 271	2 423	5 015	2 826	3 306	10 729	4 321
1994	10 240	7 751	3 439	2 729	3 094	6 103	3 657	4 390	13 807	5 801
1995	12 690	9 769	4 444	3 515	3 772	6 880	4 402	5 402	17 022	7 319
1996	14 254	11 734	5 345	4 177	4 457	7 730	5 178	6 382	19 779	8 471
1997	16 609	13 142	6 079	4 723	4 980	8 725	5 591	7 133	22 583	9 371

续表

年份	北京	天津	河北	山西	内蒙古	辽宁	吉林	黑龙江	上海	江苏
1998	19 118	14 243	6 501	5 104	5 406	9 415	5 983	7 375	24 513	10 049
1999	21 397	15 405	6 849	5 229	5 861	10 086	6 382	7 578	26 527	10 695
2000	24 122	17 353	7 592	5 722	6 502	11 177	7 351	8 294	29 671	11 765
2001	26 998	19 141	8 251	6 226	7 216	12 015	7 893	8 900	32 201	12 882
2002	30 840	21 387	8 960	7 082	8 162	13 000	8 714	9 541	35 329	14 396
2003	3 4892	25 544	10 251	8 642	10 039	14 270	9 854	10 638	39 128	16 830
2004	41 099	30 575	12 487	10 742	12 767	15 835	11 537	12 449	46 338	20 223
2005	45 444	35 783	14 782	12 495	16 331	18 983	13 348	14 434	52 060	24 560
2006	50 407	41 022	16 752	14 011	20 264	21 788	15 720	16 228	57 695	28 814
2007	58 204	46 122	19 877	16 945	25 393	25 729	19 383	18 478	66 367	33 928
2008	64 491	58 656	22 986	21 506	34 869	31 739	23 521	21 740	66 932	40 014
2009	66 940	62 574	24 581	21 522	39 735	35 149	26 595	22 447	69 165	44 253
2010	73 856	72 994	28 668	26 283	47 347	42 355	31 599	27 076	76 074	52 840
2011	81 658	85 213	33 969	31 357	57 974	50 760	38 460	32 819	82 560	62 290
2012	87 475	93 173	36 584	33 628	63 886	56 649	43 415	35 711	85 373	58 347
2013	94 648	100 105	38 909	34 984	67 836	61 996	47 428	37 697	90 993	75 354
2014	99 995	105 231	39 984	35 070	71 046	65 201	50 162	39 226	97 370	81 874
2015	106 497	107 960	40 255	34 919	71 101	65 354	51 086	39 462	103 796	87 995
2016	118 198	115 053	43 062	35 532	72 064	50 791	53 868	40 432	116 562	96 887
2017	128 994	118 944	45 387	42 060	63 764	53 527	54 838	41 916	126 634	107 150
2018	140 211	120 711	47 772	45 328	68 302	58 008	55 611	43 274	134 982	115 168

续表

年份	浙江	安徽	福建	江西	山东	河南	湖北	湖南	广东	广西
1978	331	244	273	276	316	232	332	286	370	225
1979	417	268	300	325	350	267	409	343	410	246
1980	471	291	348	342	402	317	428	365	481	278
1981	531	346	416	369	472	340	466	394	550	317
1982	599	375	457	403	531	353	506	430	633	354
1983	650	428	487	428	611	433	543	470	675	363
1984	810	523	591	497	765	482	671	519	827	399
1985	1 067	646	737	597	887	580	801	626	1 026	471
1986	1 237	738	809	652	956	635	882	703	1 164	525
1987	1 478	842	999	729	1 131	756	1 018	818	1 443	607
1988	1 853	1 026	1 349	891	1 395	910	1 216	999	1 926	770
1989	2 023	1 136	1 589	1 013	1 595	1 012	1 373	1 074	2 251	927
1990	2 138	1 182	1 763	1 134	1 815	1 091	1 541	1 228	2 484	1 066
1991	2 558	1 164	2 041	1 249	2 122	1 201	1 668	1 357	2 941	1 211
1992	3 212	1 390	2 557	1 472	2 556	1 452	1 962	1 595	3 699	1 490
1993	4 469	1 785	3 556	1 835	3 212	1 865	2 361	1 997	5 085	1 982
1994	6 201	2 257	5 193	2 376	4 441	2 467	2 991	2 630	6 530	2 675
1995	8 149	3 070	6 526	2 896	5 701	3 297	3 671	3 359	8 129	3 304
1996	9 552	3 524	7 646	3 452	6 746	3 978	4 311	3 963	9 139	3 706
1997	10 624	3 929	8 775	3 890	7 461	4 389	4 884	4 420	10 130	3 928

续表

年份	浙江	安徽	福建	江西	山东	河南	湖北	湖南	广东	广西
1998	11 394	4 235	9 603	4 124	7 968	4 643	5 287	4 667	10 819	4 346
1999	12 214	4 495	10 323	4 402	8 483	4 832	5 452	4 933	11 415	4 444
2000	13 416	4 779	11 194	4 851	9 326	5 450	6 293	5 425	12 736	4 652
2001	14 713	5 313	11 892	5 221	10 195	5 959	6 867	6 120	13 849	5 058
2002	16 978	5 736	12 938	5 829	11 340	6 487	7 437	6 734	15 361	5 558
2003	20 444	6 375	14 333	6 624	13 268	7 376	8 378	7 589	17 795	6 169
2004	24 352	7 682	16 469	8 097	16 413	9 201	9 898	9 165	20 870	7 461
2005	27 703	8 670	18 646	9 440	20 096	11 346	11 431	10 426	24 438	8 788
2006	31 874	10 026	21 385	10 798	23 794	13 172	13 297	11 950	28 284	10 296
2007	37 411	12 045	25 908	12 633	27 807	16 012	16 206	14 492	33 151	12 555
2008	41 405	14 448	29 755	15 900	32 936	19 181	19 858	18 147	37 638	14 652
2009	43 842	16 408	33 437	17 335	35 894	20 597	22 677	20 428	39 436	16 045
2010	51 711	20 888	40 025	21 253	41 106	24 446	27 906	24 719	44 736	20 219
2011	59 249	25 659	47 377	26 150	473 35	28 661	34 197	29 880	50 807	25 326
2012	63 374	287 92	527 63	28 800	51 768	31 499	38 572	33 480	54 095	27 952
2013	68 805	32 001	581 45	31 930	56 885	34 211	42 826	36 943	58 833	30 741
2014	73 002	34 425	63 472	34 674	60 879	37 072	47 145	40 271	63 469	33 090
2015	77 644	35 997	67 966	36 724	64 168	39 123	50 654	42 754	67 503	35 190
2016	84 916	39 561	747 07	40 106	68 733	42 575	55 665	46 382	74 016	38 027
2017	92 057	43 401	82 677	43 424	72 807	46 674	60 199	49 558	80 932	38 102
2018	98 643	47 712	91 197	47 434	76 267	50 152	66 616	52 949	86 412	41 489

续表

年份	海南	重庆	四川	贵州	云南	西藏	陕西	甘肃	青海	宁夏	新疆
1978	314	269	261	175	226	375	291	348	428	370	313
1979	327	301	289	204	247	404	336	359	410	399	359
1980	354	334	320	219	267	471	334	388	473	433	410
1981	399	354	337	242	294	560	356	367	459	460	450
1982	510	390	379	278	339	544	385	393	513	469	488
1983	540	428	425	302	363	538	420	462	569	525	583
1984	636	502	487	371	416	702	504	515	662	615	661
1985	729	577	570	420	486	894	504	608	808	737	820
1986	798	640	614	467	528	842	688	684	916	823	924
1987	925	705	702	546	653	863	794	764	1 018	922	1 053
1988	1 220	880	861	683	845	964	1 004	905	1 260	1 143	1 347
1989	1 420	1 011	960	750	1 003	1 021	1 124	1 007	1 365	1 317	1 493
1990	1 562	1 080	1 136	810	1 224	1 276	1 241	1 099	1 558	1 393	1 713
1991	1 804	1 221	1 283	896	1 377	1 358	1 402	1 204	1 647	1 511	2 101
1992	2 719	1 495	1 477	1 034	1 625	1 468	1 571	1 384	1 912	1 718	2 477
1993	3 755	1 870	1 854	1 234	2 030	1 624	1 381	1 600	2 364	2 148	2 964
1994	4 702	2 541	2 481	1 527	2 515	1 964	2 424	1 921	2 942	2 740	3 888
1995	5 063	3 395	3 043	1 826	3 083	2 358	2 965	2 316	3 513	3 448	4 701
1996	5 346	4 130	3 550	2 048	3 779	2 688	3 446	2 946	3 799	3 926	5 102
1997	5 567	4 733	4 032	2 250	4 121	3 144	3 834	3 199	4 122	4 277	5 848
1998	5 912	5 016	4 294	2 364	4 446	3 666	4 070	3 541	4 426	4 607	6 174

续表

年份	海南	重庆	四川	贵州	云南	西藏	陕西	甘肃	青海	宁夏	新疆
1999	6 294	5 207	4 540	2 545	4 558	4 180	4 415	3 778	4 728	4 900	6 443
2000	6 798	5 616	4 956	2 759	4 769	4 572	4 968	4 129	5 138	5 376	7 372
2001	7 052	6 219	5 376	3 000	5 015	5 324	5 506	4 386	5 774	6 039	7 945
2002	7 781	7 052	5 890	3 257	5 366	6 117	6 145	4 768	6 478	6 647	8 457
2003	8 592	8 091	6 623	3 701	5 871	6 893	7 028	5 429	7 346	7 734	9 828
2004	9 812	9 624	7 895	4 317	7 012	8 103	8 587	6 566	8 693	9 199	11 337
2005	10 998	10 982	9 060	5 052	7 835	9 114	10 161	7 477	10 045	10 239	13 108
2006	12 403	12 316	10 546	5 759	8 970	10 430	12 138	8 757	11 724	11 847	15 000
2007	14 555	14 660	12 893	6 915	10 540	12 109	14 607	10 346	14 257	14 649	16 999
2008	17 691	20 490	15 495	9 855	12 570	13 588	19 700	12 421	18 421	19 609	19 797
2009	19 254	22 920	17 339	10 971	13 539	15 008	21 947	13 269	19 454	21 777	19 942
2010	23 831	27 596	21 182	13 119	15 752	17 027	27 133	16 113	24 115	26 860	25 034
2011	28 898	34 500	26 133	16 413	19 265	20 077	33 464	19 595	29 522	33 043	30 087
2012	32 377	38 914	29 608	19 710	22 195	22 936	38 564	21 978	33 181	36 394	33 796
2013	35 663	43 223	32 617	23 151	25 322	26 326	43 117	24 539	36 875	39 613	37 553
2014	38 924	47 850	35 128	26 437	27 264	29 252	46 929	26 433	39 671	41 834	40 648
2015	40 818	52 321	36 775	29 847	28 806	31 999	47 626	26 165	41 252	43 805	40 036
2016	44 347	58 502	40 003	33 246	31 093	35 184	51 015	27 643	43 531	47 194	40 564
2017	48 430	63 442	44 651	37 956	34 221	39 267	57 266	28 497	44 047	50 765	44 941
2018	51 955	65 933	48 883	41 244	37 136	43 398	63 477	31 336	47 689	54 094	49 475

资料来源：中经网统计数据库。

附表4　中国31个省份（不包括港澳台地区）经济小康达标率（1978~2018年）

单位:%

年份	北京	天津	河北	山西	内蒙古	辽宁	吉林	黑龙江	上海	江苏
1978	25.4	22.9	7.4	7.4	6.4	13.8	7.7	11.4	50.3	8.7
1979	25.8	23.6	7.6	8.3	6.5	13.6	7.9	11.3	48.5	9.7
1980	25.3	22.3	7.0	7.3	5.9	13.3	7.3	11.4	44.7	8.9
1981	23.5	22.4	6.6	7.5	6.3	12.7	7.6	10.9	43.0	9.0
1982	25.4	22.3	7.2	8.4	7.3	13.4	8.2	11.6	43.5	9.8
1983	29.6	23.7	8.0	9.2	8.2	15.4	10.0	12.8	44.9	10.9
1984	31.5	25.8	8.5	10.5	8.9	16.8	10.6	13.4	45.0	11.7
1985	34.0	27.9	9.2	10.8	10.4	18.2	11.2	13.6	49.0	13.5
1986	26.7	22.2	7.4	8.4	8.4	15.4	9.2	11.2	37.3	11.3
1987	20.6	17.1	6.0	6.3	6.7	12.5	8.3	8.7	28.3	9.5
1988	21.2	16.5	6.6	6.4	7.0	12.4	8.5	8.7	27.7	10.3
1989	22.3	17.0	7.4	7.1	7.2	13.4	8.5	9.4	28.0	10.6
1990	20.7	15.5	6.5	6.8	6.6	12.0	7.8	9.0	26.3	9.4
1991	21.4	14.7	6.7	6.2	6.4	11.8	7.3	9.0	26.0	9.2
1992	21.7	15.1	6.9	6.3	6.4	12.4	7.6	9.0	27.6	10.4
1993	21.4	15.5	7.2	6.1	6.5	13.4	7.5	8.8	28.6	11.5
1994	24.1	18.2	8.1	6.4	7.3	14.3	8.6	10.3	32.4	13.6
1995	28.1	21.6	9.8	7.8	8.4	15.2	9.7	12.0	37.7	16.2
1996	31.5	25.9	11.8	9.2	9.8	17.1	11.4	14.1	43.7	18.7
1997	37.4	29.6	13.7	10.6	11.2	19.7	12.6	16.1	50.9	21.1

续表

年份	北京	天津	河北	山西	内蒙古	辽宁	吉林	黑龙江	上海	江苏
1998	43.8	32.6	14.9	11.7	12.4	21.6	13.7	16.9	56.2	23.0
1999	47.9	34.5	15.3	11.7	13.1	22.6	14.3	17.0	59.4	24.0
2000	53.1	38.2	16.7	12.6	14.3	24.6	16.2	18.2	65.3	25.9
2001	60.5	42.9	18.5	14.0	16.2	26.9	17.7	19.9	72.2	28.9
2002	67.4	46.8	19.6	15.5	17.8	28.4	19.0	20.9	77.2	31.5
2003	68.8	50.4	20.2	17.1	19.8	28.2	19.4	21.0	77.2	33.2
2004	72.9	54.2	22.1	19.1	22.6	28.1	20.5	22.1	82.2	35.9
2005	76.1	59.9	24.8	20.9	27.3	31.8	22.4	24.2	87.2	41.1
2006	81.0	65.9	26.9	22.5	32.6	35.0	25.3	26.1	92.7	46.3
2007	88.1	69.8	30.1	25.6	38.4	38.9	29.3	28.0	100.5	51.4
2008	98.6	89.7	35.1	32.9	53.3	48.5	36.0	33.2	102.3	61.2
2009	111.1	103.9	40.8	35.7	65.9	58.3	44.1	37.3	114.8	73.4
2010	114.3	113.0	44.4	40.7	73.3	65.6	48.9	41.9	117.8	81.8
2011	120.6	125.9	50.2	46.3	85.6	75.0	56.8	48.5	121.9	92.0
2012	130.8	139.3	54.7	50.3	95.5	84.7	64.9	53.4	127.7	102.2
2013	141.8	150.0	58.3	52.4	101.7	92.9	71.1	56.5	136.4	112.9
2014	148.9	156.7	59.5	52.2	105.8	97.1	74.7	58.4	145.0	121.9
2015	167.3	169.6	63.2	54.8	111.7	102.6	80.2	62.0	163.0	138.2
2016	173.4	168.8	63.2	52.1	105.7	74.5	79.0	59.3	171.0	142.2
2017	177.1	163.3	62.3	57.7	87.5	73.5	75.3	57.5	173.8	147.1
2018	187.3	161.3	63.8	60.6	91.3	77.5	74.3	57.8	180.4	153.9

续表

年份	浙江	安徽	福建	江西	山东	河南	湖北	湖南	广东	广西
1978	6.7	4.9	5.5	5.6	6.4	4.7	6.7	5.8	7.5	4.6
1979	7.9	5.1	5.7	6.2	6.6	5.1	7.8	6.5	7.8	4.7
1980	7.7	4.8	5.7	5.6	6.6	5.2	7.0	6.0	7.9	4.6
1981	8.2	5.3	6.4	5.7	7.3	5.2	7.2	6.1	8.5	4.9
1982	9.1	5.7	6.9	6.1	8.1	5.4	7.7	6.5	9.6	5.4
1983	9.9	6.5	7.4	6.5	9.3	6.6	8.3	7.2	10.3	5.5
1984	11.3	7.3	8.2	6.9	10.7	6.7	9.3	7.2	11.5	5.6
1985	13.7	8.3	9.5	7.7	11.4	7.4	10.3	8.0	13.2	6.1
1986	11.7	7.0	7.6	6.1	9.0	6.0	8.3	6.6	11.0	5.0
1987	9.6	5.5	6.5	4.8	7.4	4.9	6.6	5.3	9.4	4.0
1988	10.1	5.6	7.3	4.9	7.6	5.0	6.6	5.4	10.5	4.2
1989	10.6	5.9	8.3	5.3	8.3	5.3	7.2	5.6	11.8	4.8
1990	9.5	5.3	7.9	5.1	8.1	4.9	6.9	5.5	11.1	4.8
1991	10.0	4.5	8.0	4.9	8.3	4.7	6.5	5.3	11.5	4.7
1992	10.8	4.7	8.6	4.9	8.6	4.9	6.6	5.4	12.4	5.0
1993	11.9	4.8	9.5	4.9	8.6	5.0	6.3	5.3	13.6	5.3
1994	14.6	5.3	12.2	5.6	10.4	5.8	7.0	6.2	15.3	6.3
1995	18.0	6.8	14.4	6.4	12.6	7.3	8.1	7.4	18.0	7.3
1996	21.1	7.8	16.9	7.6	14.9	8.8	9.5	8.7	20.2	8.2
1997	23.9	8.9	19.8	8.8	16.8	9.9	11.0	10.0	22.8	8.9

续表

年份	浙江	安徽	福建	江西	山东	河南	湖北	湖南	广东	广西
1998	26.1	9.7	22.0	9.5	18.3	10.6	12.1	10.7	24.8	10.0
1999	27.4	10.1	23.1	9.9	19.0	10.8	12.2	11.1	25.6	10.0
2000	29.5	10.5	24.6	10.7	20.5	12.0	13.8	11.9	28.0	10.2
2001	33.0	11.9	26.6	11.7	22.8	13.4	15.4	13.7	31.0	11.3
2002	37.1	12.5	28.3	12.7	24.8	14.2	16.3	14.7	33.6	12.1
2003	40.3	12.6	28.3	13.1	26.2	14.6	16.5	15.0	35.1	12.2
2004	43.2	13.6	29.2	14.4	29.1	16.3	17.6	16.3	37.0	13.2
2005	46.4	14.5	31.2	15.8	33.7	19.0	19.1	17.5	40.9	14.7
2006	51.2	16.1	34.4	17.4	38.2	21.2	21.4	19.2	45.5	16.5
2007	56.6	18.2	39.2	19.1	42.1	24.2	24.5	21.9	50.2	19.0
2008	63.3	22.1	45.5	24.3	50.4	29.3	30.4	27.7	57.5	22.4
2009	72.8	27.2	55.5	28.8	59.6	34.2	37.6	33.9	65.4	26.6
2010	80.1	32.3	62.0	32.9	63.6	37.8	43.2	38.3	69.3	31.3
2011	87.5	37.9	70.0	38.6	69.9	42.3	50.5	44.1	75.0	37.4
2012	94.8	43.1	78.9	43.1	77.4	47.1	57.7	50.1	80.9	41.8
2013	103.1	48.0	87.1	47.8	85.2	51.3	64.2	55.4	88.2	46.1
2014	108.7	51.2	94.5	51.6	90.6	55.2	70.2	60.0	94.5	49.3
2015	121.9	56.5	106.7	57.7	100.8	61.4	79.6	67.1	106.0	55.3
2016	124.6	58.1	109.6	58.9	100.9	62.5	81.7	68.1	108.6	55.8
2017	126.4	59.6	113.5	59.6	99.9	64.1	82.6	68.0	111.1	52.3
2018	131.8	63.7	121.9	63.4	101.9	67.0	89.0	70.7	115.5	55.4

续表

年份	海南	重庆	四川	贵州	云南	西藏	陕西	甘肃	青海	宁夏	新疆
1978	6.4	5.4	5.3	3.5	4.6	7.6	5.9	7.0	8.7	7.5	6.3
1979	6.2	5.7	5.5	3.9	4.7	7.7	6.4	6.8	7.3	7.6	6.8
1980	5.8	5.5	5.3	3.6	4.4	7.7	5.5	6.4	7.8	7.1	6.7
1981	6.1	5.4	5.2	3.7	4.5	8.6	5.5	5.6	7.1	7.1	6.9
1982	7.8	5.9	5.8	4.2	5.2	8.3	5.9	6.0	7.8	7.1	7.4
1983	8.2	6.5	6.5	4.6	5.5	8.2	6.4	7.0	8.7	8.0	8.9
1984	8.9	7.0	6.8	5.2	5.8	9.8	7.0	7.2	9.2	8.6	9.2
1985	9.4	7.4	7.3	5.4	6.2	11.5	7.8	7.8	10.4	9.5	10.5
1986	7.5	6.0	5.8	4.4	5.0	7.9	6.5	6.4	8.6	7.8	8.7
1987	6.0	4.6	4.6	3.6	4.3	5.6	5.2	5.0	6.6	6.0	6.9
1988	6.6	4.8	4.7	3.7	4.6	5.3	5.5	4.9	6.9	6.2	7.3
1989	7.4	5.3	5.0	3.9	5.2	5.3	5.9	5.3	7.1	6.9	7.8
1990	7.0	4.8	5.1	3.6	5.5	5.7	5.5	4.9	6.9	6.2	7.6
1991	7.0	4.8	5.0	3.5	5.4	5.3	5.5	4.7	6.4	5.9	8.2
1992	9.1	5.0	5.0	3.5	5.5	4.9	5.3	4.7	6.4	5.8	8.3
1993	10.0	5.0	4.9	3.3	5.4	4.3	5.3	4.3	6.3	5.7	7.9
1994	11.0	6.0	5.8	3.6	5.9	4.6	5.7	4.5	6.9	6.4	9.1
1995	11.2	7.5	6.7	4.0	6.8	5.2	6.6	5.1	7.8	7.6	10.4
1996	11.8	9.1	7.8	4.5	8.3	5.9	7.6	6.5	8.4	8.7	11.3
1997	12.5	10.7	9.1	5.1	9.3	7.1	8.6	7.2	9.3	9.6	13.2

续表

年份	海南	重庆	四川	贵州	云南	西藏	陕西	甘肃	青海	宁夏	新疆
1998	13.6	11.5	9.8	5.4	10.2	8.4	9.3	8.1	10.1	10.6	14.2
1999	14.1	11.7	10.2	5.7	10.2	9.4	9.9	8.5	10.6	11.0	14.4
2000	15.0	12.4	10.9	6.1	10.5	10.1	10.9	9.1	11.3	11.8	16.2
2001	15.8	13.9	12.0	6.7	11.2	11.9	12.3	9.8	12.9	13.5	17.8
2002	17.0	15.4	12.9	7.1	11.7	13.4	13.4	10.4	14.2	14.5	18.5
2003	17.0	16.0	13.1	7.3	11.6	13.6	13.9	10.7	14.5	15.3	19.4
2004	17.4	17.1	14.0	7.7	12.4	14.4	15.2	11.6	15.4	16.3	20.1
2005	18.4	18.4	15.2	8.5	13.1	15.3	17.0	12.5	16.8	17.1	22.0
2006	19.9	19.8	17.0	9.3	14.4	16.8	19.5	14.1	18.8	19.0	24.1
2007	22.0	22.2	19.5	10.5	16.0	18.3	22.1	15.7	21.6	22.2	25.7
2008	27.0	31.3	23.7	15.1	19.2	20.8	30.1	19.0	28.2	30.0	30.3
2009	32.0	38.0	28.8	18.2	22.5	24.9	36.4	22.0	32.3	36.1	33.1
2010	36.9	42.7	32.8	20.3	24.4	26.4	42.0	24.9	37.3	41.6	38.8
2011	42.7	51.0	38.6	24.2	28.5	29.7	49.4	28.9	43.6	48.8	44.4
2012	48.4	58.2	44.3	29.5	33.2	34.3	57.7	32.9	49.6	54.4	50.5
2013	53.4	64.8	48.9	34.7	37.9	39.5	64.6	36.8	55.3	59.4	56.3
2014	57.9	71.2	52.3	39.4	40.6	43.5	69.9	39.4	59.1	62.3	60.5
2015	64.1	82.2	57.8	46.9	45.2	50.3	74.8	41.1	64.8	68.8	62.9
2016	65.1	85.8	58.7	48.8	45.6	51.6	74.9	40.6	63.9	69.3	59.5
2017	66.5	87.1	61.3	52.1	47.0	53.9	78.6	39.1	60.5	69.7	61.7
2018	69.4	88.1	65.3	55.1	49.6	58.0	84.8	41.9	63.7	72.3	66.1

资料来源：中经网统计数据库。

附表 5　中国 31 个省份（不包括港澳台地区）经济发达达标率（1978～2018 年）

单位：%

年份	北京	天津	河北	山西	内蒙古	辽宁	吉林	黑龙江	上海	江苏
1978	7.2	6.5	2.1	2.1	1.8	3.9	2.2	3.2	14.3	2.5
1979	7.3	6.7	2.2	2.4	1.8	3.9	2.2	3.2	13.7	2.7
1980	7.2	6.3	2.0	2.1	1.7	3.8	2.1	3.2	12.7	2.5
1981	6.7	6.4	1.9	2.2	1.8	3.6	2.2	3.1	12.4	2.6
1982	7.3	6.4	2.1	2.4	2.1	3.8	2.3	3.3	12.5	2.8
1983	8.3	6.6	2.2	2.6	2.3	4.3	2.8	3.6	12.6	3.1
1984	8.7	7.1	2.3	2.9	2.4	4.6	2.5	3.7	12.4	3.2
1985	9.2	7.6	2.5	2.9	2.8	4.9	3.0	3.7	13.3	3.7
1986	7.0	5.8	1.9	2.2	2.2	4.0	2.4	2.9	9.8	2.9
1987	5.2	4.4	1.5	1.6	1.7	3.2	2.1	2.2	7.2	2.4
1988	5.3	4.1	1.7	1.6	1.8	3.1	2.1	2.2	6.9	2.6
1989	5.5	4.2	1.8	1.8	1.8	3.3	2.1	2.3	6.9	2.6
1990	5.1	3.8	1.6	1.7	1.6	2.9	1.9	2.2	6.5	2.3
1991	5.2	3.6	1.6	1.5	1.6	2.9	1.8	2.2	6.3	2.2
1992	5.2	3.6	1.6	1.5	1.5	3.0	1.8	2.1	6.6	2.5
1993	5.1	3.7	1.7	1.4	1.5	3.2	1.8	2.1	6.8	2.7
1994	5.7	4.3	1.9	1.5	1.7	3.4	2.0	2.4	7.7	3.2
1995	6.7	5.1	2.3	1.8	2.0	3.6	2.3	2.8	9.0	3.8
1996	7.5	6.2	2.8	2.2	2.4	4.1	2.7	3.4	10.4	4.5
1997	9.0	7.1	3.3	2.6	2.7	4.7	3.0	3.9	12.2	5.1

续表

年份	北京	天津	河北	山西	内蒙古	辽宁	吉林	黑龙江	上海	江苏
1998	10.3	7.7	3.5	2.8	2.9	5.1	3.2	4.0	13.2	5.4
1999	11.1	8.0	3.5	2.7	3.0	5.2	3.3	3.9	13.7	5.5
2000	12.3	8.9	3.9	2.9	3.3	5.7	3.8	4.2	15.1	6.0
2001	14.0	9.9	4.3	3.2	3.7	6.2	4.1	4.6	16.7	6.7
2002	15.4	10.7	4.5	3.5	4.1	6.5	4.4	4.8	17.7	7.2
2003	15.7	11.5	4.6	3.9	4.5	6.4	4.4	4.8	17.6	7.6
2004	16.8	12.5	5.1	4.4	5.2	6.5	4.7	5.1	18.9	8.2
2005	17.8	14.0	5.8	4.9	6.4	7.4	5.2	5.7	20.4	9.6
2006	19.4	15.8	6.4	5.4	7.8	8.4	6.1	6.2	22.2	11.1
2007	21.6	17.1	7.4	6.3	9.4	9.6	7.2	6.9	24.7	12.6
2008	25.0	22.7	8.9	8.3	13.5	12.3	9.1	8.4	25.9	15.5
2009	28.4	26.5	10.4	9.1	16.8	14.9	11.3	9.5	29.3	18.7
2010	30.3	30.0	11.8	10.8	19.4	17.4	13.0	11.1	31.2	21.7
2011	32.8	34.3	13.7	12.6	23.3	20.4	15.5	13.2	33.2	25.0
2012	36.3	38.6	15.2	13.9	26.5	23.5	18.0	14.8	35.4	28.3
2013	39.7	42.0	16.3	14.7	28.5	26.0	19.9	15.8	38.2	31.6
2014	41.7	43.9	16.7	14.6	29.6	27.2	20.9	16.4	40.6	34.2
2015	46.7	47.3	17.6	15.3	31.2	28.7	22.4	17.3	45.5	38.6
2016	48.0	46.7	17.5	14.4	29.2	20.6	21.9	16.4	47.3	39.3
2017	49.7	45.8	17.5	16.2	24.6	20.6	21.1	16.1	48.8	41.3
2018	52.4	45.1	17.9	17.0	25.5	21.7	20.8	16.2	50.5	43.1

续表

年份	浙江	安徽	福建	江西	山东	河南	湖北	湖南	广东	广西
1978	1.9	1.4	1.6	1.6	1.8	1.3	1.9	1.6	2.1	1.3
1979	2.2	1.4	1.6	1.7	1.9	1.4	2.2	1.8	2.2	1.3
1980	2.2	1.4	1.6	1.6	1.9	1.5	2.0	1.7	2.2	1.3
1981	2.3	1.5	1.8	1.6	2.1	1.5	2.1	1.7	2.4	1.4
1982	2.6	1.6	2.0	1.8	2.3	1.5	2.2	1.9	2.8	1.5
1983	2.8	1.8	2.1	1.8	2.6	1.8	2.3	2.0	2.9	1.5
1984	3.1	2.0	2.3	1.9	2.9	1.8	2.6	2.0	3.2	1.5
1985	3.7	2.2	2.6	2.1	3.1	2.0	2.8	2.2	3.6	1.6
1986	3.1	1.8	2.0	1.6	2.4	1.6	2.2	1.7	2.9	1.3
1987	2.5	1.4	1.7	1.2	1.9	1.3	1.7	1.4	2.4	1.0
1988	2.5	1.4	1.8	1.2	1.9	1.2	1.7	1.4	2.6	1.0
1989	2.6	1.5	2.1	1.3	2.1	1.3	1.8	1.4	2.9	1.2
1990	2.3	1.3	1.9	1.2	2.0	1.2	1.7	1.3	2.7	1.2
1991	2.4	1.1	1.9	1.2	2.0	1.1	1.6	1.3	2.8	1.1
1992	2.6	1.1	2.1	1.2	2.1	1.2	1.6	1.3	3.0	1.2
1993	2.8	1.1	2.3	1.2	2.0	1.2	1.5	1.3	3.2	1.3
1994	3.5	1.3	2.9	1.3	2.5	1.4	1.7	1.5	3.6	1.5
1995	4.3	1.6	3.4	1.5	3.0	1.7	1.9	1.8	4.3	1.7
1996	5.0	1.9	4.0	1.8	3.6	2.1	2.3	2.1	4.8	2.0
1997	5.8	2.1	4.8	2.1	4.0	2.4	2.6	2.4	5.5	2.1

续表

年份	浙江	安徽	福建	江西	山东	河南	湖北	湖南	广东	广西
1998	6.2	2.3	5.2	2.2	4.3	2.5	2.9	2.5	5.8	2.3
1999	6.3	2.3	5.3	2.3	4.4	2.5	2.8	2.6	5.9	2.3
2000	6.8	2.4	5.7	2.5	4.8	2.8	3.2	2.8	6.5	2.4
2001	7.6	2.8	6.2	2.7	5.3	3.1	3.6	3.2	7.2	2.6
2002	8.5	2.9	6.5	2.9	5.7	3.2	3.7	3.4	7.7	2.8
2003	9.2	2.9	6.5	3.0	6.0	3.3	3.8	3.4	8.0	2.8
2004	9.9	3.1	6.7	3.3	6.7	3.8	4.0	3.7	8.5	3.0
2005	10.9	3.4	7.3	3.7	7.9	4.5	4.5	4.1	9.6	3.4
2006	12.3	3.9	8.2	4.2	9.2	5.1	5.1	4.6	10.9	4.0
2007	13.9	4.5	9.6	4.7	10.3	6.0	6.0	5.4	12.3	4.7
2008	16.0	5.6	11.5	6.2	12.7	7.4	7.7	7.0	14.6	5.7
2009	18.6	6.9	14.2	7.3	15.2	8.7	9.6	8.7	16.7	6.8
2010	21.2	8.6	16.4	8.7	16.9	10.0	11.5	10.1	18.4	8.3
2011	23.8	10.3	19.0	10.5	19.0	11.5	13.7	12.0	20.4	10.2
2012	26.3	11.9	21.9	11.9	21.5	13.1	16.0	13.9	22.4	11.6
2013	28.9	13.4	24.4	13.4	23.9	14.4	18.0	15.5	24.7	12.9
2014	30.5	14.4	26.5	14.5	25.4	15.5	19.7	16.8	26.5	13.8
2015	34.0	15.8	29.8	16.1	28.1	17.2	22.2	18.7	29.6	15.4
2016	34.5	16.1	30.3	16.3	27.9	17.3	22.6	18.8	30.0	15.4
2017	35.4	16.7	31.8	16.7	28.0	18.0	23.2	19.1	31.2	14.7
2018	36.9	17.8	34.1	17.7	28.5	18.8	24.9	19.8	32.3	15.5

续表

年份	海南	重庆	四川	贵州	云南	西藏	陕西	青海	甘肃	宁夏	新疆
1978	1.8	1.5	1.5	1.0	1.3	2.2	1.7	2.5	2.0	2.1	1.8
1979	1.8	1.6	1.6	1.1	1.3	2.2	1.8	2.2	1.9	2.1	1.9
1980	1.7	1.6	1.5	1.0	1.2	2.2	1.6	2.2	1.8	2.0	1.9
1981	1.8	1.6	1.5	1.1	1.3	2.5	1.6	2.0	1.6	2.0	2.0
1982	2.2	1.7	1.6	1.2	1.5	2.4	1.7	2.2	1.7	2.0	2.1
1983	2.3	1.8	1.8	1.3	1.5	2.3	1.8	2.4	2.0	2.2	2.5
1984	2.4	1.9	1.9	1.4	1.6	2.7	1.9	2.5	2.0	2.4	2.5
1985	2.5	2.0	2.0	1.5	1.7	3.1	2.1	2.8	2.1	2.6	2.9
1986	2.0	1.6	1.5	1.2	1.3	2.1	1.7	2.3	1.7	2.0	2.3
1987	1.5	1.2	1.2	0.9	1.1	1.4	1.3	1.7	1.3	1.5	1.7
1988	1.7	1.2	1.2	0.9	1.2	1.3	1.4	1.7	1.2	1.6	1.8
1989	1.8	1.3	1.2	1.0	1.3	1.3	1.5	1.8	1.3	1.7	1.9
1990	1.7	1.2	1.2	0.9	1.3	1.4	1.4	1.7	1.2	1.5	1.9
1991	1.7	1.2	1.2	0.9	1.3	1.3	1.3	1.6	1.1	1.4	2.0
1992	2.2	1.2	1.2	0.8	1.3	1.2	1.3	1.5	1.1	1.4	2.0
1993	2.4	1.2	1.2	0.8	1.3	1.0	1.5	1.5	1.0	1.4	1.9
1994	2.6	1.4	1.4	0.9	1.4	1.1	1.4	1.6	1.1	1.5	2.2
1995	2.7	1.8	1.6	1.0	1.6	1.2	1.5	1.8	1.2	1.8	2.5
1996	2.8	2.2	1.9	1.1	2.0	1.4	1.3	2.0	1.6	2.1	2.7
1997	3.0	2.6	2.2	1.2	2.2	1.7	2.1	2.2	1.7	2.3	3.2

续表

年份	海南	重庆	四川	贵州	云南	西藏	陕西	甘肃	青海	宁夏	新疆
1998	3.2	2.7	2.3	1.3	2.4	2.0	2.2	1.9	2.4	2.5	3.3
1999	3.3	2.7	2.3	1.3	2.4	2.2	2.3	2.0	2.4	2.5	3.3
2000	3.5	2.9	2.5	1.4	2.4	2.3	2.5	2.1	2.6	2.7	3.8
2001	3.7	3.2	2.8	1.6	2.6	2.8	2.9	2.3	3.0	3.1	4.1
2002	3.9	3.5	3.0	1.6	2.7	3.1	3.1	2.4	3.2	3.3	4.2
2003	3.9	3.6	3.0	1.7	2.6	3.1	3.2	2.4	3.3	3.5	4.4
2004	4.0	3.9	3.2	1.8	2.9	3.3	3.5	2.7	3.5	3.8	4.6
2005	4.3	4.3	3.6	2.0	3.1	3.6	4.0	2.9	3.9	4.0	5.1
2006	4.8	4.7	4.1	2.2	3.5	4.0	4.7	3.4	4.5	4.6	5.8
2007	5.4	5.4	4.8	2.6	3.9	4.5	5.4	3.8	5.3	5.4	6.3
2008	6.8	7.9	6.0	3.8	4.9	5.3	7.6	4.8	7.1	7.6	7.7
2009	8.2	9.7	7.3	4.6	5.7	6.4	9.3	5.6	8.2	9.2	8.4
2010	9.8	11.3	8.7	5.4	6.5	7.0	11.1	6.6	9.9	11.0	10.3
2011	11.6	13.9	10.5	6.6	7.7	8.1	13.5	7.9	11.9	13.3	12.1
2012	13.4	16.1	12.3	8.2	9.2	9.5	16.0	9.1	13.8	15.1	14.0
2013	15.0	18.1	13.7	9.7	10.6	11.0	18.1	10.3	15.5	16.6	15.8
2014	16.2	20.0	14.7	11.0	11.4	12.2	19.6	11.0	16.5	17.5	17.0
2015	17.9	22.9	16.1	13.1	12.6	14.0	20.9	11.5	18.1	19.2	17.6
2016	18.0	23.7	16.2	13.5	12.6	14.3	20.7	11.2	17.7	19.2	16.5
2017	18.6	24.4	17.2	14.6	13.2	15.1	22.1	11.0	17.0	19.5	17.3
2018	19.4	24.7	18.3	15.4	13.9	16.2	23.7	11.7	17.8	20.2	18.5

资料来源：中经网统计数据库。

附表6　中国 31 个省份（不包括港澳台地区）人均 GDP 增长率（1978～2018 年）

单位：%

年份	北京	天津	河北	山西	内蒙古	辽宁	吉林	黑龙江	上海	江苏
1978	9.1	19.6	12.9	16.4	6.3	9.3	11.5	9.2	14.9	23.2
1979	7.4	7.1	5.1	8.7	7.4	3.6	4.0	1.4	5.3	10.8
1980	9.8	8.0	2.1	0.9	0.2	7.6	5.1	8.7	6.2	3.9
1981	-1.7	8.0	-0.5	-0.4	9.4	-2.8	4.7	2.7	4.2	9.8
1982	5.6	-0.6	9.7	14.0	16.9	3.7	6.6	5.3	5.6	8.5
1983	14.5	6.0	9.7	12.1	7.8	12.3	20.7	7.5	6.3	11.1
1984	15.6	18.9	13.0	19.6	16.2	15.4	11.8	10.3	10.2	14.9
1985	6.9	8.7	11.3	5.4	14.6	12.4	6.2	5.2	12.0	16.6
1986	4.6	3.6	3.8	4.9	4.8	7.2	6.5	2.7	3.0	9.5
1987	6.1	6.1	10.0	3.6	7.7	12.7	18.0	7.5	6.1	12.2
1988	11.0	3.8	11.9	6.0	8.4	8.7	14.9	7.4	8.4	18.0
1989	3.1	0.0	4.5	3.4	1.4	1.9	-3.7	5.0	1.2	1.0
1990	4.0	2.7	0.9	3.3	5.8	0.1	1.6	4.6	1.7	1.4
1991	8.9	4.2	9.4	2.6	6.0	5.4	4.6	5.6	5.6	6.9
1992	10.5	10.4	14.6	10.9	9.9	11.4	11.4	5.5	13.5	24.3
1993	11.4	10.6	17.0	11.7	11.3	14.3	11.7	6.5	14.8	18.7
1994	12.5	12.3	13.9	9.1	9.8	11.2	8.8	7.5	12.4	15.6
1995	5.4	13.9	13.0	10.9	8.9	6.4	8.9	8.3	12.2	14.6
1996	3.1	14.0	12.7	10.6	13.2	7.9	12.7	9.4	11.1	11.5
1997	10.6	11.4	11.7	10.2	9.8	8.7	8.3	9.3	10.7	11.3

续表

年份	北京	天津	河北	山西	内蒙古	辽宁	吉林	黑龙江	上海	江苏
1998	10.1	9.0	10.0	8.8	9.7	7.9	8.4	7.6	8.3	10.5
1999	10.2	9.0	8.4	6.2	8.0	7.9	8.2	6.9	8.4	9.6
2000	6.8	10.1	8.6	8.1	10.1	8.6	8.4	7.7	9.0	9.5
2001	6.5	9.6	8.0	8.9	10.3	8.7	8.0	9.0	9.8	9.1
2002	9.2	12.3	9.1	12.1	13.0	10.0	9.1	10.2	10.9	11.3
2003	8.2	14.4	11.0	14.1	17.9	11.3	9.9	10.1	6.6	13.2
2004	11.4	14.9	12.3	14.5	20.4	12.6	12.0	11.6	12.2	14.4
2005	8.8	12.9	12.7	11.9	23.6	12.2	11.9	11.5	9.0	14.0
2006	9.5	11.9	12.6	11.2	18.8	13.1	14.7	12.1	9.8	14.1
2007	10.0	11.5	12.5	13.7	18.6	13.5	15.8	11.9	11.8	13.7
2008	3.7	11.4	9.3	7.9	17.1	12.8	15.7	11.7	5.1	11.9
2009	4.6	11.1	9.3	4.9	16.2	12.5	13.4	11.4	4.6	11.8
2010	4.8	11.7	10.6	11.2	14.4	13.4	13.6	12.6	6.4	12.0
2011	3.8	10.9	9.7	10.4	13.8	11.7	13.5	12.2	5.0	10.3
2012	4.9	9.2	8.9	9.6	11.1	9.3	11.9	10.1	5.7	9.8
2013	5.2	8.0	7.5	8.3	8.7	8.6	8.3	7.9	6.2	9.3
2014	5.2	6.2	5.8	4.4	7.5	5.7	6.5	5.6	6.0	8.4
2015	5.5	6.6	6.1	2.6	7.4	3.1	6.3	6.0	6.9	8.3
2016	6.3	7.5	6.1	4.0	6.8	-2.3	7.3	6.5	6.9	7.5
2017	6.7	3.3	5.9	6.5	3.6	4.3	6.0	6.7	6.8	6.8
2018	7.1	3.7	6.0	6.2	5.0	5.9	5.0	5.0	6.5	6.3

续表

年份	浙江	安徽	福建	江西	山东	河南	湖北	湖南	广东	广西
1978	20.2	-1.3	15.6	10.6	9.0	9.5	12.2	15.1	-0.2	9.1
1979	12.3	7.9	3.9	13.8	5.7	6.9	14.2	7.9	6.9	1.3
1980	15.1	0.5	17.2	2.8	11.1	13.7	5.1	4.1	14.8	8.2
1981	10.5	15.9	14.0	4.4	4.7	6.3	5.3	4.1	7.1	5.9
1982	9.9	8.0	7.5	8.0	9.7	2.7	10.6	7.7	10.0	10.5
1983	6.8	7.7	4.4	5.4	12.8	21.9	4.6	7.7	5.6	1.5
1984	20.6	19.0	16.3	13.6	16.0	8.5	19.5	8.3	13.8	5.3
1985	20.8	14.3	14.9	12.9	10.5	11.9	14.9	10.9	16.2	8.9
1986	10.9	9.9	4.5	4.9	4.8	3.0	4.1	6.8	10.6	4.6
1987	10.6	3.5	11.8	6.5	13.0	12.9	6.9	7.8	17.0	7.3
1988	9.9	3.8	12.6	9.8	10.0	7.6	6.4	6.0	13.2	2.3
1989	-1.6	3.4	6.1	4.4	2.5	4.8	3.1	1.6	4.8	1.8
1990	3.1	0.2	4.7	2.7	3.0	2.5	2.5	2.3	9.1	5.2
1991	17.1	-3.3	11.4	6.5	12.2	5.2	4.2	6.6	14.7	10.9
1992	18.3	15.4	19.0	13.3	15.9	12.3	12.6	10.3	18.8	16.8
1993	21.3	17.7	20.1	12.2	19.9	14.6	11.6	11.7	19.3	16.7
1994	19.2	13.7	19.0	7.4	15.8	12.8	12.3	9.8	15.5	13.2
1995	16.0	13.4	13.0	5.5	13.6	13.8	12.0	9.1	12.0	10.0
1996	12.2	11.9	12.0	10.5	11.6	13.0	10.5	11.0	8.6	7.2
1997	10.5	11.0	13.3	11.1	10.6	9.6	11.0	10.0	8.3	7.0

续表

年份	浙江	安徽	福建	江西	山东	河南	湖北	湖南	广东	广西
1998	9.6	7.8	10.2	6.0	10.1	7.9	7.9	7.8	7.8	9.0
1999	9.5	8.6	9.3	6.7	9.7	7.3	7.2	7.8	7.2	7.1
2000	8.1	7.6	7.5	10.2	9.0	8.5	14.2	8.5	7.1	7.0
2001	8.0	8.2	6.7	7.8	9.1	8.8	8.5	10.6	7.2	7.4
2002	12.0	9.2	9.3	9.5	11.2	9.3	9.0	10.7	11.2	9.8
2003	13.9	9.1	10.7	12.1	12.9	10.6	9.5	10.0	13.4	9.4
2004	13.6	12.6	11.1	12.4	14.7	13.9	11.0	11.8	13.1	11.1
2005	11.2	10.8	10.9	12.1	14.5	13.8	11.8	10.0	12.4	12.3
2006	11.9	14.0	14.0	11.6	14.0	13.7	13.3	10.6	13.4	12.3
2007	12.9	14.0	14.0	12.2	13.6	14.7	14.6	14.2	13.1	13.8
2008	8.6	12.4	12.3	12.4	11.4	11.9	13.2	13.6	7.9	11.7
2009	7.7	12.8	11.6	12.3	11.6	10.2	13.3	13.2	7.1	12.9
2010	9.5	18.8	13.2	13.2	11.3	12.6	14.7	12.9	9.5	13.9
2011	7.2	12.6	11.6	11.8	9.9	12.5	13.5	11.2	8.0	12.0
2012	7.7	11.8	10.5	10.4	9.2	10.1	10.7	10.7	7.4	10.4
2013	7.9	9.9	10.2	9.6	9.0	8.9	9.7	9.3	7.8	9.4
2014	7.3	8.4	9.1	9.2	8.1	8.7	9.3	8.7	7.1	7.7
2015	7.6	7.7	8.0	8.5	7.3	7.9	8.4	7.8	7.0	7.2
2016	6.8	7.7	7.5	8.4	6.7	7.6	7.5	7.3	6.2	6.3
2017	6.6	7.5	7.1	8.1	6.5	7.3	7.3	7.4	6.0	6.3
2018	5.7	6.9	7.4	8.0	5.9	7.2	7.5	7.2	5.1	5.8

续表

年份	海南	重庆	四川	贵州	云南	西藏	陕西	甘肃	青海	宁夏	新疆
1978	—	16.7	16.8	21.4	19.0	5.1	15.5	12.1	11.9	6.1	6.9
1979	0.6	10.4	9.4	9.1	1.3	5.6	10.0	0.0	10.9	3.8	10.2
1980	2.8	6.9	9.0	2.7	7.1	20.2	-2.0	7.8	15.9	5.3	5.0
1981	20.6	5.2	3.6	4.7	6.3	19.5	3.5	-9.7	-2.5	-0.6	6.6
1982	23.7	7.6	9.8	13.8	13.6	-0.7	7.6	7.1	9.7	6.2	8.5
1983	9.3	9.2	10.1	11.2	6.6	-7.0	6.3	13.4	9.0	13.2	12.5
1984	17.4	15.2	11.8	18.6	13.0	22.9	16.9	12.7	12.2	11.7	13.2
1985	12.9	7.8	11.3	5.7	11.5	9.8	15.1	11.8	8.3	15.5	15.9
1986	7.3	7.2	4.5	4.3	2.7	-10.6	7.7	9.7	5.7	6.0	9.2
1987	9.5	3.7	7.3	9.3	10.4	-2.0	7.8	7.2	4.1	5.3	8.7
1988	7.6	8.0	6.1	6.2	14.2	1.8	13.2	12.2	5.3	9.6	8.0
1989	3.8	3.8	1.9	3.1	4.1	6.3	1.4	6.5	-0.1	5.4	4.1
1990	8.5	5.9	7.9	2.1	6.7	7.8	1.3	3.4	2.2	1.3	6.8
1991	12.7	8.2	8.1	6.2	4.7	-1.6	5.7	4.5	3.2	2.7	9.0
1992	39.0	15.6	11.9	8.6	9.5	6.1	6.9	7.9	5.8	6.7	11.3
1993	18.2	14.8	12.5	8.8	17.3	13.7	10.8	10.1	8.2	8.4	6.9
1994	9.3	12.6	10.6	6.9	10.6	13.8	7.4	9.3	6.6	5.3	10.2
1995	2.1	11.4	11.3	5.9	10.3	16.0	9.4	8.2	6.4	7.2	7.4
1996	3.0	10.5	9.8	7.4	9.7	11.5	9.9	-4.5	7.1	9.0	4.5
1997	5.4	11.0	11.2	7.5	8.3	10.0	9.9	3.6	7.5	6.2	7.6

续表

年份	海南	重庆	四川	贵州	云南	西藏	陕西	甘肃	青海	宁夏	新疆
1998	7.1	8.5	9.0	6.9	6.8	10.3	10.8	8.6	7.3	7.2	6.6
1999	7.1	7.8	7.3	7.3	6.0	10.5	9.6	8.0	6.6	7.6	6.6
2000	6.6	8.9	10.0	7.0	6.3	8.6	9.6	8.9	7.5	8.4	6.2
2001	6.8	9.5	8.2	7.5	5.6	11.1	9.4	9.1	10.3	8.1	7.0
2002	8.5	10.9	9.8	7.9	7.8	11.4	10.6	9.1	10.8	8.6	6.5
2003	9.6	12.0	10.9	9.1	7.7	10.5	11.3	11.0	10.7	11.0	10.5
2004	9.7	12.6	12.3	10.5	10.8	10.8	12.4	11.8	11.2	9.7	9.7
2005	9.1	11.6	11.6	10.8	8.0	10.6	12.1	11.2	11.2	9.4	8.8
2006	11.3	12.0	12.8	10.9	11.0	12.1	12.4	10.9	11.3	11.2	8.7
2007	13.7	15.3	14.8	13.1	11.7	12.5	14.2	11.8	11.7	11.4	9.9
2008	9.2	13.9	11.2	12.8	9.8	8.7	16.1	10.1	12.9	11.3	8.9
2009	10.4	14.1	14.0	12.9	11.4	11.1	13.3	10.2	9.6	10.6	6.5
2010	15.0	16.2	15.7	14.7	11.6	10.8	14.4	11.6	14.5	12.2	9.3
2011	11.1	15.1	15.9	16.1	12.9	11.3	13.7	12.3	12.3	10.8	10.7
2012	8.0	12.4	12.3	13.5	12.3	10.4	12.6	12.2	11.3	10.3	10.8
2013	8.7	11.3	9.6	11.9	11.5	10.5	10.7	10.4	9.9	8.6	9.6
2014	7.5	10.0	8.1	10.4	7.5	9.1	9.4	8.6	8.2	6.8	8.4
2015	6.9	10.1	7.2	10.3	8.0	8.9	7.5	7.7	7.2	6.9	6.6
2016	6.7	9.6	7.0	9.8	8.0	7.9	7.1	7.2	7.1	7.0	5.3
2017	6.2	8.2	7.5	9.4	8.8	7.9	7.3	3.0	6.4	6.7	5.7
2018	4.8	5.1	7.4	8.4	8.2	7.0	7.5	5.8	6.3	6.0	4.1

资料来源：中经网统计数据库。

附表 7　中国 31 个省份（不包括港澳台地区）城镇居民人均可支配收入（1978～2018 年）

单位：元/人

年份	北京	天津	河北	山西	内蒙古	辽宁	吉林	黑龙江	上海	江苏
1978	365	388	—	301	301	363	—	455	406	288
1979	415	425	313	—	350	—	—	458	481	—
1980	501	527	401	380	407	494	368	420	637	433
1981	514	540	402	401	418	508	401	424	637	448
1982	561	577	433	433	453	529	431	460	659	484
1983	591	604	449	452	474	549	451	518	686	498
1984	694	728	519	517	549	636	499	580	834	626
1985	908	876	631	595	666	704	608	742	1 075	766
1986	1 068	1 070	766	718	774	882	755	830	1 293	910
1987	1 182	1 187	855	807	820	992	852	889	1 437	1 005
1988	1 437	1 330	1 080	945	916	1 204	987	1 004	1 723	1 218
1989	1 597	1 478	1 257	1 176	1 053	1 417	1 109	1 138	1 976	1 372
1990	1787	1 639	1 397	1 291	1 155	1 551	1 230	1 211	2 183	1 464
1991	2 040	1 845	1 489	1 410	1 295	1 706	1 395	1 389	2 486	1 623
1992	2 364	2 238	1 763	1 623	1 479	1 936	1 637	1 630	3 009	2 138
1993	3 296	2 769	2 201	1 958	1 883	2 300	1 953	1 960	4 277	2 774
1994	4 731	3 982	3 008	2 566	2 503	3 047	2 561	2 597	5 868	3 779
1995	5 868	4 930	3 992	3 306	2 846	3 691	3 175	3 375	7 172	4 634
1996	6 886	5 968	4 430	3 703	3 432	4 207	3 806	3 768	8 159	5 186
1997	7 813	6 609	4 959	3 990	3 945	4 518	4 191	4 091	8 439	5 765

续表

年份	北京	天津	河北	山西	内蒙古	辽宁	吉林	黑龙江	上海	江苏
1998	8 472	7 111	5 085	4 099	4 353	4 617	4 207	4 269	8 773	6 018
1999	9 183	7 650	5 365	4 343	4 771	4 899	4 480	4 595	10 932	6 538
2000	10 350	8 141	5 661	4 724	5 129	5 358	4 810	4 913	11 718	6 800
2001	11 578	8 959	5 985	5 391	5 536	5 797	5 340	5 426	12 883	7 375
2002	12 464	9 338	6 680	6 234	6 051	6 525	6 260	6 101	13 250	8 178
2003	13 883	10 313	7 239	7 005	7 013	7 241	7 005	6 679	14 867	9 262
2004	15 638	11 467	7 951	7 903	8 123	8 008	7 841	7 471	16 683	10 482
2005	17 653	12 639	9 107	8 914	9 137	9 108	8 691	8 273	18 645	12 319
2006	19 978	14 283	10 305	10 028	10 358	10 370	9 775	9 182	20 668	14 084
2007	21 989	16 357	11 690	11 565	12 378	12 300	11 286	10 245	23 623	16 378
2008	24 725	19 423	13 441	13 119	14 433	14 393	12 829	11 581	26 675	18 680
2009	26 738	21 402	14 718	13 997	15 849	15 761	14 006	12 566	28 838	20 552
2010	29 073	24 293	16 263	15 648	17 698	17 713	15 411	13 857	31 838	22 944
2011	32 903	26 921	18 292	18 124	20 408	20 467	17 797	15 696	36 230	26 341
2012	36 469	29 626	20 543	20 412	23 150	23 223	20 208	17 760	40 188	29 677
2013	44 564	28 980	22 227	22 258	26 004	26 697	21 331	20 848	44 878	31 585
2014	48 532	31 506	24 141	24 069	28 350	29 082	23 218	22 609	48 841	34 346
2015	52 859	34 101	26 152	25 828	30 594	31 126	24 901	24 203	52 962	37 173
2016	57 275	37 110	28 249	27 352	32 975	32 876	26 530	25 736	57 692	40 152
2017	62 406	40 278	30 548	29 132	35 670	34 993	28 319	27 446	62 596	43 622
2018	67 990	42 976	32 977	31 035	38 305	37 342	30 172	29 191	68 034	47 200

续表

年份	浙江	安徽	福建	江西	山东	河南	湖北	湖南	广东	广西
1978	332	—	371	305	391	315	326	324	412	289
1979	—	—	—	0	413	361	352	—	416	—
1980	488	—	450	0	448	414	414	476	473	455
1981	523	425	452	377	495	437	455	505	561	429
1982	530	453	520	402	525	462	481	519	631	427
1983	551	488	573	408	537	483	511	564	714	444
1984	669	559	582	463	639	537	591	645	818	563
1985	904	634	733	583	748	654	704	761	954	683
1986	1 104	815	929	730	854	790	85.	904	1 102	784
1987	1 228	925	1 021	792	987	893	952	1 018	1 321	899
1988	1 589	1 075	1 236	938	1 163	946	1 028	1 255	1 583	1 159
1989	1 797	1 248	1 555	1 082	1 349	1 111	1 263	1 493	2 086	1 304
1990	1 932	1 355	1 749	1 188	1 466	1 268	1 427	1 591	2 303	1 448
1991	2 143	1 485	1 953	1 295	1 688	1 385	1 593	1 783	2 752	1 614
1992	2 619	1 796	2 351	1 585	1 974	1 608	1 874	2 167	3 477	2 104
1993	3 626	2 234	2 923	1 985	2 515	1 963	2 439	2 817	4 632	2 895
1994	5 066	3 036	3 935	2 777	3 444	2 619	3 346	3 888	6 367	3 981
1995	6 221	3 779	4 853	3 377	4 264	3 299	4 017	4 699	7 439	4 792
1996	6 956	4 494	5 574	3 780	4 890	3 755	4 350	5 052	8 158	5 033
1997	7 359	4 599	6 144	4 071	5 191	4 094	4 675	5 210	8 562	5 110

中国经济不平衡与平衡转换研究

续表

年份	浙江	安徽	福建	江西	山东	河南	湖北	湖南	广东	广西
1998	7 837	4 770	6 486	4 251	5 380	4 219	4 826	5 434	8 840	5 412
1999	8 428	5 065	6 860	4 721	5 809	4 532	5 213	5 815	9 126	5 620
2000	9 279	5 294	7 432	5 104	6 490	4 766	5 525	6 219	9 762	5 834
2001	10 465	5 669	8 313	5 506	7 101	5 267	5 856	6 781	10 415	6 666
2002	11 716	6 032	9 189	6 336	7 614	6 245	6 789	6 959	11 137	7 315
2003	13 180	6 778	10 000	6 901	8 400	6 926	7 322	7 674	12 380	7 785
2004	14 546	7 511	11 175	7 560	9 438	7 705	8 023	8 617	13 628	8 690
2005	16 294	8 471	12 321	8 620	10 745	8 668	8 786	9 524	14 770	9 287
2006	18 265	9 771	13 753	9 551	12 192	9 810	9 803	10 505	16 016	9 899
2007	20 574	11 474	15 506	11 452	14 265	11 477	11 486	12 294	17 699	12 200
2008	22 727	12 990	17 961	12 866	16 305	13 231	13 153	13 821	19 733	14 146
2009	24 611	14 086	19 577	14 022	17 811	14 372	14 367	15 084	21 575	15 451
2010	27 359	15 788	21 781	15 481	19 946	15 930	16 058	16 566	23 898	17 064
2011	30 971	18 606	24 907	17 495	22 792	18 195	18 374	18 844	26 897	18 854
2012	34 550	21 024	28 055	19 860	25 755	20 443	20 840	21 319	30 227	21 243
2013	37 080	22 789	28 174	22 120	26 882	21 741	22 668	24 352	29 537	22 689
2014	40 393	24 839	30 722	24 309	29 222	23 672	24 852	26 570	32 148	24 669
2015	43 714	26 936	33 275	26 500	31 545	25 576	27 051	28 838	34 757	26 416
2016	47 237	29 156	36 014	28 673	34 012	27 233	29 386	31 284	37 684	28 324
2017	51 261	31 640	39 001	31 198	36 789	29 558	31 889	33 948	40 975	30 502
2018	55 574	34 393	42 121	33 819	39 549	31 874	34 455	36 698	44 341	32 436

续表

年份	海南	重庆	四川	贵州	云南	西藏	陕西	甘肃	青海	宁夏	新疆
1978	—	—	338	261	328	565	310	408	—	346	319
1979	—	355	369	280	362	625	—	418	—	358	—
1980	—	411	391	344	420	683	407	403	—	464	427
1981	—	476	412	434	446	715	427	448	—	474	482
1982	—	505	445	460	493	768	452	474	—	521	513
1983	—	535	493	483	533	840	488	491	—	530	548
1984	—	616	581	558	608	915	552	572	685	629	649
1985	—	812	695	682	752	984	650	641	849	735	735
1986	—	984	849	824	872	1 026	814	777	902	884	843
1987	986	1 109	948	912	989	1 229	905	871	1 084	951	920
1988	1 196	1 278	1 130	1 102	1 156	1 376	1 040	979	1 154	1 084	1 068
1989	1 367	1 449	1 349	1 275	1 305	1 477	1 239	1 133	1 275	1 236	1 176
1990	1 650	1 691	1 490	1 399	1 515	1 613	1 359	1 197	1 336	1 421	1 314
1991	1 799	1 892	1 691	1 594	1 703	1 995	1 498	1 369	1 487	1 565	1 476
1992	2 318	2 195	1 989	1 888	2 062	2 083	1 705	1 708	1 756	1 821	1 952
1993	3 072	2 781	2 408	2 300	2 639	2 348	2 102	2 003	2 079	2 171	2 423
1994	3 920	3 634	3 297	3 196	3 434	3 330	2 684	2 658	2 769	2 986	3 170
1995	4 770	4 375	4 003	3 516	4 065	4 000	3 310	3 153	3 380	3 383	4 163
1996	4 926	5 023	4 406	4 211	4 978	5 030	3 810	3 354	3 830	3 612	4 650
1997	4 850	5 302	4 763	4 438	5 558	5 135	4 001	3 592	3 999	3 837	4 845

续表

年份	海南	重庆	四川	贵州	云南	西藏	陕西	甘肃	青海	宁夏	新疆
1998	4 853	5 443	5 127	4 566	6 043	5 439	4 220	4 010	4 240	4 112	5 001
1999	5 338	5 896	5 478	4 934	6 179	6 909	4 654	4 475	4 703	4 473	5 320
2000	5 358	6 276	5 894	5 122	6 325	7 426	5 124	4 916	5 170	4 912	5 645
2001	5 839	6 721	6 360	5 452	6 798	7 869	5 484	5 383	5 854	5 544	6 395
2002	6 823	7 238	6 611	5 944	7 241	8 079	6 331	6 151	6 171	6 067	6 900
2003	7 259	8 094	7 042	6 569	7 644	8 765	6 806	6 657	6 745	6 530	7 174
2004	7 736	9 221	7 710	7 322	8 871	9 106	7 492	7 377	7 320	7 218	7 503
2005	8 124	10 243	8 386	8 151	9 266	9 431	8 272	8 087	8 058	8 094	7 990
2006	9 395	11 570	9 350	9 117	10 070	8 941	9 268	8 921	9 000	9 177	8 871
2007	10 997	12 591	11 098	10 678	11 496	11 131	10 763	10 012	10 276	10 859	10 313
2008	12 608	14 368	12 633	11 759	13 250	12 482	12 858	10 969	11 640	12 932	11 432
2009	13 751	15 749	13 839	12 863	14 424	13 544	14 129	11 930	12 692	14 025	12 258
2010	15 581	17 532	15 461	14 143	16 065	14 980	15 695	13 189	13 855	15 344	13 644
2011	18 369	20 250	17 899	16 495	18 576	16 196	18 245	14 989	15 603	17 579	15 514
2012	20 918	22 968	20 307	18 701	21 075	18 028	20 734	17 157	17 566	19 831	17 921
2013	22 411	23 058	22 228	20 565	22 460	20 394	22 346	19 873	20 352	21 476	21 091
2014	24 487	25 147	24 234	22 548	24 299	22 016	24 366	21 804	22 307	23 285	23 214
2015	26 356	27 239	26 205	24 580	26 373	25 457	26 420	23 767	24 542	25 186	26 275
2016	28 453	29 610	28 335	26 743	28 611	27 802	28 440	25 693	26 757	27 153	28 463
2017	30 817	32 193	30 727	29 080	30 996	30 671	30 810	27 763	29 169	29 472	30 775
2018	33 349	34 889	33 216	31 592	33 488	33 797	33 319	29 957	31 515	31 895	32 764

资料来源：中经网统计数据库。

附表 8　中国 31 个省份（不包括港澳台地区）非农产业增加值占 GDP 比重（1999～2017 年）

单位:%

年份	北京	天津	河北	山西	内蒙古	辽宁	吉林	黑龙江	上海	江苏
1999	96.7	95.3	82.1	90.4	75.1	87.5	74.7	86.8	98.1	87.0
2000	97.2	95.7	83.7	90.3	77.2	89.2	79.6	88.7	98.3	87.9
2001	97.5	95.9	83.4	91.6	79.1	89.2	80.7	87.9	98.4	88.6
2002	97.7	96.1	84.1	91.5	80.7	89.2	81.0	87.7	98.5	89.4
2003	98.1	96.5	84.6	92.5	82.4	89.7	81.7	87.7	98.6	91.1
2004	98.3	96.7	83.8	92.9	83.4	88.5	82.0	87.6	98.8	91.2
2005	98.6	97.1	85.0	93.8	84.9	89.0	82.7	87.6	99.1	92.1
2006	98.8	97.4	86.0	94.3	86.9	89.5	84.3	88.1	99.1	92.9
2007	99.0	97.9	86.7	95.5	88.1	89.8	85.2	87.1	99.2	93.0
2008	99.0	98.2	87.3	95.9	89.3	90.5	85.7	86.9	99.2	93.2
2009	99.0	98.3	87.2	93.5	90.5	90.7	86.5	86.6	99.2	93.4
2010	99.1	98.4	87.4	94.0	90.6	91.2	87.9	87.4	99.3	93.9
2011	99.2	98.6	88.1	94.3	90.9	91.4	87.9	86.5	99.3	93.8
2012	99.2	98.7	88.0	94.2	90.9	91.3	88.2	84.6	99.4	93.7
2013	99.2	98.7	87.7	93.9	90.5	91.5	88.4	82.6	99.4	93.9
2014	99.3	98.7	88.3	93.8	90.8	92.0	89.0	82.6	99.5	94.4
2015	99.4	98.7	88.5	93.9	90.9	91.7	88.6	82.5	99.6	94.3
2016	99.5	98.8	89.1	94.0	91.0	90.2	89.9	82.6	99.6	94.7
2017	99.6	99.1	90.8	95.4	89.8	91.9	92.7	81.4	99.6	95.3

续表

年份	浙江	安徽	福建	江西	山东	河南	湖北	湖南	广东	广西
1999	88.4	72.7	81.6	74.9	83.7	75.1	79.7	75.8	89.0	71.9
2000	89.2	74.8	83.0	75.8	84.8	77.0	81.3	77.9	90.7	74.1
2001	89.9	76.9	84.0	76.7	85.2	77.7	82.2	78.5	91.7	75.3
2002	91.3	78.1	85.1	78.1	86.5	78.7	83.2	79.6	92.4	76.4
2003	92.5	81.3	86.1	80.1	87.7	81.9	83.2	81.0	93.1	76.9
2004	93.0	80.4	86.5	79.4	88.2	80.7	81.9	79.5	93.4	76.4
2005	93.3	81.9	87.2	82.1	89.3	82.1	83.6	80.7	93.7	77.1
2006	94.1	83.2	88.2	83.7	90.2	83.4	85.0	82.7	94.1	78.2
2007	94.7	83.7	89.2	84.4	90.3	85.2	85.2	82.8	94.7	78.7
2008	94.9	84.0	89.3	84.8	90.3	85.2	84.3	82.6	94.6	79.3
2009	94.9	85.1	90.3	85.6	90.5	85.8	86.1	84.9	94.9	81.2
2010	95.1	86.0	90.7	87.2	90.8	85.9	86.6	85.5	95.0	82.5
2011	95.1	86.8	90.8	88.1	91.2	87.0	86.9	85.9	95.0	82.5
2012	95.2	87.3	91.0	88.3	91.4	87.3	87.2	86.4	95.0	83.3
2013	95.3	87.8	91.1	88.6	91.4	87.4	87.5	87.4	95.1	83.8
2014	95.6	88.5	91.6	89.3	91.9	88.1	88.4	88.4	95.3	84.6
2015	95.7	88.8	91.8	89.4	92.1	88.6	88.8	88.5	95.4	84.7
2016	95.8	89.5	91.8	89.7	92.8	89.4	88.8	88.7	95.4	84.7
2017	96.3	90.4	93.1	90.8	93.3	90.7	90.1	91.2	96.0	84.5

续表

年份	海南	重庆	四川	贵州	云南	西藏	陕西	甘肃	宁夏	新疆	青海
1999	63.8	82.9	74.2	71.5	78.3	67.7	83.2	80.0	81.9	76.9	83.1
2000	62.7	84.2	75.9	73.7	78.3	69.2	84.5	81.6	84.4	78.9	85.4
2001	65.2	85.2	77.1	75.8	78.9	73.1	85.7	81.6	85.3	80.7	85.7
2002	64.4	85.9	78.3	77.4	79.7	75.5	86.5	82.6	86.0	81.1	86.8
2003	65.2	86.8	78.8	79.1	80.3	78.1	87.6	83.1	87.5	78.1	88.2
2004	65.4	85.8	78.1	80.1	80.4	80.3	87.6	83.3	87.9	79.9	87.6
2005	67.3	86.6	79.9	81.6	80.7	80.7	88.9	84.1	88.2	80.4	88.0
2006	67.7	89.1	81.6	83.2	81.2	82.5	89.7	85.4	89.0	82.7	89.3
2007	71.2	89.7	80.8	84.5	82.5	83.9	89.7	85.7	89.3	82.2	89.5
2008	70.9	90.1	81.2	84.6	82.1	84.7	89.7	85.4	90.0	83.5	89.6
2009	72.1	90.7	84.2	85.9	82.7	85.5	90.3	85.3	90.6	82.2	90.1
2010	73.9	91.4	85.6	86.4	84.7	86.5	90.2	85.5	90.6	80.2	90.0
2011	73.9	91.6	85.8	87.3	84.1	87.7	92.2	86.5	91.2	82.8	90.7
2012	75.1	91.8	86.2	87.0	84.0	88.5	90.5	86.2	91.5	82.4	90.7
2013	76.2	92.0	87.0	87.3	84.0	89.4	90.6	86.1	91.3	82.6	90.2
2014	76.9	92.6	87.6	86.2	84.5	90.0	91.2	86.8	92.1	83.4	90.6
2015	76.9	92.7	87.8	84.4	84.9	90.4	91.1	85.9	91.8	83.3	91.4
2016	76.6	92.7	88.1	84.3	85.2	89.9	91.3	86.3	92.4	82.9	91.4
2017	78.4	93.4	88.5	85.0	85.7	90.6	92.0	88.5	92.7	85.7	90.9

资料来源：中经网统计数据库。

附表 9　中国 31 个省份（不包括港澳台地区）人均社会消费品零售额（1999～2017 年）

单位：元

年份	北京	天津	河北	山西	内蒙古	辽宁	吉林	黑龙江	上海	江苏
1999	10 490	6 746	2 213	1 841	1 859	4 101	2 800	2 687	10 072	3 326
2000	11 012	7 511	2 429	1 950	2 045	4 423	3 055	2 879	10 711	3 582
2001	11 602	8 305	2 660	2 086	2 262	4 858	3 384	3 147	11 504	3 908
2002	12 470	9 361	2 930	2 301	2 548	5 379	3 741	3 463	12 524	4 365
2003	13 356	9 138	3 226	2 207	3 055	5 541	4 110	3 609	12 980	4 824
2004	14 931	10 346	3 716	2 661	3 745	6 272	4 629	4 076	14 090	5 607
2005	18 927	10 903	4 360	4 138	5 621	7 074	5 386	4 608	16 736	7 527
2006	20 337	12 472	4 963	4 634	6 538	8 043	6 162	5 219	18 338	8 777
2007	22 463	14 082	5 823	5 384	7 528	9 288	7 333	6 063	20 439	10 221
2008	26 954	18 147	7 165	7 118	10 108	11 685	9 331	7 657	21 774	12 793
2009	29 247	20 222	8 222	8 216	11 648	13 430	10 805	8 893	23 780	14 749
2010	32 598	22 633	9 589	9 479	13 727	15 805	12 778	10 548	26 902	17 356
2011	36 288	25 586	11 134	10 892	16 115	18 488	14 992	12 390	30 906	20 368
2012	39 744	28 337	12 740	12 512	18 395	21 213	17 356	14 322	33 167	23 278
2013	42 409	30 987	14 387	14 196	20 508	24 106	19 727	16 302	35 687	26 329
2014	45 181	31 707	16 064	15 713	22 619	27 006	22 099	18 298	38 437	29 508
2015	47 838	34 319	17 545	16 503	24 354	29 150	24 164	19 988	41 857	32 475
2016	50 675	36 254	19 288	17 644	26 637	30 625	26 650	22 080	45 281	35 940
2017	53 299	36 741	21 225	18 738	28 365	31 571	28 826	23 984	48 905	39 603

续表

年份	浙江	安徽	福建	江西	山东	河南	湖北	湖南	广东	广西
1999	4 657	1 623	3 768	1 545	2 615	1 728	2 730	1 886	4 511	1 784
2000	5 022	1 736	4 082	1 707	2 848	1 927	3 176	2 085	4 828	1 922
2001	5 450	1 870	4 378	1 832	3 143	2 132	3 495	2 413	5 194	2 077
2002	6 104	2 002	4 817	1 981	3 511	2 354	3 881	2 723	5 704	2 259
2003	6 651	2 163	5 006	2 178	4 324	2 606	4 154	2 958	6 296	1 876
2004	7 621	2 426	5 703	2 483	4 899	3 021	4 687	3 362	7 048	2 115
2005	9 563	2 860	6 673	2 877	6 703	3 599	5 142	3 887	8 540	3 082
2006	10 799	3 329	7 625	3 199	7 738	4 134	5 956	4 405	9 700	3 473
2007	12 396	3 933	8 930	3 666	9 103	4 904	6 995	5 153	11 057	4 092
2008	14 533	4 970	10 630	4 886	11 349	6 191	8 957	6 632	13 284	5 000
2009	16 443	5 752	12 245	5 626	13 091	7 133	10 372	7 686	14 874	5 771
2010	19 111	7 094	14 422	6 648	15 343	8 473	12 258	9 000	16 974	6 998
2011	22 976	8 868	16 933	7 956	17 902	10 061	14 568	10 951	19 381	8 445
2012	25 959	10 276	19 434	9 171	20 341	11 616	16 785	12 571	21 496	9 685
2013	29 104	11 724	22 003	10 406	22 963	13 206	19 064	14 268	23 970	10 920
2014	32 410	13 138	24 662	11 678	25 725	14 860	21 437	15 972	26 649	12 188
2015	35 819	14 572	27 484	13 012	28 275	16 642	24 004	17 787	29 219	13 295
2016	39 484	16 209	30 272	14 384	30 965	18 534	26 668	19 752	31 801	14 589
2017	43 227	17 980	33 431	16 166	33 729	20 603	29 514	21 714	34 464	16 071

续表

年份	海南	重庆	四川	贵州	云南	西藏	陕西	甘肃	青海	宁夏	新疆
1999	2 082	1 867	1 720	852	1 293	1 484	1 544	1 310	1 485	1 532	1 924
2000	2 226	2 017	1 922	921	1 383	1 665	1 673	1 423	1 600	1 644	2 025
2001	2 283	2 200	2 104	1 001	1 537	1 861	1 821	1 541	1 739	1 770	2 164
2002	2 475	2 410	2 306	1 090	1 650	2 008	1 986	1 678	1 921	1 917	2 323
2003	2 306	2 645	2 597	1 190	1 797	2 171	2 317	1 841	1 933	2 097	2 194
2004	2 636	3 029	2 950	1 332	2 013	2 343	2 613	2 084	2 156	2 359	2 474
2005	3 215	3 850	3 658	1 529	2 341	2 678	3 416	2 446	2 967	2 914	3 210
2006	3 588	4 424	4 152	1 698	2 674	3 218	3 895	2 759	3 256	3 247	3 584
2007	4 201	5 208	4 902	1 970	3 080	3 972	4 569	3 188	3 725	3 719	4 090
2008	5 452	7 593	6 080	2 975	3 897	4 474	6 241	4 015	4 696	4 811	4 929
2009	6 256	8 701	7 056	3 497	4 501	5 325	7 252	4 634	5 407	5 460	5 490
2010	7 379	10 232	8 394	4 227	5 544	6 216	8 565	5 453	6 265	6 416	6 331
2011	9 422	13 034	10 304	5 469	6 728	7 871	10 432	6 920	7 306	8 103	7 567
2012	10 774	15 017	11 934	6 519	7 746	9 092	12 224	8 030	8 416	9 179	8 628
2013	12 243	17 095	13 596	7 447	8 801	10 399	13 955	9 182	9 550	10 274	9 693
2014	13 615	19 159	15 256	8 379	9 857	11 579	15 701	10 316	10 693	11 206	10 680
2015	14 607	21 385	16 982	9 330	10 794	12 736	17 384	11 202	11 793	11 879	11 189
2016	15 905	23 978	18 950	10 471	12 033	14 038	19 375	12 225	12 984	12 662	11 879
2017	17 568	26 349	21 107	11 644	13 422	15 675	21 539	13 089	14 080	13 716	12 574

资料来源：中经网统计数据库。

附表 10　　中国 31 个省份（不包括港澳台地区）城市人均公园绿地面积（1999～2017 年）

单位：平方米

年份	北京	天津	河北	山西	内蒙古	辽宁	吉林	黑龙江	上海	江苏
1999	8.0	4.9	6.2	4.1	6.0	6.1	6.0	6.6	3.4	8.0
2000	8.7	5.4	6.5	4.6	6.0	5.7	6.1	6.7	4.3	8.1
2001	9.9	6.0	6.9	5.0	6.3	6.2	6.1	7.2	5.9	9.2
2002	10.1	5.6	5.7	3.2	5.6	5.7	5.1	6.1	6.1	7.1
2003	11.3	6.7	6.6	4.2	6.3	6.3	5.6	6.5	7.4	8.0
2004	10.5	8.1	7.3	5.0	7.0	7.1	5.8	7.0	8.5	8.9
2005	12.0	8.4	7.8	6.0	7.8	7.5	6.8	7.4	6.7	10.3
2006	10.7	6.6	7.9	6.6	9.4	7.9	7.3	7.3	7.3	9.6
2007	8.6	7.0	8.4	7.1	10.6	9.0	8.3	8.2	7.5	12.6
2008	8.6	8.0	9.5	7.6	11.1	9.4	9.2	9.5	7.8	13.1
2009	12.1	8.6	11.2	8.2	11.7	9.8	9.8	10.5	8.0	13.2
2010	11.3	8.6	14.2	9.4	12.4	10.2	10.3	11.3	7.0	13.3
2011	11.3	10.3	14.3	10.2	14.5	10.6	10.5	11.5	7.0	13.3
2012	11.9	10.5	14.0	10.8	15.5	10.9	11.0	11.8	7.1	13.6
2013	12.7	11.0	14.1	11.2	16.9	11.1	11.8	12.1	7.1	14.0
2014	15.9	9.7	14.5	11.3	18.8	11.6	12.1	12.1	7.3	14.4
2015	16.0	10.1	14.2	11.6	19.3	11.5	12.5	12.0	7.6	14.6
2016	16.0	10.6	14.3	11.9	19.8	11.3	13.4	11.9	7.8	14.8
2017	16.2	14.2	14.5	12.0	19.7	12.1	11.4	11.8	8.2	15.0

续表

年份	浙江	安徽	福建	江西	山东	河南	湖北	湖南	广东	广西
1999	7.0	6.7	7.0	5.8	7.3	6.0	9.2	4.9	10.1	7.4
2000	7.7	7.0	7.3	5.9	8.1	6.1	9.5	5.1	9.9	8.0
2001	9.4	7.0	7.7	6.3	8.6	6.8	9.6	6.8	12.1	8.4
2002	6.5	4.5	5.0	4.9	5.0	5.7	4.7	4.7	7.9	4.4
2003	7.5	5.1	7.1	6.4	6.2	6.6	5.6	5.1	8.2	4.7
2004	8.4	5.9	8.1	7.4	7.7	7.1	5.9	6.5	9.6	6.4
2005	9.3	6.6	9.2	7.8	8.1	7.9	6.5	6.9	11.0	6.8
2006	7.0	7.3	7.5	7.7	12.8	7.9	8.3	7.0	9.3	7.6
2007	8.8	8.7	8.6	8.7	13.3	8.9	9.3	7.6	9.2	8.6
2008	9.6	9.3	10.4	10.6	14.2	8.2	9.4	8.0	11.5	8.6
2009	10.8	10.2	10.5	11.5	15.1	8.7	9.6	8.5	12.3	9.6
2010	11.1	11.0	11.0	13.0	15.8	8.7	9.6	8.9	13.3	9.8
2011	11.8	11.9	11.7	13.5	16.0	8.9	10.1	8.8	14.4	11.0
2012	12.5	11.9	12.1	14.1	16.4	9.2	10.5	8.8	15.8	11.4
2013	12.4	12.5	12.6	14.1	16.8	9.6	10.8	9.0	15.9	11.5
2014	12.9	13.2	12.8	14.1	17.1	9.9	11.1	9.9	16.3	11.2
2015	13.2	13.4	13.0	14.0	17.4	10.2	11.0	10.0	17.4	11.6
2016	13.2	14.0	13.1	14.2	17.9	10.4	11.0	10.6	17.9	11.8
2017	13.3	14.3	14.1	14.5	17.8	12.0	11.0	10.0	18.2	12.4

续表

年份	海南	重庆	四川	贵州	云南	西藏	陕西	甘肃	青海	宁夏	新疆
1999	13.3	2.4	4.4	7.6	7.8	29.4	5.0	3.6	3.2	4.3	6.2
2000	13.7	2.6	4.8	8.2	9.1	10.3	4.2	4.0	3.7	4.6	6.4
2001	11.0	3.4	5.1	9.2	11.1	2.7	4.5	4.4	6.2	4.7	7.3
2002	9.1	2.2	2.6	5.3	7.8	1.6	4.0	2.3	5.9	2.9	6.7
2003	7.7	3.1	6.9	5.3	7.4	0.5	4.3	4.4	6.3	4.5	6.3
2004	10.2	4.1	7.7	5.3	7.4	0.5	4.5	6.1	6.7	4.8	6.8
2005	10.4	5.0	8.0	6.0	8.0	0.4	5.1	6.9	5.8	5.4	6.4
2006	10.9	6.5	7.7	5.5	6.5	9.2	5.9	7.0	7.8	8.7	7.0
2007	10.1	7.6	8.4	5.9	7.4	6.9	8.0	6.8	8.5	10.4	8.1
2008	8.9	9.6	8.7	6.2	7.6	5.6	8.7	7.9	8.5	11.0	7.9
2009	10.0	11.3	9.5	6.1	8.9	7.6	9.3	8.0	8.1	15.0	8.5
2010	11.2	13.2	10.2	7.3	9.3	5.8	10.7	8.1	8.5	16.2	8.6
2011	12.5	17.9	10.7	7.3	10.3	10.7	11.4	8.3	9.7	16.0	9.5
2012	12.0	18.1	10.8	9.4	10.4	9.4	11.6	9.5	9.8	15.7	10.0
2013	12.5	18.0	11.2	11.4	10.6	9.0	11.8	11.8	9.7	17.5	10.1
2014	13.0	17.0	11.3	12.5	11.0	10.8	12.5	12.8	10.8	17.9	10.7
2015	13.0	17.0	12.0	12.9	10.6	11.7	12.6	12.2	10.5	18.1	11.5
2016	12.0	16.9	12.5	15.0	11.3	7.8	12.3	13.9	10.8	18.3	12.2
2017	12.2	17.1	12.5	15.3	11.5	5.9	12.6	14.9	11.2	19.2	13.2

资料来源：中经网统计数据库。

附表 11　中国 31 个省份（不包括港澳台地区）每万人普通高等学校专任教师数（1999～2017 年）

单位：人

年份	北京	天津	河北	山西	内蒙古	辽宁	吉林	黑龙江	上海	江苏
1999	28.14	9.90	2.62	2.99	3.26	6.09	5.79	4.18	12.72	4.23
2000	26.60	10.34	2.92	3.24	3.74	6.58	6.58	4.26	12.74	4.55
2001	25.86	12.59	3.55	4.03	3.93	7.25	6.77	4.79	13.41	5.17
2002	24.78	14.10	4.18	4.77	4.03	8.05	7.41	6.08	14.12	6.00
2003	29.20	15.41	4.98	6.12	5.11	9.05	8.08	7.48	14.25	6.74
2004	29.62	18.65	5.78	7.45	6.21	9.66	9.24	8.42	16.50	7.96
2005	31.83	19.85	6.30	8.23	6.77	10.37	10.37	9.20	17.81	8.89
2006	32.01	22.49	6.93	8.53	7.83	10.96	11.00	9.63	18.49	10.38
2007	32.27	22.10	7.67	9.38	7.70	11.60	11.61	10.35	18.85	11.55
2008	32.44	22.80	7.91	10.26	8.60	12.42	11.91	10.88	17.53	12.43
2009	31.95	22.56	8.33	10.49	9.11	12.90	12.14	11.26	17.53	12.83
2010	31.00	22.23	8.54	10.42	9.46	13.17	12.39	11.54	17.36	13.01
2011	29.94	21.79	8.69	10.47	9.75	13.42	12.97	11.69	17.04	13.18
2012	29.77	21.63	8.95	10.58	9.92	13.79	13.46	11.85	16.97	13.40
2013	31.96	21.42	9.14	11.26	9.85	14.29	13.82	12.05	16.81	13.65
2014	32.06	20.75	9.32	11.08	10.00	14.63	14.01	12.22	16.76	13.15
2015	31.81	20.32	9.37	11.05	10.18	14.86	14.22	12.25	17.17	13.45
2016	32.24	19.63	9.46	11.24	10.31	14.83	14.52	12.31	17.50	13.75
2017	32.10	19.92	9.73	11.10	10.46	14.44	14.71	12.20	17.98	14.09

续表

年份	浙江	安徽	福建	江西	山东	河南	湖北	湖南	广东	广西
1999	2.95	2.05	2.68	2.41	2.41	2.01	4.70	2.76	2.28	1.95
2000	3.51	2.48	2.91	2.51	2.77	2.18	5.39	3.10	2.42	2.09
2001	4.73	2.93	3.13	2.92	3.43	2.65	5.93	3.81	2.70	2.25
2002	5.51	3.44	3.61	3.79	4.13	3.06	6.99	4.33	3.75	2.67
2003	6.22	4.02	4.65	4.85	4.99	3.55	8.27	5.41	4.48	3.08
2004	7.48	4.77	5.83	7.13	5.88	4.50	9.78	6.23	5.19	3.82
2005	7.93	5.26	6.93	8.98	7.07	4.96	10.24	7.16	5.88	4.33
2006	8.55	6.04	7.95	9.46	8.11	5.64	11.37	7.69	6.50	4.87
2007	9.10	6.67	8.79	9.83	8.83	6.27	11.83	8.41	7.00	5.41
2008	9.22	7.12	9.25	10.84	9.31	6.91	12.38	9.05	7.08	5.75
2009	9.44	7.56	9.79	11.01	9.50	7.56	12.80	9.20	7.39	6.09
2010	9.51	8.33	10.25	11.02	9.59	8.20	13.05	9.18	7.64	6.69
2011	9.59	8.58	10.72	11.17	9.87	8.73	13.75	9.29	7.92	7.23
2012	9.90	8.88	11.01	11.17	9.94	9.15	13.98	9.45	8.28	7.51
2013	10.21	9.14	11.41	11.62	10.16	9.67	14.13	9.58	8.58	7.75
2014	10.55	9.33	11.58	12.01	10.39	10.09	14.26	9.67	8.91	7.96
2015	10.77	9.51	11.72	12.58	10.67	10.36	14.30	9.85	9.17	8.09
2016	10.87	9.64	11.60	12.04	10.89	10.81	14.23	10.10	9.26	8.39
2017	11.09	9.71	11.66	12.27	11.11	11.36	14.17	10.27	9.42	8.90

续表

年份	海南	重庆	四川	贵州	云南	西藏	陕西	甘肃	青海	宁夏	新疆
1999	1.90	3.13	2.23	1.64	1.99	3.02	5.47	2.73	3.38	3.31	4.16
2000	2.03	3.28	2.32	1.94	2.19	3.16	5.71	2.83	4.11	3.45	4.28
2001	2.00	3.81	2.75	2.38	2.34	3.32	6.47	3.44	4.03	4.28	4.86
2002	2.57	4.41	3.35	2.90	2.59	3.34	7.54	3.88	4.91	4.69	5.44
2003	3.25	5.00	3.90	3.06	2.81	3.62	8.34	4.76	5.21	5.93	5.69
2004	4.47	5.78	4.86	3.55	3.45	3.98	10.04	5.34	5.74	6.34	5.28
2005	5.53	6.39	5.50	3.62	3.81	4.35	11.07	5.73	5.64	6.78	6.41
2006	6.08	7.48	6.34	3.79	4.36	6.00	12.17	6.19	5.96	7.11	6.79
2007	6.76	8.18	6.82	4.07	4.69	6.22	12.87	6.67	5.64	7.27	7.28
2008	7.83	10.04	7.28	4.99	5.14	6.46	14.47	7.29	6.09	8.01	7.46
2009	8.50	10.49	7.57	5.51	5.46	6.70	15.09	7.69	6.76	8.26	7.57
2010	9.00	10.82	8.01	5.80	5.78	7.36	15.62	8.12	6.66	9.33	7.60
2011	9.20	11.41	8.38	6.29	6.39	7.58	15.83	8.61	6.60	9.68	7.85
2012	9.40	12.19	9.07	6.56	6.74	7.75	16.41	9.04	6.51	10.31	7.91
2013	9.49	12.55	9.49	7.26	7.37	7.98	17.07	9.45	6.58	10.93	8.15
2014	9.89	13.07	10.02	8.03	7.53	8.26	17.24	9.78	6.75	11.79	8.36
2015	9.95	13.28	10.33	8.67	7.81	8.17	17.58	10.1	7.04	12.02	8.32
2016	10.18	13.38	10.43	9.34	8.18	7.54	17.39	10.3	7.34	11.98	8.41
2017	10.42	13.62	10.14	9.83	8.21	7.44	17.50	10.9	7.84	12.08	8.51

资料来源：中经网统计数据库。

附表 12　　中国 31 个省份（不包括港澳台地区）单位城市人口拥有公共交通标准运营车数

单位：辆

年份	北京	天津	河北	山西	内蒙古	辽宁	吉林	黑龙江	上海	江苏
1999	24.0	9.8	7.6	5.5	3.7	8.0	7.3	6.6	19.5	9.7
2000	25.3	10.9	8.0	4.7	3.9	8.5	7.8	7.0	20.2	10.6
2001	23.9	10.8	8.4	5.1	4.3	9.1	7.9	7.2	20.3	10.4
2002	21.6	9.3	6.5	3.8	3.9	7.8	6.6	6.3	16.4	6.9
2003	26.4	9.4	6.7	4.1	4.0	8.2	7.1	6.7	16.8	7.2
2004	22.8	10.7	6.9	4.8	5.2	8.6	7.1	6.7	18.2	7.9
2005	17.6	11.2	7.2	5.3	5.6	8.9	7.3	6.7	13.0	9.1
2006	22.2	14.2	8.1	5.7	6.1	9.3	7.7	8.7	12.5	8.6
2007	21.6	12.7	9.0	6.6	6.9	10.0	8.7	9.0	12.4	11.6
2008	24.7	14.3	9.8	6.9	7.5	10.6	9.3	9.7	12.5	12.4
2009	24.8	15.4	9.0	7.1	7.5	10.3	9.6	10.1	12.8	13.2
2010	14.2	12.1	9.5	6.8	6.9	9.4	9.8	10.0	8.8	10.9
2011	22.4	15.2	10.4	7.9	7.2	11.0	9.3	11.1	11.8	13.2
2012	23.4	17.3	11.3	8.5	7.1	11.1	9.8	11.3	11.9	13.4
2013	24.4	19.0	12.6	9.9	8.6	11.2	10.2	12.6	12.1	14.2
2014	24.8	18.1	11.3	8.9	9.0	11.8	10.3	12.8	12.0	15.1
2015	24.6	16.3	12.9	8.5	9.1	12.3	10.6	13.1	12.4	15.8
2016	24.3	18.1	13.7	9.4	10.3	12.9	10.3	13.6	12.7	16.6
2017	26.6	19.6	15.3	9.7	10.7	13.2	11.2	14.1	13.9	17.4

续表

年份	浙江	安徽	福建	江西	山东	河南	湖北	湖南	广东	广西
1999	12.8	7.0	9.8	6.2	7.5	6.6	11.9	10.3	8.5	5.4
2000	13.8	7.6	11.1	6.5	8.3	6.9	12.0	10.4	8.4	6.1
2001	13.7	8.3	11.5	7.5	8.8	7.7	11.7	10.0	7.8	6.8
2002	8.9	6.1	7.8	5.7	4.9	4.8	5.9	6.7	5.6	3.8
2003	9.9	6.2	9.4	6.8	4.9	6.5	6.8	7.5	5.1	4.4
2004	11.1	7.4	10.5	7.3	5.6	7.2	7.0	8.9	6.5	6.3
2005	11.7	7.2	12.1	8.0	6.9	7.8	7.8	8.9	6.5	6.9
2006	9.3	7.7	9.0	8.1	10.5	7.1	10.6	9.0	5.7	7.4
2007	11.3	8.7	9.5	9.4	11.4	7.8	11.9	10.6	7.9	8.1
2008	13.2	9.2	10.4	10.2	12.2	8.0	11.9	10.9	9.8	8.4
2009	13.7	8.6	11.5	9.2	10.3	8.2	11.0	10.6	10.4	9.9
2010	11.9	7.7	10.3	7.6	10.2	7.6	9.5	10.0	9.5	8.1
2011	13.6	9.7	11.9	9.8	12.4	8.7	11.2	10.4	12.9	8.9
2012	14.0	10.1	12.2	10.0	12.8	8.6	11.3	10.4	13.4	9.2
2013	14.6	11.0	12.7	9.2	13.5	9.1	11.6	10.8	13.1	9.4
2014	15.5	11.6	13.3	8.6	13.2	9.8	11.9	12.5	13.3	9.2
2015	16.0	11.4	14.4	8.7	14.4	10.1	11.8	13.6	13.5	9.1
2016	16.3	12.0	15.3	8.9	15.9	10.9	12.8	15.1	14.2	9.8
2017	16.9	13.6	15.9	12.6	16.4	12.3	12.4	14.4	15.3	10.7

续表

年份	海南	重庆	四川	贵州	云南	西藏	陕西	甘肃	宁夏	青海	新疆
1999	13.5	8.6	7.1	13.8	12.9	28.2	7.1	6.5	6.5	9.4	12.8
2000	10.3	8.9	7.5	13.6	12.7	27.3	7.8	7.0	5.8	13.9	13.8
2001	10.8	9.0	8.0	13.8	13.7	30.8	8.3	7.4	5.8	15.6	13.2
2002	8.1	4.4	3.0	8.3	9.2	18.1	6.5	3.9	3.8	13.2	11.4
2003	4.4	6.2	7.4	8.9	8.7	26.0	7.4	5.7	4.1	13.7	12.8
2004	5.6	7.7	7.6	8.2	8.9	26.0	7.9	5.6	4.0	15.7	13.1
2005	6.5	8.7	7.6	8.6	9.0	14.9	8.2	6.3	4.8	17.8	13.0
2006	7.9	9.3	8.2	5.8	9.7	15.5	9.1	6.1	7.7	18.3	13.4
2007	6.8	9.6	9.6	8.0	10.8	16.7	11.0	7.6	8.1	18.7	15.6
2008	7.4	9.6	11.1	8.3	11.0	12.8	12.1	8.1	9.4	17.7	13.2
2009	7.8	7.9	11.2	8.3	9.8	12.6	13.4	3.2	10.1	17.6	12.2
2010	8.6	7.2	9.7	8.5	9.7	20.9	12.5	8.1	10.6	18.3	11.7
2011	10.8	8.8	12.6	8.7	10.1	9.0	15.6	9.8	11.2	16.9	13.5
2012	11.6	9.0	13.3	8.3	10.3	8.6	15.6	10.0	12.5	16.6	13.9
2013	11.5	11.6	14.6	9.5	11.6	7.7	16.3	10.4	13.2	14.5	14.4
2014	12.0	11.2	14.2	10.6	12.4	8.4	15.9	9.7	13.2	14.4	15.5
2015	11.3	11.0	13.5	11.3	12.6	9.1	15.5	9.0	14.0	13.3	16.1
2016	11.4	10.7	12.9	11.4	13.2	6.2	16.0	9.2	13.5	14.5	15.2
2017	13.5	11.5	14.5	11.0	13.6	10.4	15.6	10.5	15.3	14.4	14.6

资料来源：中经网统计数据库。

附表13　中国31个省份（不包括港澳台地区）每千人拥有执业医师数

单位：人

年份	北京	天津	河北	山西	内蒙古	辽宁	吉林	黑龙江	上海	江苏
1999	4.79	3.33	1.36	1.99	2.2	2.44	2.35	2.06	3.2	1.61
2000	4.66	3.29	1.37	2	2.2	2.43	2.27	2.04	3.1	1.56
2001	4.64	3.2	1.4	2	2.2	2.45	2.34	2.08	3	1.56
2002	4.18	2.6	1.24	1.79	2.1	1.96	1.93	1.69	2.7	1.38
2003	4.21	2.46	1.23	1.77	2.1	1.97	2.14	1.67	2.6	1.4
2004	4.25	2.71	1.23	1.79	2.1	2.21	2.19	1.68	2.5	1.43
2005	4.32	2.67	1.23	1.75	2.1	2.18	1.85	1.71	2.5	1.45
2006	4.44	2.67	1.27	1.79	2.1	2.24	2.17	1.7	2.5	1.52
2007	4.53	2.73	1.56	1.97	2	2.15	2.09	1.75	2.6	1.56
2008	4.79	2.66	1.54	2.11	2.03	2.14	2.12	1.74	3.67	1.62
2009	5.04	2.8	1.72	2.45	2.82	2.25	2.21	1.93	3.79	1.69
2010	5.24	2.92	1.84	2.53	2.29	2.28	2.28	2.09	3.75	1.73
2011	5.45	2.98	1.86	2.42	2.32	2.3	2.19	2	3.79	1.79
2012	3.59	2.17	1.96	2.42	2.39	2.3	2.23	2.05	2.34	1.99
2013	5.85	3.18	2	2.5	2.52	2.44	2.31	2.13	4.05	2.23
2014	3.72	2.2	2.14	2.46	2.48	2.31	2.3	2.12	2.52	2.24
2015	3.9	2.3	2.2	2.5	2.6	2.4	2.4	2.2	2.6	2.4
2016	4.11	2.42	2.37	2.49	2.63	2.51	2.55	2.22	2.7	2.56
2017	4.35	2.64	2.55	2.55	2.78	2.65	2.6	2.34	2.81	2.7

续表

年份	浙江	安徽	福建	江西	山东	河南	湖北	湖南	广东	广西
1999	1.64	1.12	0.95	1.26	1.58	0.12	1.74	1.29	1.32	1.29
2000	1.65	1.12	1.22	1.31	1.56	0.12	1.74	1.35	1.29	1.29
2001	1.7	1.14	1.23	1.28	1.66	0.12	1.72	1.35	1.3	1.28
2002	1.58	0.94	1.16	1.11	1.65	0.11	1.43	1.19	1.16	1.08
2003	1.66	0.97	1.18	1.16	1.42	0.11	1.45	1.2	1.21	1.03
2004	1.74	1	1.24	1.17	1.53	0.11	1.49	1.19	1.24	1.09
2005	1.8	1.02	1.04	1.07	1.55	0.11	1.49	1.19	1.28	1.17
2006	1.9	1.06	1.29	1.19	1.62	0.12	1.49	1.19	1.4	1.2
2007	1.98	1.04	1.3	1.19	1.61	0.12	1.52	1.35	1.46	1.22
2008	2.17	1.1	1.24	1.2	1.7	1.13	1.51	1.39	1.75	1.18
2009	2.41	1.25	1.57	1.28	1.86	1.42	1.59	1.51	1.93	1.28
2010	2.54	1.27	1.66	1.32	1.94	1.43	1.62	1.56	2.05	1.33
2011	2.6	1.23	1.76	1.32	1.94	1.43	1.66	1.58	2.16	1.38
2012	2.37	1.54	1.78	1.49	2.07	1.78	1.89	1.75	1.88	1.67
2013	2.86	1.42	2	1.46	2.41	1.64	1.9	1.78	2.4	1.54
2014	2.65	1.71	1.98	1.64	2.36	2.01	2.17	1.98	2.02	1.82
2015	2.9	1.8	2	1.7	2.4	2.1	2.3	2.2	2.1	1.9
2016	3.01	1.82	2.06	1.72	2.46	2.17	2.41	2.35	2.21	2
2017	3.16	1.93	2.15	1.81	2.64	2.3	2.5	2.52	2.31	2.07

续表

年份	海南	重庆	四川	贵州	云南	西藏	陕西	甘肃	青海	宁夏	新疆
1999	1.68	1.45	1.52	1.23	1.45	2.09	1.76	1.53	1.93	1.6	2.48
2000	1.61	1.45	1.53	1.22	1.48	2.09	1.76	1.47	1.86	1.61	2.46
2001	1.55	1.44	1.53	1.23	1.45	3.35	1.8	1.45	1.77	1.6	2.42
2002	1.48	1.22	1.37	1.13	1.19	2.97	1.62	1.34	1.47	1.59	1.97
2003	1.23	1.19	1.36	1.12	1.2	3.07	1.63	1.35	1.44	1.72	2.09
2004	1.23	1.16	1.32	1.22	1.21	3.13	1.61	1.32	1.44	1.82	2.19
2005	1.25	1.18	1.32	0.91	1.26	3.22	1.62	1.36	1.37	1.78	2.06
2006	1.39	1.17	1.32	1.04	1.26	3.17	1.62	1.16	1.35	1.8	2.09
2007	1.48	1.2	1.41	1.06	1.26	3.02	1.58	1.34	1.34	1.8	2.08
2008	1.49	1.21	1.37	0.96	1.3	1.56	1.53	1.35	1.77	1.83	2.09
2009	1.6	1.36	1.54	1.01	1.35	1.57	1.81	1.39	1.88	1.91	2.2
2010	1.61	1.45	1.61	1.04	1.4	1.52	1.7	1.45	1.92	1.91	2.27
2011	1.71	1.49	1.7	1.07	1.42	1.38	1.68	1.5	2.04	1.88	2.25
2012	1.75	1.77	2.02	1.41	1.47	1.31	1.85	1.67	2.08	2.01	2.26
2013	1.84	1.64	1.9	1.31	1.63	1.63	1.88	1.65	2.31	2.14	2.34
2014	1.95	1.94	2.21	1.65	1.6	1.76	2.03	1.84	2.22	2.27	2.38
2015	2.1	2	2.2	1.8	1.7	1.9	2.1	1.9	2.3	2.4	2.4
2016	2.17	2.12	2.24	1.94	1.8	1.98	2.25	2.02	2.3	2.53	2.51
2017	2.24	2.23	2.35	2.11	1.96	2.26	2.43	2.14	2.59	2.67	2.55

资料来源：中经网统计数据库。

附表 14　　中国 31 个省份（不包括港澳台地区）城市燃气普及率

单位：%

年份	北京	天津	河北	山西	内蒙古	辽宁	吉林	黑龙江	上海	江苏
1999	97.1	95.0	91.0	73.7	54.1	88.9	72.7	69.7	100	94.9
2000	99.3	96.8	94.0	74.9	58.6	89.3	73.3	71.9	100	95.8
2001	99.5	94.8	83.8	46.8	49.6	74.4	63.8	64.9	100	82.0
2002	99.6	95.1	89.7	59.3	51.9	82.0	66.9	66.7	100	85.2
2003	99.8	97.1	92.7	60.2	58.5	85.6	70.3	67.2	100	88.6
2004	99.8	98.5	93.3	68.6	62.8	87.2	71.3	68.8	100	92.0
2005	99.9	98.5	94.2	68.3	68.2	88.1	76.2	71.0	100	95.1
2006	100	99.2	87.0	74.6	71.0	88.0	75.0	70.7	100	80.2
2007	100	100	95.3	79.5	75.6	92.0	82.4	74.5	100	97.4
2008	100	100	97.1	82.6	74.3	92.4	84.8	79.5	100	98.2
2009	100	100	97.9	87.3	75.5	93.7	85.5	83.8	100	98.4
2010	100	100	99.1	89.9	79.3	94.2	85.6	84.7	100	99.1
2011	100	100	99.9	94.6	82.2	95.5	88.3	81.4	100	99.0
2012	100	100	99.8	95.2	84.4	96.0	89.5	83.4	100	99.4
2013	100	100	99.8	96.1	87.9	96.2	91.4	85.6	100	99.6
2014	100	100	98.4	95.8	92.3	96.2	92.0	86.2	100	99.5
2015	100	100	98.8	97.3	94.1	94.8	92.5	86.6	100	99.6
2016	100	100	98.9	97.9	94.9	96.1	93.0	86.7	100	99.5
2017	100	100	98.8	98.3	96.0	97.1	93.0	87.8	100	99.7

续表

年份	浙江	安徽	福建	江西	山东	河南	湖北	湖南	广东	广西
1999	97.1	73.2	87.3	65.8	87.9	68.7	83.5	75.5	93.0	89.7
2000	98.0	77.5	86.8	69.2	90.0	72.1	86.8	78.4	94.2	50.8
2001	92.4	53.0	73.2	61.4	52.2	45.2	46.3	57.4	85.0	55.6
2002	94.4	62.4	82.7	65.8	60.9	49.3	54.8	59.7	88.3	52.4
2003	96.9	62.3	89.6	73.9	69.8	60.8	63.9	66.6	90.7	53.8
2004	98.2	69.2	93.2	80.2	74.3	66.2	64.4	68.7	93.0	57.4
2005	98.5	72.3	96.2	80.6	75.7	69.3	68.6	75.4	95.4	72.7
2006	70.1	76.1	76.7	77.3	94.5	63.2	83.7	76.0	71.0	73.0
2007	97.8	83.2	97.3	86.2	97.1	68.9	89.7	83.3	79.0	81.5
2008	97.7	87.6	97.2	90.2	98.5	66.9	90.9	84.3	93.9	84.0
2009	97.9	88.6	98.6	92.2	99.2	72.9	91.2	85.6	96.5	92.2
2010	99.1	90.5	98.9	92.4	99.3	73.4	91.8	86.5	95.8	92.4
2011	99.3	93.4	98.7	94.3	99.5	76.2	93.9	88.5	91.3	91.1
2012	99.5	94.6	98.6	94.4	99.5	77.9	95.1	91.3	94.9	93.3
2013	99.8	96.1	98.9	95.1	99.6	82.0	95.1	91.9	96.9	93.6
2014	99.8	96.8	98.8	95.2	99.5	83.8	94.7	91.2	96.6	93.0
2015	99.9	97.6	98.6	94.8	99.4	86.0	94.5	92.3	97.6	94.5
2016	100	98.1	97.2	95.3	99.5	88.9	96.3	93.3	97.4	95.9
2017	100	98.6	97.5	97.4	99.6	94.0	97.1	93.5	96.9	97.8

续表

年份	海南	重庆	四川	贵州	云南	西藏	陕西	甘肃	青海	宁夏	新疆
1999	91.8	73.0	72.4	50.7	78.8	65.1	64.9	43.9	48.9	76.6	92.5
2000	94.2	79.0	74.6	54.2	79.2	82.7	74.5	53.3	48.9	80.0	92.8
2001	84.1	32.2	26.2	23.5	49.3	69.1	58.2	26.1	38.0	49.7	65.7
2002	79.3	46.6	30.7	54.2	62.8	46.9	53.2	26.1	48.9	50.7	87.2
2003	70.0	59.5	79.3	59.1	64.7	41.9	77.7	58.7	46.5	52.5	87.8
2004	88.2	63.5	81.8	59.5	61.9	41.9	76.7	65.2	70.0	49.4	87.3
2005	82.6	68.8	82.2	64.7	60.0	53.7	79.8	55.4	72.0	51.8	89.3
2006	70.9	75.8	71.8	60.4	57.4	48.6	71.2	57.1	81.1	66.5	83.4
2007	65.4	88.4	78.9	62.1	77.6	65.1	85.2	64.5	89.4	74.6	92.8
2008	72.8	90.9	81.1	67.8	76.1	74.8	89.6	65.3	94.8	75.7	88.6
2009	83.7	91.8	83.4	68.5	77.7	81.4	89.6	73.0	91.5	87.1	89.3
2010	82.4	92.0	84.4	69.7	76.4	79.8	90.4	74.3	90.8	88.0	95.8
2011	93.6	93.0	87.1	71.6	74.2	83.4	92.1	75.6	92.1	88.4	96.2
2012	92.2	93.3	88.0	71.4	66.5	29.8	94.1	77.8	92.7	79.7	96.6
2013	94.6	93.1	89.7	74.9	71.5	38.6	93.8	80.2	84.8	89.1	96.4
2014	96.5	94.3	90.9	76.3	76.2	57.1	95.1	83.5	88.8	89.2	96.9
2015	97.8	95.3	92.5	84.1	76.8	80.0	94.7	85.8	86.0	87.3	97.6
2016	97.3	96.1	91.8	85.7	78.8	53.0	94.7	88.2	87.6	90.7	97.9
2017	98.3	96.4	91.2	87.7	75.9	56.8	93.5	90.6	94.2	91.7	98.3

附表15　中国31个省份（不包括港澳台地区）单位电力消费量创造GDP

单位：元

年份	北京	天津	河北	山西	内蒙古	辽宁	吉林	黑龙江	上海	江苏
1999	7.78	7.11	6.05	3.63	5.83	5.52	5.66	6.78	8.36	9.07
2000	8.22	7.27	6.23	3.68	6.05	6.23	6.70	7.13	8.53	8.81
2001	9.27	7.74	6.36	3.64	6.10	6.58	7.19	7.42	8.79	3.77
2002	9.81	7.84	6.23	3.70	6.06	6.74	7.67	7.76	8.89	8.52
2003	10.71	8.43	6.30	3.94	5.74	6.61	7.86	8.22	8.97	8.27
2004	11.76	9.15	6.56	4.29	5.73	6.54	8.40	9.04	9.83	8.24
2005	12.22	10.15	6.67	4.47	5.85	7.25	9.57	9.92	10.03	8.48
2006	13.27	10.29	6.61	4.44	5.59	7.58	10.36	10.40	10.68	8.46
2007	14.76	10.61	6.76	4.47	5.54	8.21	11.42	11.30	11.65	8.81
2008	16.12	13.02	7.64	5.57	6.96	9.68	12.94	12.41	12.36	9.94
2009	16.44	13.67	7.35	5.81	7.56	10.22	14.13	12.47	13.05	10.40
2010	17.43	14.29	7.58	6.30	7.59	10.76	15.02	13.86	13.25	10.72
2011	19.78	16.27	8.21	6.81	7.70	11.94	16.77	15.69	14.33	11.47
2012	20.45	17.85	8.63	6.86	7.87	13.08	18.74	16.54	14.91	11.80
2013	21.69	18.65	8.75	6.91	7.75	13.55	19.95	17.10	15.47	12.06
2014	22.76	19.80	8.88	7.00	7.35	14.04	20.67	17.50	17.21	12.99
2015	24.16	20.66	9.39	7.35	7.01	14.44	21.57	17.36	17.87	13.71
2016	25.16	22.14	9.82	7.26	6.96	10.92	22.13	17.16	18.96	14.18
2017	26.26	23.03	9.88	7.80	5.57	10.96	21.26	17.13	20.06	14.79

续表

年份	浙江	安徽	福建	江西	山东	河南	湖北	湖南	广东	广西
1999	8.90	8.67	9.61	9.56	9.30	6.72	6.52	8.53	8.52	6.82
2000	8.32	8.56	9.38	9.62	8.33	7.03	7.05	8.74	8.05	6.62
2001	8.13	9.03	9.27	9.79	8.32	6.84	7.38	8.71	8.25	6.87
2002	7.92	9.03	8.99	9.94	8.28	6.59	7.50	8.69	8.00	7.07
2003	7.87	8.81	8.51	9.37	8.65	6.59	7.56	8.54	7.80	6.78
2004	8.42	9.23	8.68	10.30	9.16	7.18	8.05	9.15	7.90	7.52
2005	8.17	9.19	8.66	10.35	9.61	7.83	8.35	9.78	8.44	7.81
2006	8.23	9.23	8.75	10.80	9.64	8.11	8.69	10.00	8.85	8.19
2007	8.57	9.57	9.25	11.35	9.93	8.30	9.44	10.60	9.36	8.55
2008	9.24	10.31	10.08	12.77	11.34	9.14	10.70	12.77	10.50	9.32
2009	9.30	10.57	10.78	12.57	11.53	9.36	11.42	12.92	10.94	9.06
2010	9.83	11.47	11.21	13.49	11.88	9.81	12.90	13.69	11.33	9.63
2011	10.37	12.53	11.58	14.01	12.48	10.13	13.53	15.21	12.10	10.54
2012	10.80	12.65	12.47	14.92	13.18	10.77	14.76	16.45	12.35	11.30
2013	10.93	12.58	12.86	15.21	13.53	11.10	15.21	17.30	12.93	11.67
2014	11.46	13.15	12.96	15.43	14.07	11.97	16.53	18.90	12.95	11.98
2015	12.07	13.42	14.03	15.38	12.31	12.85	17.75	19.97	13.71	12.59
2016	12.20	13.60	14.64	15.64	12.62	13.54	18.53	21.10	14.41	13.47
2017	12.35	14.06	15.23	15.46	13.38	14.07	18.98	21.44	15.05	12.82

续表

年份	海南	重庆	四川	贵州	云南	西藏	陕西	甘肃	青海	宁夏	新疆
1999	12.33	5.47	7.89	3.42	6.40	17.66	5.82	3.28	2.23	2.29	5.87
2000	13.73	5.82	7.54	3.58	7.35	16.83	6.16	3.57	2.42	2.17	7.45
2001	13.48	8.96	7.28	3.38	6.67	17.40	6.25	3.68	2.68	2.22	7.54
2002	13.12	9.00	7.15	3.39	6.55	18.00	6.33	3.63	2.71	2.11	7.51
2003	12.61	9.49	7.02	3.57	6.90	18.51	6.40	3.51	2.60	2.10	7.99
2004	12.23	10.03	7.44	3.66	6.78	20.03	6.66	3.74	2.46	1.99	8.29
2005	11.26	9.97	7.83	4.12	6.21	20.73	7.62	3.95	2.63	2.02	8.40
2006	10.91	9.64	8.20	4.02	6.18	22.37	8.17	4.25	2.65	1.92	8.55
2007	11.07	10.41	8.97	4.31	6.40	22.76	8.81	4.40	2.79	2.09	8.52
2008	12.35	11.96	10.41	5.24	6.86	24.68	10.33	4.67	3.25	2.74	8.73
2009	12.37	12.23	10.68	5.21	6.92	24.94	11.04	4.80	3.21	2.92	7.81
2010	12.98	12.65	11.09	5.51	7.19	24.86	11.78	5.12	2.90	3.09	8.21
2011	13.62	13.96	12.01	6.04	7.39	25.49	12.74	5.44	2.98	2.90	7.88
2012	13.58	15.77	13.04	6.55	7.83	25.25	13.55	5.68	3.14	3.16	6.52
2013	13.70	15.72	13.54	7.18	8.11	26.61	14.06	5.90	3.14	3.18	5.48
2014	13.90	16.45	14.16	7.89	8.38	27.10	14.43	6.24	3.18	3.24	4.88
2015	13.60	17.96	15.08	8.94	9.47	25.32	14.75	6.18	3.67	3.32	4.32
2016	14.11	19.18	15.68	9.48	10.48	23.39	14.30	6.76	4.04	3.57	4.17
2017	14.63	19.49	16.77	9.78	10.65	22.53	14.65	6.41	3.82	3.52	4.28

附表16　中国31个省份（不包括港澳台地区）每万人全国普通本专科毕业生数

单位：人

年份	北京	天津	河北	山西	内蒙古	辽宁	吉林	黑龙江	上海	江苏
1999	40.2	19.8	6.0	6.2	4.6	12.1	11.6	8.0	25.5	8.5
2000	39.6	20.5	6.5	6.4	5.2	12.8	11.5	9.3	25.5	10.4
2001	40.9	19.1	6.9	6.7	5.2	14.4	13.0	9.8	26.5	10.9
2002	48.6	27.1	9.4	9.7	6.6	17.3	14.0	12.2	34.0	14.1
2003	57.7	39.9	16.8	12.3	10.5	23.5	19.5	18.1	41.6	18.5
2004	68.2	50.8	21.1	15.4	13.0	27.5	24.0	22.3	50.9	26.6
2005	78.3	63.4	26.6	26.1	16.5	34.2	31.0	26.4	58.2	30.3
2006	84.1	75.4	32.3	31.1	22.8	36.3	37.7	34.2	60.3	34.1
2007	83.9	81.0	35.2	37.2	26.6	39.1	39.9	38.7	63.0	40.4
2008	88.3	88.8	39.0	41.5	30.2	47.0	43.2	44.4	58.1	49.2
2009	85.5	84.3	40.3	44.9	30.9	47.6	46.6	45.6	58.3	53.0
2010	79.9	83.4	41.8	47.3	38.4	50.4	49.6	47.3	59.3	61.1
2011	77.2	81.9	43.1	42.6	38.7	54.0	51.5	51.1	59.8	60.5
2012	75.9	81.7	43.5	45.1	42.3	53.8	53.3	53.2	57.8	59.5
2013	72.1	83.9	45.7	47.9	43.4	54.9	53.2	48.0	55.8	59.8
2014	70.0	82.6	46.8	47.8	44.7	56.4	55.2	48.4	54.7	60.2
2015	71.5	86.2	44.3	52.3	43.0	58.9	57.0	50.7	53.2	60.8
2016	71.5	88.7	45.0	54.3	44.3	60.2	60.1	52.5	54.8	60.3
2017	71.6	89.2	44.0	57.0	46.7	61.5	62.4	52.0	55.5	61.1

续表

年份	浙江	安徽	福建	江西	山东	河南	湖北	湖南	广东	广西
1999	6.0	3.8	6.3	6.0	5.6	4.3	8.3	6.1	5.9	4.3
2000	7.1	4.9	7.2	6.3	6.5	4.9	10.0	7.2	6.1	4.9
2001	7.9	5.6	8.3	6.6	7.7	5.0	10.7	7.9	6.8	5.2
2002	10.3	7.2	10.7	8.3	10.5	7.7	13.8	10.1	9.6	7.0
2003	16.6	10.7	13.7	11.1	12.9	11.7	21.0	14.7	11.9	8.8
2004	21.6	14.3	15.1	15.3	18.2	14.4	25.2	18.0	13.9	10.9
2005	27.5	19.0	18.4	22.8	24.6	17.7	32.6	23.9	17.0	14.3
2006	33.0	23.7	26.8	31.6	29.2	21.5	45.8	29.7	20.9	17.9
2007	36.7	29.7	32.0	47.7	38.4	28.5	47.9	32.2	24.3	22.2
2008	39.2	31.2	35.8	60.3	43.8	32.2	61.7	38.4	28.9	23.1
2009	41.6	33.5	39.0	48.3	45.7	35.3	57.4	39.8	30.9	25.1
2010	43.6	39.2	41.7	50.8	46.6	40.5	57.9	42.6	32.5	29.2
2011	43.7	43.0	46.9	50.5	49.3	46.1	63.2	43.2	34.1	32.6
2012	45.3	44.4	47.8	51.6	49.1	46.3	61.2	46.4	38.3	34.8
2013	44.6	46.6	49.8	53.3	49.0	47.8	62.5	44.2	38.8	36.1
2014	46.1	49.5	50.2	53.0	47.5	47.2	67.3	44.1	41.3	36.7
2015	47.8	47.8	50.9	51.5	48.3	49.2	66.7	44.4	44.2	38.3
2016	49.1	49.9	51.7	55.6	51.4	51.2	67.2	46.5	44.8	39.3
2017	49.2	51.9	52.5	64.2	57.3	52.8	67.0	48.6	46.1	43.3

续表

年份	海南	重庆	四川	贵州	云南	西藏	陕西	甘肃	青海	宁夏	新疆
1999	4.9	6.4	4.4	2.9	3.8	4.2	10.1	5.5	4.9	5.0	6.5
2000	5.2	7.0	5.4	3.7	4.4	3.0	10.1	5.6	4.3	5.7	7.4
2001	4.7	7.6	5.6	4.0	4.6	4.0	11.7	6.6	4.9	5.7	8.4
2002	4.8	9.7	6.5	4.7	5.9	6.4	14.1	8.4	5.3	6.0	8.4
2003	7.0	13.5	9.2	6.6	7.2	6.5	21.7	11.5	9.0	9.5	13.2
2004	9.4	16.0	12.5	8.0	7.9	7.8	31.0	15.3	10.8	12.9	15.5
2005	14.1	18.8	17.1	5.7	10.8	11.6	36.3	19.3	15.2	14.7	18.6
2006	19.1	24.1	21.0	13.1	14.3	13.8	41.5	22.1	15.6	18.0	21.8
2007	22.7	28.2	27.8	14.8	16.1	15.4	49.6	24.2	17.1	22.4	22.3
2008	27.5	35.3	30.5	18.3	17.5	20.1	58.5	29.4	17.6	24.8	25.7
2009	35.9	40.2	30.9	18.0	18.8	28.7	56.9	32.9	18.8	26.4	26.6
2010	42.5	42.8	34.3	21.3	20.8	27.7	63.1	36.1	20.0	30.6	29.3
2011	44.8	45.0	35.9	23.9	23.7	27.0	69.2	38.7	22.2	30.7	29.0
2012	46.4	46.9	35.6	24.5	25.6	28.1	70.8	40.1	20.4	32.2	29.1
2013	49.2	50.3	39.4	25.2	27.4	29.5	67.5	42.3	21.6	34.2	31.1
2014	49.8	55.6	41.7	28.1	30.2	28.9	73.6	45.9	21.9	37.2	29.6
2015	53.2	60.3	44.2	33.2	30.9	29.7	79.2	47.8	22.9	42.5	29.9
2016	53.3	62.6	44.0	33.0	32.0	28.1	84.5	46.0	23.9	43.8	31.0
2017	54.7	64.1	46.6	41.8	36.6	27.0	79.3	47.7	24.6	46.5	32.5

资料来源：中经网统计数据库。

附表 17   全国 31 个省份（不包括港澳台地区）第一产业增加值

单位：亿元

年份	北京	天津	河北	山西	内蒙古	辽宁	吉林	黑龙江	上海	江苏
1978	5.6	5.0	52.2	18.2	19.0	32.4	24.0	41.0	11.0	69
1979	5.2	6.5	61.1	22.7	21.0	40.7	25.3	44.3	11.4	104
1980	6.1	6.5	68.1	20.6	18.0	46.1	27.2	55.3	10.1	94
1981	6.6	5.2	71.0	31.1	27.1	49.1	34.3	57.8	10.6	109
1982	10.3	7.0	85.6	37.3	33.3	54.7	38.4	63.8	13.3	135
1983	12.9	7.6	102	38	36	72	57	79	13.5	150
1984	14.9	11.1	111	46	43	80	60	86	17.3	179
1985	17.8	13.0	120	42	54	75	56	77	19.5	196
1986	19.1	16.5	123	38	55	93	64	93	19.7	224
1987	24.3	19.6	138	39	62	110	81	91	21.6	247
1988	37.1	26.2	162	49	90	142	93	94	27.4	319
1989	38.5	26.9	196	64	89	142	81	94	29.6	324
1990	43.9	27.3	228	81	113	169	125	160	34.2	355
1991	45.8	29.3	237	69	117	181	120	148	34.1	345
1992	49.1	30.3	257	83	127	195	131	167	34.2	394
1993	53.1	35.4	302	97	150	261	156	198	37.8	491
1994	66.8	46.6	452	124	209	319	259	305	47.6	684
1995	72.2	60.8	631	169	260	392	304	371	59.8	866
1996	73.4	67.7	701	198	313	474	376	444	68.7	989
1997	74.0	69.5	762	192	323	474	368	460	72.0	1 036

续表

年份	北京	天津	河北	山西	内蒙古	辽宁	吉林	黑龙江	上海	江苏
1998	74.9	74.1	791	207	342	532	430	429	73.8	1 047
1999	87.5	71.0	806	160	343	521	423	377	80.0	1 004
2000	90.0	73.5	825	180	351	503	399	357	83.2	1 031
2001	93.1	78.6	914	171	359	544	409	409	85.5	1 082
2002	98.1	84.2	957	198	375	590	446	447	88.2	1 119
2003	95.6	89.7	1 064	215	420	616	487	501	90.6	1 106
2004	103	102	1 370	253	506	770	561	588	97	1 315
2005	98	112	1 503	262	590	882	626	685	80	1 461
2006	98	118	1 606	277	650	976	673	738	94	1 545
2007	101	110	1 805	270	762	1 133	784	915	102	1 816
2008	113	123	2 035	302	907	1 302	917	1 089	112	2 100
2009	118	129	2 207	478	930	1 415	981	1 154	114	2 262
2010	124	146	2 563	554	1 095	1 631	1 050	1 303	114	2 540
2011	136	160	2 906	641	1 306	1 916	1 277	1 702	125	3 065
2012	150	172	3 187	698	1 449	2 156	1 412	2 114	128	3 418
2013	162	188	3 500	774	1 599	2 322	1 509	2 517	129	3 646
2014	159	200	3 447	789	1 628	2 286	1 524	2 611	124	3 634
2015	140	209	3 439	783	1 617	2 384	1 596	2 634	110	3 986
2016	130	220	3 493	785	1 637	2 173	1 499	2 670	109	4 077
2017	120	169	3 130	719	1 650	1 902	1 095	2 965	111	4 045
2018	121	173	3 339	741	1 751	2 021	1 161	3 001	105	4 142

续表

年份	浙江	安徽	福建	江西	山东	河南	湖北	湖南	广东	广西
1978	47	54	24	36	75	65	61	60	55	31
1979	68	61	28	49	91	77	85	79	67	38
1980	65	65	32	48	106	93	71	81	83	44
1981	69	88	39	56	132	106	87	93	94	53
1982	85	90	44	64	154	108	102	108	118	63
1983	83	97	47	64	186	143	105	118	121	64
1984	104	116	56	72	222	155	126	128	145	66
1985	124	141	68	84	236	173	144	148	172	77
1986	136	156	72	90	253	179	164	165	188	86
1987	159	176	89	105	287	220	184	187	232	100
1988	196	211	118	119	332	241	215	217	307	118
1989	211	225	136	133	359	290	239	234	352	150
1990	225	246	147	176	425	326	289	279	385	177
1991	245	191	169	183	522	335	279	301	416	195
1992	263	231	195	201	535	354	303	324	466	233
1993	316	286	254	226	597	410	346	384	559	246
1994	439	339	363	314	775	547	501	533	692	330
1995	550	584	465	375	1 010	763	620	685	864	450
1996	595	668	537	440	1 200	938	716	794	935	532
1997	619	736	577	475	1 195	1 009	768	856	978	579

续表

年份	浙江	安徽	福建	江西	山东	河南	湖北	湖南	广东	广西
1998	609	744	610	450	1 216	1 071	778	828	995	574
1999	632	741	629	464	1 221	1 123	654	778	1 021	554
2000	664	732	641	485	1 269	1 162	662	785	1 000	539
2001	695	750	651	506	1 359	1 234	692	826	1 004	563
2002	694	773	665	536	1 390	1 288	707	847	1 033	596
2003	728	733	693	560	1 481	1 240	798	886	1 094	652
2004	816	932	778	712	1 778	1 647	1 020	1 156	1 245	811
2005	893	966	841	727	1 964	1 892	1 082	1 274	1 428	913
2006	925	1 029	896	786	2 139	2 050	1 140	1 332	1 577	1 032
2007	986	1 200	1 002	906	2 509	2 213	1 378	1 627	1 696	1 241
2008	1 095	1 418	1 158	1 060	3 003	2 659	1 780	2 007	1 970	1 454
2009	1 163	1 495	1 183	1 099	3 227	2 765	1 796	1 970	2 010	1 458
2010	1 361	1 729	1 364	1 207	3 588	3 258	2 147	2 326	2 287	1 675
2011	1 583	2 015	1 612	1 391	3 974	3 512	2 569	2 768	2 665	2 047
2012	1 668	2 179	1 777	1 520	4 282	3 770	2 849	3 004	2 847	2 172
2013	1 785	2 348	1 936	1 636	4 743	4 059	3 098	3 099	3 048	2 344
2014	1 777	2 392	2 015	1 684	4 798	4 160	3 177	3 149	3 167	2 413
2015	1 833	2 457	2 118	1 773	4 979	4 210	3 310	3 332	3 346	2 565
2016	1 965	2 568	2 363	1 905	4 929	4 286	3 659	3 578	3 694	2 797
2017	1 934	2 582	2 215	1 835	4 833	4 139	3 529	2 998	3 611	2 878
2018	1 967	2 638	2 380	1 877	4 951	4 311	3 548	3 084	3 838	3 021

续表

年份	海南	重庆	四川	贵州	云南	西藏	陕西	甘肃	青海	宁夏	新疆
1978	9	25	82	19	29	3	25	13	4	3	14
1979	9	29	92	23	32	4	33	13	4	3	16
1980	11	33	102	25	36	5	28	16	5	7	22
1981	13	36	108	30	41	6	35	18	5	5	25
1982	17	41	125	37	47	6	37	20	6	6	28
1983	18	45	138	38	49	6	40	28	6	7	33
1984	20	51	156	46	57	6	51	28	7	8	37
1985	22	54	173	50	66	9	53	33	9	9	43
1986	24	60	181	56	71	8	58	38	10	10	46
1987	29	63	202	66	84	8	68	45	12	10	56
1988	38	75	242	85	103	10	83	53	14	13	72
1989	43	82	263	93	119	10	91	59	16	15	78
1990	46	100	321	100	168	14	106	64	18	17	104
1991	50	109	339	116	169	16	117	67	18	18	112
1992	54	117	372	121	187	17	117	74	20	18	115
1993	77	142	449	133	191	18	148	87	22	21	127
1994	106	196	597	184	236	21	172	104	32	30	188
1995	129	264	662	227	303	23	217	111	40	35	241
1996	141	288	770	255	360	27	251	188	40	43	249
1997	149	307	880	272	387	29	255	190	42	45	280

续表

年份	海南	重庆	四川	贵州	云南	西藏	陕西	甘肃	青海	宁夏	新疆
1998	156	301	912	265	403	31	267	203	43	49	291
1999	173	284	941	268	412	34	268	191	41	48	269
2000	197	283	946	271	436	36	279	193	39	46	288
2001	202	293	982	274	451	37	287	207	43	50	288
2002	229	316	1 028	281	471	40	304	214	45	53	305
2003	248	336	1 129	298	503	41	320	237	46	56	413
2004	284	431	1 394	334	604	43	395	281	58	65	445
2005	301	463	1 481	369	670	48	436	308	65	72	510
2006	344	426	1 595	393	750	51	488	333	70	80	528
2007	361	482	2 032	446	837	55	593	386	83	98	629
2008	438	575	2 366	548	1 021	61	754	463	106	120	691
2009	462	607	2 241	550	1 068	64	790	497	107	127	760
2010	540	685	2 483	625	1 108	69	988	599	135	159	1 079
2011	659	845	2 984	726	1 411	74	1 221	679	155	184	1 139
2012	712	940	3 297	892	1 655	80	1 370	781	177	199	1 321
2013	756	1 017	3 426	1 029	1 895	87	1 526	879	208	223	1 468
2014	810	1 061	3 531	1 280	1 990	92	1 565	901	216	217	1 539
2015	855	1 150	3 677	1 641	2 056	98	1 598	954	209	238	1 559
2016	948	1 303	3 929	1 846	2 195	116	1 694	383	221	242	1 649
2017	963	1 276	4 262	2 032	2 338	123	1 741	360	238	251	1 552
2018	986	1 378	4 427	2 156	2 499	130	1 830	926	268	279	1 692

资料来源：中经网统计数据库。

附表18　　全国31个省份（不包括港澳台地区）第二产业增加值

单位：亿元

年份	北京	天津	河北	山西	内蒙古	辽宁	吉林	黑龙江	上海	江苏
1978	77	58	92	51	26	163	43	107	211	131
1979	85	65	102	63	28	166	49	114	221	141
1980	96	73	106	64	32	192	52	131	236	167
1981	93	77	103	64	32	188	57	132	244	178
1982	100	80	108	70	37	200	60	141	249	186
1983	113	84	115	83	42	220	65	151	255	211
1984	131	96	146	103	48	268	80	175	275	250
1985	154	115	184	120	57	328	97	205	326	340
1986	166	123	207	128	62	358	104	213	336	376
1987	183	138	256	138	40	417	139	262	364	494
1988	221	161	323	163	86	493	174	296	433	587
1989	252	178	375	189	99	545	181	346	466	657
1990	262	181	388	210	102	541	182	363	506	693
1991	292	197	460	236	124	590	203	413	551	794
1992	346	233	573	270	153	742	257	493	677	1 119
1993	420	308	848	335	203	1 039	351	650	902	1 598
1994	518	415	1 053	397	255	1 259	397	850	1 148	2 187
1995	646	519	1 323	494	309	1 390	475	1 049	1 419	2 715
1996	715	609	1 665	600	365	1 538	537	1 271	1 597	3 074
1997	782	676	1 934	708	422	1 744	567	1 433	1 774	3 412

续表

年份	北京	天津	河北	山西	内蒙古	辽宁	吉林	黑龙江	上海	江苏
1998	841	698	2 084	761	459	1 855	586	1 482	1 872	3 640
1999	840	712	2 244	761	515	2 001	672	1 588	1 954	3 920
2000	944	820	2 560	828	556	2 344	800	1 869	2 164	4 436
2001	1 031	905	2 767	918	626	2 441	881	1 999	2 356	4 907
2002	1 117	1 002	3 046	1 084	728	2 610	978	2 169	2 565	5 551
2003	1 312	1 245	3 657	1 389	974	2 899	1 143	2 532	3 131	6 787
2004	1 610	1 560	4 635	1 810	1 332	3 275	1 379	3 155	3 788	8 716
2005	2 027	2 051	5 233	2 353	1 773	3 953	1 581	2 972	4 453	10 355
2006	2 191	2 488	6 115	2 748	2 327	4 730	1 915	3 365	5 028	12 251
2007	2 509	2 893	7 242	3 439	3 155	5 853	2 475	3 696	5 679	14 306
2008	2 693	3 821	8 777	4 266	4 271	7 512	3 065	4 366	6 236	16 664
2009	2 856	3 988	8 960	3 994	5 114	7 906	3 542	4 061	6 002	18 566
2010	3 388	4 840	10 708	5 234	6 368	9 977	4 506	5 204	7 218	21 754
2011	3 752	5 928	13 127	6 635	8 038	12 152	5 611	6 331	7 928	25 203
2012	4 059	6 664	14 004	6 732	8 802	13 230	6 377	6 038	7 855	27 122
2013	4 352	7 277	14 762	6 793	9 084	14 269	6 858	5 918	8 028	29 094
2014	4 545	7 732	15 013	6 294	9 120	14 385	7 287	5 544	8 168	30 855
2015	4 543	7 704	14 387	5 194	9 001	13 042	7 006	4 798	7 991	32 044
2016	4 944	7 571	15 257	5 029	8 554	8 607	7 005	4 401	8 406	34 620
2017	5 327	7 594	15 846	6 779	6 400	9 200	6 999	4 061	9 331	38 655
2018	5 477	7 610	12 904	7 074	6 335	9 049	4 052	3 536	10 361	42 129
2019	5 715	4 969	13 597	7 453	6 819	9 531	4 135	3 615	10 299	44 271

续表

年份	浙江	安徽	福建	江西	山东	河南	湖北	湖南	广东	广西
1978	54	41	28	33	119	69	64	60	87	26
1979	64	45	31	36	128	81	73	68	92	28
1980	84	50	36	41	146	94	92	77	103	31
1981	95	53	40	41	155	96	93	78	120	33
1982	98	60	43	43	166	103	95	83	135	35
1983	113	73	46	49	179	116	107	93	152	37
1984	141	93	56	61	239	136	137	104	188	43
1985	199	118	73	76	293	170	174	127	230	55
1986	231	138	82	84	313	202	188	143	256	69
1987	281	158	101	92	385	230	225	172	330	82
1988	354	201	142	117	497	300	271	221	460	101
1989	386	228	164	131	580	317	300	238	554	110
1990	408	252	174	134	636	332	313	250	616	118
1991	494	280	218	155	746	388	360	282	783	141
1992	653	333	292	199	999	545	445	337	1 100	187
1993	984	445	456	282	1 356	764	538	470	1 705	321
1994	1 398	542	721	338	1 891	1 059	658	590	2 253	470
1995	1 855	660	882	404	2 356	1 395	780	771	2 900	536
1996	2 232	742	1 027	481	2 784	1 678	924	920	3 308	587
1997	2 555	829	1 215	549	3 147	1 861	1 072	1 042	3 704	614

续表

年份	浙江	安徽	福建	江西	山东	河南	湖北	湖南	广东	广西
1998	2 767	921	1 335	608	3 408	1 933	1 199	1 123	4 067	667
1999	2 903	1 279	1 507	758	3 705	2 071	1 888	1 298	4 264	696
2000	3 183	1 296	1 711	701	4 244	2 414	2 124	1 462	4 869	748
2001	3 460	1 415	1 904	788	4 655	2 659	2 314	1 573	5 342	792
2002	3 982	1 552	2 160	952	5 310	2 951	2 446	1 737	5 936	864
2003	4 941	1 781	2 493	1 227	6 657	3 552	2 581	1 794	7 307	1 008
2004	6 045	2 170	2 950	1 596	8 725	4 515	2 995	2 214	8 890	1 288
2005	7 166	2 221	3 200	1 917	10 629	5 514	2 810	2 597	11 340	1 511
2006	8 510	2 648	3 744	2 321	12 751	6 725	3 365	3 152	13 432	1 879
2007	10 148	3 289	4 549	2 841	14 777	8 283	3 967	3 916	15 939	2 425
2008	11 580	4 137	5 416	3 415	17 702	10 478	4 964	4 933	18 403	3 038
2009	11 908	4 905	6 005	3 919	18 902	11 011	6 038	5 687	19 420	3 382
2010	14 298	6 437	7 523	5 123	21 238	13 226	7 767	7 343	23 015	4 512
2011	16 556	8 309	9 069	6 391	24 017	15 427	9 816	9 362	26 447	5 675
2012	17 316	9 405	10 188	6 943	25 736	16 672	11 193	10 506	27 701	6 247
2013	18 447	10 404	11 315	7 671	27 422	17 806	12 172	11 517	29 427	6 863
2014	19 175	11 078	12 515	8 248	28 788	17 817	12 852	12 482	31 420	7 325
2015	19 712	10 947	13 065	8 412	29 486	17 917	13 504	12 811	32 614	7 718
2016	21 195	11 822	14 093	8 830	31 344	19 276	14 654	13 341	35 110	8 274
2017	22 232	12 838	15 354	9 628	32 943	21 106	15 442	14 145	38 008	7 451
2018	23 506	14 094	17 232	10 081	27 524	22 039	17 574	13 904	41 398	6 693
2019	26 567	15 338	20 582	10 940	28 311	23 606	19 099	14 947	43 546	7 077

续表

年份	海南	重庆	四川	贵州	云南	西藏	陕西	甘肃	青海	宁夏	新疆
1978	4	31	66	19	28	2	42	39	8	7	18
1979	4	34	72	22	31	2	45	41	7	7	21
1980	4	38	81	24	34	2	48	40	8	7	21
1981	3	39	83	25	36	2	46	35	7	7	22
1982	4	41	93	27	42	2	50	39	8	7	23
1983	4	44	106	33	47	3	55	43	9	8	29
1984	7	53	122	44	54	3	63	50	10	9	32
1985	9	64	148	50	65	3	82	59	13	12	41
1986	10	71	161	51	71	2	93	65	15	13	46
1987	11	78	188	60	84	2	108	68	17	16	50
1988	14	101	238	79	112	2	139	81	23	20	66
1989	18	116	263	87	138	3	159	92	25	24	74
1990	20	116	313	93	158	4	167	98	27	25	83
1991	25	131	376	102	180	4	198	112	30	28	108
1992	38	165	442	122	219	4	232	129	36	34	148
1993	66	230	580	155	326	5	297	160	48	46	205
1994	83	317	783	195	429	8	364	199	58	56	249
1995	78	412	981	233	535	13	442	257	65	75	284
1996	82	474	1156	255	669	11	514	312	70	81	314
1997	83	540	1265	289	744	17	567	338	77	89	385

续表

年份	海南	重庆	四川	贵州	云南	西藏	陕西	甘肃	青海	宁夏	新疆
1998	91	559	1 324	319	818	20	508	373	85	95	396
1999	96	604	1 557	349	825	24	642	424	98	103	461
2000	102	658	1 700	388	843	27	732	440	114	120	587
2001	111	728	1 757	420	881	32	816	481	132	134	630
2002	125	828	1 982	475	951	33	926	530	154	15	672
2003	151	977	2 266	579	1 069	48	1 134	608	184	192	797
2004	180	1 181	2 690	715	1 314	58	1 417	758	227	239	1 010
2005	220	1 259	3 067	327	1 433	64	1 349	839	265	281	1 165
2006	288	1 501	3 775	981	1 713	80	2 441	1 043	331	350	1 459
2007	364	1 892	4 641	1 148	2 051	98	2 965	1 279	418	452	1 648
2008	434	2 433	5 790	1 409	2 451	116	3 842	1 471	529	581	2 087
2009	443	3 449	6 712	1 477	2 583	137	4 236	1 527	575	662	1 930
2010	571	4 359	8 672	1 800	3 223	164	5 446	1 985	745	828	2 592
2011	715	5 543	11 029	2 194	3 780	209	6 936	2 378	975	1 056	3 226
2012	804	5 975	12 333	2 678	4 419	243	8 074	2 600	1 092	1 159	3 482
2013	871	6 398	13 579	3 244	4 928	293	8 912	2 821	1 204	1 265	3 766
2014	876	6 529	13 962	3 857	5 282	337	9 577	2 926	1 234	1 341	3 949
2015	876	7 069	13 248	4 148	5 416	376	9 082	2 495	1 207	1 380	3 596
2016	906	7 899	13 449	4 670	5 690	429	9 491	2 516	1 250	1 488	3 647
2017	996	8 585	14 328	5 428	6 205	514	10 833	2 562	1 162	1 581	4 331
2018	1 053	8 329	16 057	5 536	7 268	628	11 215	2 762	1 094	1 488	4 657
2019	1 099	9 497	17 365	6 058	7 962	636	11 581	2 862	1 160	1 585	4 796

资料来源：中经网统计数据库。

附表19　　全国31个省份（不包括港澳台地区）第三产业增加值

单位：亿元

年份	北京	天津	河北	山西	内蒙古	辽宁	吉林	黑龙江	上海	江苏
1978	26	20	38	18	13	34	15	27	51	49
1979	30	22	40	21	15	38	17	29	54	53
1980	37	24	45	25	18	43	19	35	66	58
1981	40	26	48	26	19	52	20	38	70	63
1982	45	27	58	32	23	61	23	44	74	70
1983	58	31	66	35	28	72	28	47	83	76
1984	71	40	75	48	37	90	34	57	98	89
1985	86	48	92	57	53	116	47	73	122	117
1986	100	55	106	69	65	155	59	96	135	144
1987	120	62	128	80	80	193	78	102	159	182
1988	152	73	216	105	95	247	103	162	188	303
1989	165	79	252	124	105	317	130	191	201	341
1990	195	102	281	138	104	353	118	192	242	369
1991	262	117	375	163	118	429	140	261	309	462
1992	314	147	448	198	142	537	170	300	403	623
1993	414	195	541	248	184	711	212	350	579	910
1994	561	271	682	306	232	884	281	449	795	1 187
1995	790	353	895	413	288	1 011	358	572	1 020	1 574
1996	1 001	445	1 087	494	346	1 146	434	656	1 292	1 941
1997	1 220	519	1 258	577	409	1 364	529	774	1 593	2 233

续表

年份	北京	天津	河北	山西	内蒙古	辽宁	吉林	黑龙江	上海	江苏
1998	1 461	602	1 381	643	462	1 495	562	863	1 855	2 513
1999	1 247	667	1 520	586	410	1 649	574	932	2 001	2 774
2000	1 445	746	1 704	636	494	1 831	622	1 027	2 304	3 116
2001	1 722	857	1 896	691	560	2 048	743	1 153	2 510	3 522
2002	1 998	965	2 120	736	631	2 253	822	1 266	2 756	3 962
2003	2 256	1 113	2 377	852	756	2 488	892	1 397	3 029	4 567
2004	2 570	1 269	2 763	979	874	2 824	1 018	1 560	3 565	5 372
2005	4 762	1 534	3 361	1 564	1 533	3 173	1 414	1 855	4 621	6 489
2006	5 581	1 753	3 939	1 727	1 814	3 545	1 687	2 086	5 244	7 849
2007	6 743	2 048	4 663	2 025	2 174	4 037	2 025	2 454	6 409	9 619
2008	7 682	2 411	5 377	2 370	2 584	4 647	2 443	2 855	7 350	11 549
2009	9 179	3 405	6 068	2 887	3 697	5 891	2 756	3 372	8 931	13 629
2010	10 601	4 239	7 124	3 412	4 209	6 849	3 111	3 862	9 834	17 131
2011	12 363	5 219	8 483	3 961	5 016	8 159	3 680	4 550	11 143	20 842
2012	13 670	6 058	9 385	4 683	5 631	9 460	4 150	5 540	12 199	23 518
2013	14 986	6 905	10 039	5 036	6 149	10 487	4 614	5 948	13 445	26 422
2014	16 627	7 795	10 961	5 679	7 023	11 956	4 993	6 884	15 276	30 599
2015	18 332	8 625	11 980	6 789	7 214	13 243	5 461	7 652	17 023	34 086
2016	20 595	10 094	13 321	7 237	7 937	11 467	6 273	8 315	19 663	38 692
2017	22 568	10 787	15 040	8 030	8 047	12 307	6 851	8 877	21 192	43 170
2018	27 508	11 027	16 252	8 143	8 055	12 441	6 042	6 309	25 546	46 937
2019	29 543	8 950	17 989	8 749	8 531	13 200	6 305	6 815	27 752	51 065

续表

年份	浙江	安徽	福建	江西	山东	河南	湖北	湖南	广东	广西
1978	23	20	14	18	31	29	26	27	44	19
1979	26	22	15	19	33	32	30	30	51	19
1980	31	26	19	22	40	41	36	34	64	22
1981	41	30	27	24	59	48	40	39	76	28
1982	51	37	31	27	75	52	45	42	86	31
1983	61	46	34	31	96	68	51	46	95	34
1984	77	57	45	36	120	78	65	55	126	41
1985	106	73	60	48	151	108	77	75	176	49
1986	135	89	68	57	176	122	90	89	223	51
1987	166	108	89	66	220	159	109	110	284	60
1988	220	135	123	89	289	209	141	146	389	94
1989	252	163	159	112	355	244	178	168	476	123
1990	271	160	201	119	450	277	222	215	559	154
1991	350	193	233	141	543	323	274	250	695	182
1992	460	238	298	172	663	381	341	326	881	226
1993	626	306	404	215	818	486	442	391	1 206	305
1994	853	439	561	296	1 178	611	542	527	1 674	399
1995	1 153	566	748	391	1 587	830	709	676	2 168	512
1996	1 361	683	920	488	1 900	1 019	860	826	2 592	579
1997	1 513	782	1 079	582	2 195	1 171	1 017	952	3 092	624
1998	1 676	878	1 215	661	2 397	1 299	1 137	1 074	3 469	670

续表

年份	浙江	安徽	福建	江西	山东	河南	湖北	湖南	广东	广西
1999	1 830	889	1 414	740	2 736	1 382	1 316	1 251	3 179	703
2000	2 189	1 010	1 568	817	3 029	1 562	1 490	1 445	3 793	763
2001	2 593	1 125	1 698	882	3 424	1 747	1 656	1 584	4 302	877
2002	3 120	1 244	1 857	963	3 853	1 925	1 823	1 756	4 801	996
2003	3 726	1 459	2 047	1 043	4 298	2 257	2 023	1 958	5 225	1 075
2004	4 382	1 710	2 325	1 189	4 988	2 652	2 395	2 242	5 904	1 220
2005	5 379	2 187	2 527	1 412	5 925	3 181	2 628	2 640	9 598	1 653
2006	6 308	2 472	2 975	1 564	7 187	3 721	3 076	3 085	11 196	1 917
2007	7 646	2 875	3 698	1 754	8 680	4 512	3 886	3 657	13 450	2 289
2008	8 811	3 319	4 250	2 005	10 367	5 271	4 537	4 216	15 324	2 680
2009	9 919	3 662	5 048	2 637	11 768	5 701	5 127	5 403	18 053	2 919
2010	12 064	4 194	5 851	3 121	14 343	6 608	6 053	6 369	20 712	3 383
2011	14 180	4 976	6 879	3 921	17 371	7 992	7 247	7 540	24 098	3 998
2012	15 681	5 628	7 737	4 486	19 996	9 158	8 209	8 644	26 520	4 615
2013	17 337	6 287	8 508	5 031	22 519	10 290	9 399	9 885	29 689	5 171
2014	19 222	7 379	9 526	5 783	25 840	12 962	11 350	11 407	33 223	5 934
2015	21 342	8 602	10 797	6 539	28 537	14 875	12 737	12 760	36 853	6 520
2016	24 092	10 018	12 354	7 765	31 752	16 910	14 352	14 632	42 051	7 247
2017	27 602	11 597	14 613	8 543	34 859	19 308	16 507	16 759	48 086	8 194
2018	30 724	17 279	16 192	10 758	34 175	23 586	20 900	19 341	54 709	9 914
2019	33 688	18 860	19 217	11 760	37 640	26 018	22 921	21 158	59 773	10 772

续表

年份	海南	重庆	四川	贵州	云南	西藏	陕西	甘肃	青海	宁夏	新疆
1978	4	12	37	8	12	1	14	12	4	3	7
1979	4	13	42	10	14	2	17	14	4	4	8
1980	5	15	47	11	14	2	19	18	5	4	10
1981	6	16	51	13	17	2	20	18	6	5	12
1982	8	18	57	15	21	2	25	19	6	6	14
1983	8	22	67	16	23	2	28	21	8	6	17
1984	10	28	80	19	28	5	35	25	9	8	21
1985	12	34	100	24	33	6	46	32	11	9	29
1986	14	40	116	32	40	7	57	37	13	11	37
1987	18	49	141	39	61	8	69	46	15	13	42
1988	24	64	179	48	85	8	93	58	17	17	54
1989	30	80	218	56	106	9	109	66	19	20	65
1990	37	84	257	67	126	10	132	80	25	23	74
1991	46	101	301	79	168	11	154	93	27	26	116
1992	93	138	364	97	213	12	183	115	31	31	140
1993	118	182	456	129	266	14	232	125	39	38	163
1994	143	243	621	146	319	17	303	151	48	50	226
1995	156	340	800	177	385	19	378	190	64	65	290
1996	167	426	946	214	488	26	451	222	74	79	338
1997	180	513	1 096	245	545	31	541	266	84	91	375
1998	195	581	1 238	274	610	40	584	311	93	102	420

续表

年份	海南	重庆	四川	贵州	云南	西藏	陕西	甘肃	青海	宁夏	新疆
1999	208	591	1 214	296	618	47	578	317	100	91	439
2000	219	649	1 364	335	676	54	650	350	111	100	489
2001	233	729	1 683	391	743	69	741	384	126	114	567
2002	250	828	1 865	430	810	89	806	417	142	125	621
2003	271	937	2 062	478	893	96	945	460	160	138	668
2004	305	1 053	2 472	543	1 041	111	1 072	519	181	156	745
2005	374	1 348	2 837	783	1 370	140	1 391	787	213	253	929
2006	421	1 565	3 267	908	1 544	160	1 595	900	241	281	1 058
2007	498	1 748	3 832	1 147	1 853	189	1 909	1 037	282	339	1 247
2008	587	2 088	4 350	1 377	2 228	220	2 256	1 242	327	397	1 426
2009	749	2 474	5 199	1 886	2 520	241	3 144	1 363	399	564	1 588
2010	954	2 881	6 030	2 177	2 892	275	3 689	1 537	471	702	1 767
2011	1 149	3 624	7 014	2 781	3 702	323	4 356	1 964	540	862	2 245
2012	1 340	4 494	8 242	3 283	4 236	378	5 010	2 270	624	983	2 703
2013	1 519	5 242	9 256	3 734	4 898	428	5 608	2 568	689	1 077	3 126
2014	1 815	6 673	11 043	4 129	5 543	492	6 548	3 010	853	1 194	3 786
2015	1 972	7 498	13 128	4 714	6 147	552	7 542	3 341	1 001	1 294	4 169
2016	2 199	8 538	15 556	5 261	6 903	606	8 215	3 701	1 101	1 439	4 354
2017	2 503	9 564	18 390	6 030	7 833	675	9 274	4 038	1 224	1 612	4 999
2018	2 872	10 656	22 418	7 691	11 114	719	10 836	4 416	1 386	1 743	6 460
2019	3 130	12 558	24 443	8 430	12 225	924	11 821	4 805	1 504	1 884	7 020

主要参考文献

[1] 埃德蒙德·菲尔普斯：《结构性衰退：失业、利息和资产的现代均衡理论》，北京：机械工业出版社，2016。

[2] 爱德华·W. 苏贾：《后现代地理学：重申批判社会理论中的空间》，北京：商务印书馆，2004。

[3] 白尹宏：《新经济条件下的三大平衡》，《财贸经济》，1985 年第 6 期。

[4] 保罗·A. 萨缪尔森：《萨缪尔森辞典》，北京：京华出版社，2001。

[5] 彼得·伯奇·索伦森等：《高级宏观经济学导论》，北京：中国人民大学出版社，2012。

[6] 布鲁斯：《从马克思到市场：社会主义对经济体制的求索》，1998。

[7] 蔡昉著：《读懂中国经济》，北京：中信集团出版社，2017。

[8] 蔡晓月：《熊彼特式创新的经济学分析：创新原域、连接与变迁》，上海：复旦大学出版社，2009。

[9] 陈长石、丁胜：《产业结构偏离是否会导致省际经济发展不平衡？》，《财经问题研究》，2017 年第 5 期。

[10] 陈丽锖：《中共中央解决区域经济发展不平衡的策略》，《经贸实践》，2017 年第 2 期。

[11] 陈征：《〈资本论〉解说》（全三卷），福州：福建人民出版社，2017。

[12] 陈征：《劳动和劳动价值论的运用与发展》，北京：高等教育出版社，2005。

[13] 程恩富：《改革开放与中国经济》，北京：中央编译出版社，2018。

[14] 程恩富：《经济理论与政策创新》，北京：中国社会科学出版社，2013。

［15］程恩富：《科学发展与构建和谐的政治经济学观察》，《北京党史》，2007 年第 5 期。

［16］程恩富：《论新常态下的五大发展理念》，《南京财经大学学报》，2016 年第 1 期。

［17］程恩富：《马克思主义及其中国化理论的巨大成就》，《东南学术》，2018 年第 5 期。

［18］程恩富：《社会主义发展三阶段新论》，《江西社会科学》，1992 年第 6 期。

［19］程恩富：《社会主义市场经济论》，北京：中国财政经济出版社，2019。

［20］程恩富：《完善社会主义市场经济体制暨刘国光经济思想研讨会文集》，北京：中国社会科学出版社，2014。

［21］程恩富：《习近平的十大经济战略思想》，《人民论坛》，2013 年第 34 期。

［22］程恩富、胡乐明：《经济学方法论》，上海：上海财经大学出版社，2002。

［23］程恩富、王朝科：《我国基本经济制度的新概括》，《前线》，2020 年第 5 期。

［24］程恩富、周环：《关于划分社会经济形态和社会发展阶段》，《复旦学报（社会科学版)》，1988 年第 1 期。

［25］程恩富、周环：《我国现阶段的生产力状况及国际对比》，《经济问题》，1988 年第 5 期。

［26］程恩富等：《马克思主义政治经济学基础理论研究》，北京师范大学，2017。

［27］程锐：《市场化进程与企业家精神与地区经济发展差距》，《经济学家》，2016 年第 8 期。

［28］池仁勇等：《我国不同区域间物流经济发展的不平衡演进及成因分析》，《统计与决策》，2020 年第 1 期。

［29］储小华：《从熊彼特创新理论看创新驱动发展战略之选择》，《浙江经济》，2014 年第 4 期。

[30] 储小华：《从熊彼特的创新理论看实施创新驱动发展战略之选择》，《统计科学与实践》，2013 年第 7 期。

[31] 戴维·哈维：《正义、自然和差异地理学》，胡大平译，上海：上海人民出版社，2010。

[32] 戴园晨：《促进消费增长战略的选择》，《上海商业》，2004 年第 10 期。

[33] 戴园晨：《积极财政政策与宏观经济调控》，北京：人民出版社，2000。

[34] 戴园晨：《注重公平有利于提高效率、走向共同富裕》，南京理工大学学报，2006 年第 10 期。

[35] 德华·W. 苏贾：《后现代地理学—重申批判社会理论中的空间》，王文斌译，北京：商务印书馆，2004。

[36] 邓金钱、何爱平：《政府主导、市场化进程与城乡收入差距》，《农业技术经济》，2018 年第 6 期。

[37] 董大胜：《坚持和发展财政、信贷、物资三大平衡理论》，《财政研究》，1985 年第 5 期。

[38] 董国辉：《经济全球化与"中心—外围"理论》，《拉丁美研究》，2003 年第 2 期。

[39] 董正平：《非均衡经济理论的演变及对我们的启示》，《首都师大学报（社科版）》，2001 年第 3 期。

[40] 杜凯、周勤：《国家竞争论——富国的遏制与穷国的赶超》，北京：经济科学出版社，2013。

[41] 樊纲：《灰市场理论》，《经济研究》，1988 年第 8 期。

[42] 方在农：《从熊彼特的创新理论说起》，《自然杂志》，2006 年第 4 期。

[43] 冯婷：《从熊彼特创新理论看中国供给侧结构性改革》，《时代金融》，2019 年第 1 期。

[44] 弗朗索瓦·佩鲁：《新发展观》，张宁、丰子义译，北京：华夏出版社，1987。

[45] 付清松：《不平衡发展——从马克思到尼尔·史密斯》，北京：人民出版社，2015。

[46] 高小珣、张燕：《"新组合"与熊彼特的创新理论》，《辽宁行政学

院学报》，2009 年第 10 期。

［47］高志刚：《区域经济差异理论述评及研究新进展》，《经济师》，2002 年第 2 期。

［48］官丹丹：《产业转移理论研究综述》，《北方经济》，2013 年第 4 期。

［49］谷书堂：《谷书堂文集》（上下卷），北京：经济科学出版社，2009。

［50］顾海良：《新编经济思想史》，北京：经济科学出版社，2016。

［51］顾准：《试论社会主义制度下的商品生产和价值规律》，《经济研究》，1957 年第 3 期。

［52］关梦觉：《陈云同志的经济思想》，北京：知识出版社，1984。

［53］郭根山、祝念锋：《马克思主义工业化理论及其中国化进程》，北京：人民出版社，2011。

［54］郭业才：《模糊小波神经网络盲均衡理论算法与实现》，北京：科学出版社，2000。

［55］国家统计局：《中国统计年鉴》（1978－2018），北京：中国统计出版社，1979－2019。

［56］虢佳花：《制度环境、路径选择与经济绩效》，《当代经济管理》，2007 年第 12 期。

［57］郝志强、王学普、孙刚成：《高等教育均衡发展的理论与实践》，北京：科学出版社，2017。

［58］洪银兴：《创新型经济：经济发展的新阶段》，北京：经济科学出版社，2010。

［59］洪银兴：《经济运行的均衡和非均衡分析》，上海：上海三联书店，1988。

［60］侯彬、邝小文：《熊彼特的创新理论及其意义》，《科学社会主义》，2005 年第 4 期。

［61］胡鞍钢等：《习近平经济思想：当代马克思主义政治经济学的重大创新》，《人民论坛》，2016 年第 1 期。

［62］胡代光：《西方经济学大辞典》，北京：经济科学出版社，2000。

［63］胡家勇：《中国道路与中国经济学家》，《经济研究》，2010 年

第 5 期。

[64] 胡乐明:《新制度经济学原理》,北京:中国人民大学出版社,2014。

[65] 黄泰岩:《中国经济热点前沿》,北京:经济科学出版社,2017。

[66] 黄怡胜:《市场化进程对经济增长的推动作用》,《中山大学学报(社会科学版)》,2005 年第 3 期。

[67] 计海庆:《"创新"和"发明"的哲学分野——从熊彼特的创新理论说起》,《理论界》,2008 年第 6 期。

[68] 贾宝军等:《中心—边缘模型 CPM 研究述评》,《陕西理工学院学报》,2006 年第 1 期。

[69] 姜应祥:《对解决我国区域经济发展不平衡的几点思考》,《经济改革与发展》,1997 年第 7 期。

[70] 蒋中一:《动态最优化基础》,曹乾译,北京:中国人民大学出版社,2015。

[71] 久留间鲛造等:《资本论辞典》,天津:南开大学出版社,1989。

[72] 凯恩斯:《就业、利息和货币通论》,南京:译林出版社,2011。

[73] 来昂·瓦尔拉斯:《纯粹经济学要义》,商务印书馆,2009。

[74] 李成勋:《李成勋学案(三篇)》,北京:知识产权出版社,2009。

[75] 李成勋:《李成勋学案(头篇)》,北京:知识产权出版社,2009。

[76] 李成勋:《李成勋学案(续篇)》,北京:知识产权出版社,2009。

[77] 李成勋:《企业发展战略学》,北京:社会科学文献出版社,2012。

[78] 李成勋:《中国经济发展战略》,北京:社会科学文献出版社,2009。

[79] 李琮:《世界经济学大辞典》,北京:经济科学出版社,2000。

[80] 李灵燕:《马克思和熊彼特关于创新与资本主义关系的理论比较》,《经济纵横》,2014 年第 5 期。

[81] 李慕等:《政治经济学方法论框架下的熊彼特创新理论方法分析》,《现代商业》,2018 年第 4 期。

[82] 李世闻:《熊彼特提出创新理论的时间分歧及其成因》,《前沿》,2009 年第 2 期。

［83］李思权：《市场化进程与地区经济发展的差距》，《财经界（学术版）》，2017 年第 1 期。

［84］李向阳：《动态随机一般均衡（DSGE）模型：理论、方法和 Dynare 实践》，北京：清华大学出版社，2018。

［85］李秀辉：《融合、创新与宽容：熊彼特经济理论方法探析》，《当代经济研究》，2011 年第 9 期。

［86］李宜强：《行政分权视角下的省域内经济不平衡发展—以广西为例》，《财会月刊》，2014 年 8 期。

［87］李义平：《创新与经济发展—重读熊彼特的经济发展理论》，《读书》，2013 年第 2 期。

［88］厉以宁：《非均衡的中国经济》，北京：中国大百科全书出版社，2019。

［89］厉以宁：《改革开放以来的中国经济：1978—2018》，北京：中国大百科全书出版社，2018。

［90］厉以宁：《区域发展新思路：中国社会发展不平衡对现代化进程的影响与对策》，北京：经济日报出版社，2000。

［91］梁文森、田江海：《必须遵循按比例发展原则》，《光明日报》，1982 年 11 月 14 日。

［92］林岗、王一鸣、马晓河、刘元春：《中国经济改革与发展研究报告》，北京：中国人民大学出版社，2014。

［93］林毅夫：《解读中国经济：解读新时代的关键问题》，北京：北京大学出版社，2018。

［94］林毅夫：《新结构经济学》（典藏版），北京：北京大学出版社，2017。

［95］刘晨晖：《高房价加剧了省际经济发展不平衡吗?》，《财经问题研究》，2017 年第 2 期。

［96］刘方棫：《生产力经济学教程》，北京：北京大学出版社，1988。

［97］刘方棫：《支撑经济增长——中国消费·储蓄·投资研究》，北京：华文出版社，2001。

［98］刘国光：《共同理想的基石——国有企业若干重大问题评论》，北

京：经济科学出版社，2012。

[99] 刘国光：《关于国民经济综合平衡的一些问题》，《经济研究》，1979 年第 4 期。

[100] 刘国光：《关于社会主义再生产比例和速度的数量关系的初步探讨》，《经济研究》，1962 年第 5 期。

[101] 刘国光：《决定扩大再生产速度的几个基本因素之间的数量关系》，《江汉学报》，1962 年第 3 期。

[102] 刘国光：《刘国光改革论集》，北京：中国发展出版社，2008。

[103] 刘国光：《刘国光经济论著全集》（共 17 卷），北京：知识产权出版社，2017。

[104] 刘国光：《略论持续的高速度》，《经济研究》，1978 年第 3 期。

[105] 刘国光：《论积累对消费资料的需求和消费资料的生产对积累的制约》，《中国经济问题》，1962 年第 1 期。

[106] 刘国光：《社会主义市场经济理论问题》，北京：中国社会科学出版社，2013。

[107] 刘国光：《社会主义再生产问题》，三联书店，1980。

[108] 刘国光：《中国经济体制改革的方向问题》，北京：社会科学文献出版社，2015。

[109] 刘国光：《中国经济体制改革的模式研究》，北京：中国社会科学出版社，2009。

[110] 刘国光：《中国社会主义经济的两大变动》，《中国社会科学院研究生院学报》，1986 年第 6 期。

[111] 刘国光、戴园晨：《不宽松的现实和宽松的实现——双重体制下的宏观经济管理》，经济管理出版社，2007。

[112] 刘国光、王洛林、李京文：《中国经济前景分析》，社会科学文献出版社，2006。

[113] 刘鹏飞：《马克思主义不平衡发展理论与全球治理观重塑》，《福建师范大学学报》，2019 年第 4 期。

[114] 刘彦奎、陈艳菊、杨国庆：《平衡优化理论与应用》，北京：科学出版社，2019。

［115］刘一璇：《我国区域经济发展不平衡现象探究》，《现代商业》，2019 年第 6 期。

［116］柳卸林等：《寻找创新驱动发展的新理论思维——基于新熊彼特增长理论的思考》，《管理世界》，2017 年第 12 期。

［117］卢卡斯：《为何资本不从富国流向穷国》，南京：江苏人民出版社，2005。

［118］鲁克波尔、克莱茨希编：《应用时间序列计量经济学》，北京：机械工业出版社，2008。

［119］鲁钊阳：《中国城乡金融非均衡发展的理论与实证研究》，北京：人民出版社，2015。

［120］罗兰、张帆：《转型与经济学》，北京：北京大学出版，2002。

［121］罗斯·M. 斯塔尔：《一般均衡理论》，上海：上海财经大学出版社，2000。

［122］罗斯托：《富国与穷国》，北京：北京大学出版社，1990。

［123］《马克思恩格斯全集》（第十九卷），北京：人民出版社，2001。

［124］《马克思恩格斯全集》（第四十六卷），北京：人民出版社，1979。

［125］《马克思恩格斯全集》（第一卷），北京：人民出版社，1956。

［126］《马克思恩格斯全集》第二卷，北京：人民出版社，1995。

［127］《马克思恩格斯全集》第十二卷，北京：人民出版社，1962。

［128］《马克思恩格斯全集》第十九卷，北京：人民出版社，1963。

［129］《马克思恩格斯选集》第一卷，北京：人民出版社，1995。

［130］马寅初：《联系实际来谈谈综合平衡和按比例发展规律》，《人民日报》，1956 年 12 月。

［131］马寅初：《联系实际再来谈谈综合平衡和按比例发展规律》，《人民日报》，1957 年 5 月。

［132］麦金农：《经济市场化的次序—向市场经济过渡时期的金融控制》，上海：格致出版社，2014。

［133］明媚：《马克思与熊彼特创新理论比较研究》，《赤子》，2015 年 6 月。

［134］纳克斯：《不发达的国家资本形成问题》，北京：商务印书馆，1953。

[135] 尼·伊·布哈林：《辩证法概论》，重庆：重庆出版社，2015。

[136] 尼·伊·布哈林：《过渡时期经济学》，重庆：重庆出版社，2015。

[137] 潘敏、罗霄、缪海斌：《中国经济不平衡的主要原因》，《经济研究参考》，2012 年第 36 期。

[138] 庞元正：《对"协调发展"的正确解读》，《决策探索》，2012 年 9 月。

[139] 培元秀、杨荣坤：《陈云财政论浅谈》，北京：新华出版社，1984。

[140] 裴森森：《熊彼特创新理论与新发展观》，《盐城工学院学报》，2005 年第 12 期。

[141] 秦华：《我国区域经济发展不平衡问题研究》，《现代商业》，2020 年第 4 期。

[142] 让·帕斯卡·贝纳西：《不完全竞争与非市场出清的宏观经济学》，上海：格致出版社，2015。

[143] 萨米尔·阿明：《世界规模的积累——欠发达理论批判》，社会科学文献出版社，2008。

[144] 沈肇章、陈酉晨：《财政科技投入、全要素生产率与经济发展不平衡》，《科技管理研究》，2020 年第 3 期。

[145] 施琳：《差异、差距与不平衡发展》，《中央民族大学学报（社会科学版)》，1998 年第 3 期。

[146] 史蒂文·泰迪里斯：《博弈论导论》，北京：中国人民大学出版社，2015。

[147] 史蒂文．N. 杜尔劳夫、劳伦斯：《新帕尔格雷夫经济学大辞典》（第 1 卷），北京：中国经济出版社，2016。

[148] 史蒂文．N. 杜尔劳夫、劳伦斯：《新帕尔格雷夫经济学大辞典》（第 2 卷），北京：中国经济出版社，2016。

[149] 史蒂文．N. 杜尔劳夫、劳伦斯：《新帕尔格雷夫经济学大辞典》（第 3 卷），北京：中国经济出版社，2016。

[150] 史蒂文．N. 杜尔劳夫、劳伦斯：《新帕尔格雷夫经济学大辞典》

（第 4 卷），北京：中国经济出版社，2016。

［151］斯蒂格利茨：《社会主义向何处去—经济体制转型的理论与证据》，1998。

［152］宋德勇：《改革以来中国经济发展的地区差距状况》数量经济技术经济研究，1998 年 3 月。

［153］宋民冬：《市场化进程与地区经济发展差距分析》，《经贸实践》，2017 年第 5 期。

［154］苏晓芳：《比较马克思平衡分析法与西方经济学均衡分析法》，《科技信息》，2007 年第 8 期。

［155］苏星：《苏星经济论著全集》，北京：知识出版社，2016。

［156］孙海刚：《市场化进程中的中国地区经济差距成因研究》，《财经研究》，2007 年第 9 期。

［157］孙千惠：《熊彼特视野下的创新理论对经济发展的启示》，《山东省农业管理干部学院学报》，2010 年第 7 期。

［158］孙晓华、李明珊、王昀：《市场化进程与地区经济发展差距》，《数量经济技术经济研究》，2015 年第 6 期。

［159］孙冶方：《社会主义经济的若干理论问题》，北京：人民出版社，1979。

［160］孙冶方：《社会主义经济论稿》，北京：商务印书馆，2015。

［161］孙冶方：《什么是生产力以及关于生产力定义问题的几个争论》，《经济研究》，1980 年第 1 期。

［162］孙冶方：《孙冶方文集》，北京：知识产权出版社，2018。

［163］孙冶方：《谈谈搞好综合平衡的几个前提条件》，《经济研究》，1981 年第 3 期。

［164］孙冶方：《政治经济学也要研究生产力》，《社会科学》，1979 年第 4 期。

［165］汤姆·齐格弗里德：《纳什均衡博弈论》，北京：化学工业出版社，2011。

［166］田国立：《全球经济不平衡复苏，亟需合作探寻新动力》，《国际金融研究》，2015 年第 1 期。

[167] 田卫民：《中国市场化进程对收入分配影响的实证分析》，《当代财经》，2012 年第 10 期。

[168] 童宁：《农村扶贫资源传递过程研究》，北京：人民出版社，2009。

[169] 汪海波：《对陈云稳定发展中国经济思想的历史考察》，《经济研究》，1995 年第 6 期。

[170] 汪前元、陈辉：《市场化进程与劳动收入占比》，《中国软科学》，2016 年第 9 期。

[171] 王聪等：《创新驱动发展战略的理论解释：马克思与熊彼特比较的视角》，《当代经济研究》，2016 年第 7 期。

[172] 王杰：《陈云的经济决策论探讨》，《西部民族学院学报》，2001 年第 4 期。

[173] 王杰：《陈云经济思想新论》，北京：中央文献出版社，2001。

[174] 王堃：《熊彼特创新理论及其对我国经济发展的启示》，《新西部（理论版）》，2013 年第 5 期。

[175] 王蕾、曹希敬：《熊彼特之创新理论的发展演变》，《科技和产业》，2012 年第 6 期。

[176] 王琴梅：《分享改进论——转型期区域非均衡协调发展的机制研究》，北京：人民出版社，2007。

[177] 王儒化、张新安：《马克思主义政治经济学辞典》，北京：中国经济出版社，1992。

[178] 王亚南：《中国经济原论》，北京：中国大百科全书馆，2011。

[179] 王艳、陈江春、王江：《新疆产业结构与就业结构协调发展研究》，经济科学出版社，2019。

[180] 王钰等：《社会主义经济建设的若干基本原理——学习陈云同志的经济论著》，北京出版社，1982。

[181] 王振中：《20 世纪西方马克思主义经济学发展轨迹》，《经济学动态》，2003 年第 12 期。

[182] 王振中：《产权理论与经济发展》，北京：社会科学文献出版社，2005。

［183］王振中:《当前的收入分配差距问题不容忽视》,《经济经纬》, 2004 年第 11 期。

［184］王振中:《对产权理论若干问题的全新探讨》,《经济学动态》, 2005 年第 3 期。

［185］王振中:《对当前中国毒品问题的经济学分析》,《经济学研究》, 2000 年第 6 期。

［186］王振中:《发展生产力的几个关键点》,《中共石家庄市委党校学报》, 2001 年第 2 期。

［187］王振中:《高度警惕收入分配不平等对经济增长的负面影响》, 《经济研究参考》, 2006 年第 1 期。

［188］王振中:《共和国经济社会发展与展望》,北京:社会科学文献出版社, 2010。

［189］王振中:《关于新世纪的政治经济学研究的几点想法》,《天津社会科学》, 2000 年第 1 期。

［190］王振中:《关于转型经济理论研究的若干问题》,《重庆工商大学学报》, 2007 年第 2 期。

［191］王振中:《国际货币基金组织专家谈宏观经济管理》,《经济学动态》, 1978 年第 4 期。

［192］王振中:《国内价格与国际市场价格的关系》,《经济研究》, 1985 年第 9 期。

［193］王振中:《汇价水平的变化与对外经济的发展》,《经济研究》, 1986 年第 5 期。

［194］王振中:《经济全球化的理论思考》,《经济学动态》, 2001 年第 5 期。

［195］王振中:《经济危机与可持续发展》,北京:社会科学文献出版社, 2011。

［196］王振中:《跨越"中等收入陷阱"——由中等收入国家迈向高收入国家》,北京:社会科学文献出版社, 2013。

［197］王振中:《深化对股份制经济内在逻辑的认知》,《施工企业管理》, 1998 年第 7 期。

［198］王振中:《市场经济的分配理论研究》,北京:社会科学文献出版

社，2004。

［199］王振中：《市场经济下的政府职能》，北京：社会科学文献出版社，2009。

［200］王振中：《市场经济制度与区域优惠政策可以并存》，《经济管理》，1996年第8期。

［201］王振中：《外商在对华技术转让中的控制手段》，《经济学动态》，1991年第12期。

［202］王振中：《稳定发展经济的几个基本问题》，《经济学动态》，1990年第2期。

［203］王振中：《中国"三资企业"的工资收入及人力资源配置》，《经济研究》，1995年第9期。

［204］王振中：《中国经济的长期发展》，北京：社会科学文献出版社，2008。

［205］王振中：《中国转型经济的政治经济学分析》，北京：中国物价出版社，2002。

［206］王振中：《转型经济理论研究》，北京：中国市场出版社，2006。

［207］王振中、胡家勇：《深化经济体制改革》，北京：社会科学文献出版社，2014。

［208］王振中、胡家勇：《完善社会主义市场经济体制》，社会科学文献出版社，2015。

［209］王振中、胡家勇：《中国经济新常态：动力、结构与制度》，中国社会科学出版社，2016。

［210］王振中、裴小革：《论剩余价值理论的学术价值及其发展依据》，《经济研究》，2002年第6期。

［211］王振中、诸建芳：《外国投资对中国经济增长的影响》，《科技智囊》，1996年第9期。

［212］王琢、黄菊波：《国力论》，北京：中国财政经济出版社，1981。

［213］卫兴华：《关于经济运行的平衡态和非平衡态问题》，《江西社会科学》，1987年第12期。

［214］卫兴华：《论社会主义共同富裕》，《经济纵横》，2013年第1期。

［215］卫兴华：《应准确解读我国新时代社会主要矛盾的科学内涵》，《马克思主义研究》，2018 年第 9 期。

［216］卫兴华：《中国特色社会主义经济理论的发展与回顾》，北京：中国财政经济出版社，2018。

［217］卫兴华、洪银兴、刘伟、黄泰岩：《社会主义经济理论研究集萃》，北京：经济科学出版社，2018。

［218］卫兴华、洪银兴、魏杰：《论总供给与总需求平衡》，《管理世界》，1986 年第 12 期。

［219］吴敬琏：《中国经济改革进程》，北京：中国大百科全书出版社，2018。

［220］吴庆军、黄禄梅：《新发展格局下日照如何构造双循环战略支点》，《企业科技与发展》，2021 年 10 月。

［221］吴庆军、王振中：《论新常态下中国对美国经济的追赶与超越》，《当代经济研究》，2018 年第 9 期。

［222］吴庆军、王振中：《中国共产党百年目标：全面建成小康社会的世界坐标》，《财经科学》，2021 年 7 月。

［223］吴庆军、王振中等：《改革开放以来我国人均收入变化分析及未来发展预测》，《华东经济管理》，2018 年第 12 期。

［224］吴庆军等：《新发展格局下的物流效率影响因素的研究》，《海派经济学》，2023 年第 6 期。

［225］吴树青：《正确认识和运用生产资料优先增长的原理》，《经济理论与经济管理》，1981 年第 5 期。

［226］吴树青、胡乃武：《模式·运行·调控》，北京：中国人民大学出版社，2020。

［227］吴微、苟大金：《略论陈云的综合平衡理论》，北京：中央文献出版社，1996。

［228］吴易风：《经济哲学和苏联经济学范式》，《经济学动态》，2004 年第 3 期。

［229］习近平：《辩证唯物主义是中国共产党人的世界观和方法论》，《求是》，2019 年第 1 期。

[230] 习近平：《坚持、完善和发展中国特色社会主义国家制度与法律制度》，《求是》，2019 年第 23 期。

[231] 习近平：《推动形成优势互补高质量发展的区域经济布局》，《求是》，2019 年第 24 期。

[232] 习近平：《在黄河流域生态保护和高质量发展座谈会上的讲话》，《求是》，2019 年第 20 期。

[233] 习近平：《在深入推动长江经济带发展座谈会上的讲话》，《求是》，2019 年第 17 期。

[234] 向巧玲：《中国经济发展进程中的地域不平衡性分析》，《实事求是》，2017 年第 3 期。

[235] 谢富胜、巩潇然：《资本积累驱动下不同尺度地理空间的不平衡发展——史密斯马克思主义空间理论探讨》，《地理学报》，2018 年第 8 期。

[236] 熊远光：《基于熊彼特创新理论的经济危机应对措施探析》，《学术论坛》，2009 年第 5 期。

[237] 徐逢贤、王振中、吴瑞祥：《地区经济发展差距与未来对策选择》，《当代经济研究》，1997 年第 3 期。

[238] 徐光春：《马克思主义大辞典》，北京：崇文书局出版社，2020。

[239] 许涤新：《政治经济学辞典》（上），北京：人民出版社，1980。

[240] 许涤新：《政治经济学辞典》（下），北京：人民出版社，1980。

[241] 许涤新：《政治经济学辞典》（中），北京：人民出版社，1996。

[242] 薛婧、张梅青：《市场化进程、铁路基础设施与区域经济增长》，《华东经济管理》，2018 年第 12 期。

[243] 薛婧、张梅青：《市场化进程、铁路基础设施与区域经济增长》，《华东经济管理》，2018 年第 2 期。

[244] 亚当·斯密：《道德情操论》，商务印书馆出版社，2015。

[245] 亚当·斯密：《国富论》，山西经济出版社，2010。

[246] 阎大颖：《中国各地区市场化进程差异对收入分配的影响》，《上海财经大学学报》，2007 年第 10 期。

[247] 阎大颖：《中国市场化进程与区域收入差异》，《山西财经大学学报》，2007 年第 9 期。

［248］杨白冰：《县域经济发展不平衡的现状及对策》，《中国经贸导刊》，2019 年第 5 期。

［249］杨晓猛：《转型国家市场化进程测度的地区差异分析》，《世界经济研究》，2006 年第 1 期。

［250］伊曼纽尔·沃勒斯坦：《现代世界体系》，北京：高等教育出版社，1998。

［251］有林、赵少平、王梦奎：《我国经济建设中的若干原则问题》，北京：中国社会科学出版社，1981。

［252］于光远：《经济，社会发展战略》，北京：中国社会科学出版社，1984。

［253］于光远：《发展生产力是衡量组织创新的唯一标准》，《中国农村经济》，1988 年第 10 期。

［254］于光远：《有关生产力经济学的两个问题》，《生产力研究》，1987 年第 3 期。

［255］于光远：《中国地区经济社会发展战略选编》，北京：中国财政经济出版社，1990。

［256］于光远：《中国社会主义初级阶段的经济》，北京：中国财政经济出版社，1991。

［257］袁志刚：《非瓦尔拉均衡理论及其在中国经济中的应用》，上海：格致出版社，2019。

［258］约瑟夫·熊彼特：《经济发展理论》，北京：商务印书馆，2019。

［259］约瑟夫·熊彼特：《熊彼特经济学全集》，台海出版社，2018。

［260］《资本论》（第二卷），北京：人民出版社，2004。

［261］《资本论》（第三卷），北京：人民出版社，2004。

［262］《资本论》（第一卷），北京：人民出版社，2004。

［263］曾天雄：《布哈林平衡论的哲学思想研究（上）》，《湘南学院学报》，2006 年第 12 期。

［264］张海芳：《从熊彼特的理论视角浅谈中国技术创新》，《中国集体经济》，2013 年第 6 期。

［265］张建清、刘家君、魏伟：《市场化进程与中国经济的不平衡增

长》，《武汉大学学报》，2014 年第 7 期。

[266] 张立毅：《高阶谱盲均衡理论、算法与应用》，北京：清华大学出版社，2016。

[267] 张林：《演化经济学的技术创新理论：制度主义与熊彼特的综合》，《学习与探索》，2015 年第 2 期。

[268] 张敏：《非均衡：当代中国政治发展的动力与逻辑》，北京：中国社会科学出版社，2016。

[269] 张茉楠：《提高对当前宏观经济不平衡性风险的认识》，《金融与经济》，2014 年第 1 期。

[270] 张岩森：《试析陈云的平衡经济理论》，《高校理论战线》，1995 年第 5 期。

[271] 张志会：《对熊彼特创新理论复兴的述评》，《理论界》，2009 年第 10 期。

[272] 赵文军、于津平：《市场化进程与我国经济增长方式》，《南开经济研究》，2014 年第 6 期。

[273] 郑光凤、柳剑平、程时雄：《世界经济不平衡的主要成因》，《理论月刊》，2018 年 11 期。

[274] 中共中央文献研究室编：《十六大以来重要文献选编》，北京：中央文献出版社，2005。

[275] 中国社会科学院语言研究所此地编辑室编：《现代汉语词典》（第 6 版），北京：商务印书馆，2014。

[276] 忠哥：《波动平衡理论》，海口：南方出版社，2000。

[277] 周靖祥：《中国社会与经济不平衡发展测度与治理方略研究》，《数量经济技术经济研究》，2018。

[278] 周述实：《市场化进程中城乡产业协调发展的几个重要关系》，《甘肃社会科学》，1996 年第 12 期。

[279] 周文：《中国道路与中国经济学》，《经济学家》，2018 年第 7 期。

[280] 朱传国：《区域经济发展——理论、策略、管理与创新》，北京：人民出版社，2007。

[281] 祝君红：《不平衡增长与中国经济增长关系的实证分析》，《金融

经济》，2006 年第 8 期。

［282］Allier Montano, Emilio. Revolution and State in Modern Mexico: The Political Economy of Uneven Development. Revista Mexicana De Ciencias Politicas Y Sociales, Volume 8, Pages: 277 – 282: MAY-AUG 2013.

［283］Anthony O'Hara, Phillip. Principles of Political Economy Applied to Policy and Governance: Disembedded Economy, Contradictions, Circular Cumulation and Uneven Development.

［284］A. S. Bhalla, Concepts and Measurement of Uneven Development, Uneven Development in the Third World (1992).

［285］Christina Bache. Mutual Economic Interdependence or Economic Imbalance: Turkish Private Sector Presence in the Kurdistan Region of Iraq. Middle East Critique, 2018, 27 (1) .

［286］Ding, Xiaoqin; Yin, Xing. The uneven and crisis-prone development of capitalism: A statement of the tenth forum of the world association for political economy. World Review of Political Economy; London Vol. 6, Iss. 4, (Winter 2015): 580 – 582.

［287］D'Costa, Anthony P. Geography, uneven development and distributive justice: the political economy of IT growth in India. Cambridge Journal of Regions Economy and Society. Volume 4, Pages 237 – 251.

［288］Fan, CC . The political economy uneven development: the case of China. PROGRESS IN HUMAN GEOGRAPHY, Volume, SEP 2001, Pages 517 – 519.

［289］George C. S. Lin, Zhumin Xu, Remaking China's urban space of the spectacle: Mega-events, temporary growth, and uneven spatial transformation in Shanghai Geoforum, Volume 102, June 2019, Pages 126 – 136.

［290］Gore, LLP. The political economy of uneven development: The case of China. CHINA JOURNAL, Volume 44, JUL 2000, Pages 186 – 187.

［291］G. Q. Chen, X. D. Wu, Jinlan Guo, Jing Meng, Chaohui Li. Global overview for energy use of the world economy: Household-consumption-based accounting based on the world input-output database (WIOD) Energy Economics, Volume 81, June 2019, Pages 835 – 847.

［292］ Heterodox Political Economy Specialization and Interconnection-Concepts of Contradiction, Heterogeneous Agents, Uneven Development.

［293］ Hongjuan Zhang, Michael N. Young, Justin Tan, Weizheng Sun, How Chinese companies deal with a legitimacy imbalance when acquiring firms from developed economies, Journal of World Business, Volume 53, Issue 5, November 2018, Pages 752 – 767.

［294］ Hu, Wuyang. China's Economic Development: Institutions, Growth and Imbalances.

［295］ J Agnew . The new global economy: time-space compression, geopolitics, and global uneven development. -journal of world-systems research, 2001 .

［296］ James K. Galbraith. Uneven Development and the Destabilisation of the North: A Keynesian view, The Relevance of Keynesian Economic Policies Today (1997).

［297］ Jesse Rodenbiker, Uneven incorporation: Volumetric transitions in peri-urban China's conservation zones.

［298］ John G. The Sociology of Development-Unfounded Axioms: The Restricted and Uneven Development of Third World Economies. Taylor in From Modernization to Modes of Production (1979).

［299］ Kalinowski, Thomas. Global economic imbalances and the "defects" of the East Asian development model. International Politics Volume 52, NOV 2015, Pages 760 – 778.

［300］ Li Sheng. Explaining US-China economic imbalances: a social perspective. Cambridge Review of International Affairs, 2016, 29 (3) .

［301］ Li, Xin; Guan, Yang. Assessing the Regional Imbalance between Environment and Economic Development within China. International Conference on Energy Development and Environmental Protection (EDEP): AUG 17 – 19, 2018.

［302］ Makki, Fouad . Post-Colonial Africa and the World Economy: The Long Waves of Uneven Development. Journal of World-systems Research, Volume 21, WIN-SUM 2015, Pages SI: 124 – 146.

［303］ Manuel A. Rivera. The synergies between human development, economic growth, and tourism within a developing country: An empirical model for Ecuador, Journal of Destination Marketing & Management, Volume 6, Issue 3, September 2017, Pages 221 – 232.

［304］ Martin Sokol, Financialisation, financial chains and uneven geographical development: Towards a research agenda Research in International Business and Finance, Volume 39, Part B, January 2017, Pages 678 – 685.

［305］ Mike Savage, Alan Warde . Cities and Uneven Economic Development, Urban Sociology, Capitalism and Modernity (1993).

［306］ Minghong Tan, Uneven growth of urban clusters in megaregions and its policy implications for new urbanization in China Land Use Policy, Volume 66, July 2017, Pages 72 – 79.

［307］ O'Hara, Phillip Anthony. Political economy of climate change, ecological destruction and uneven development. Ecological Economics . Volume 69, DEC 15 2009, Pages: 223 – 234.

［308］ Paloma Taltavull de La Paz. Housing markets and European economic imbalances. Journal of European Real Estate Research, 2016, 9 (1) .

［309］ Phelps, Nicholas A, Wood, Andrew . Promoting the global economy: The uneven development of the location consulting industry. Environment and Planning A-economy and Space, Volume 50. SEP 2018. Pages: 1336 – 1354.

［310］ Political economy of climate change, ecological destruction and uneven development Ecological Economics, Volume 69, Issue 2, 15 December 2009, Pages 223 – 234.

［311］ Raoul Bianchi, The political economy of tourism development: A critical review, Annals of Tourism Research, Volume 70, May 2018, Pages 88 – 102.

［312］ Ray Hudson, John Pickles. Geographical Uneven Development and Regional Futures: A Conversation.

［313］ Rory Padfield, Mun Hou Tham, Sophie Costes, Laurence Smith. Uneven development and the commercialisation of public utilities: A political ecology analysis of water reforms in Malaysia, Utilities Policy, Volume 40, June 2016, Pages 152 – 161.

[314] R. Hudson, Uneven Regional Development International Encyclopedia of Human Geography, 2009, Pages 18 – 23.

[315] Sanwei He, Felix Haifeng Liao, Guangdong Li, A spatiotemporal analysis of county economy and the multi-mechanism process of regional inequality in rural China Applied Geography, Volume 111, October 2019, Article 102073.

[316] Sevil Acar, A. Erinç Yeldan. Investigating patterns of carbon convergence in an uneven economy: The case of Turkey Structural Change and Economic Dynamics, Volume 46, September 2018, Pages 96 – 106.

[317] Sheppard, Eric. Trade, globalization and uneven development: Entanglements of geographical political economy. PROGRESS IN HUMAN GEOGRAPHYn Volume 36, Pages: 44 – 71 FEB 2012.

[318] Smith N, "Uneven Development Redux", New Political Economy, Vol. 16, No. 2, 2011.

[319] Stahler-Sholk, Richard. Revolution and State in Modern Mexico: The Political Economy of Uneven Development. Bulletin of Latin American Research, Volume 33, Pages: 247.

[320] Stephanie Fernhaber, Dan Li, Aiqi Wu, Internationalization of emerging-economy new ventures: The role of within-country differences Business Horizons, Volume 62, Issue 4, July-August 2019, Pages 497 – 507.

[321] Terry K. Marsden, Jonathon Murdoch, Sarah Williams. Regulating agricultures in deregulating economies: Emerging trends in the uneven development of agriculture Geoforum, Volume 23, Issue 3, 1992, Pages 333 – 345.

[322] The new economy and uneven geographical development: towards a more holistic framework for economic geography. D Perrons-Economic Geography Research Group Working Paper, 2000-Citeseer.

[323] The Theory of Economic Growth: From Steady States to Uneven Development.

[324] Thomas Kalinowski. Second image IPE: Global economic imbalances

and the "defects" of the East Asian development model [J]. International Politics, 2015, 52 (6).

[325] Timothy M. Shaw. Prospective: Minimal Growth and Uneven Development, Towards a Political Economy for Africa (1985).

[326] Woodward, D. The political economy of uneven development: The case of China. Australian Journal of Political Science. Volume 35, NOV 2000, Pages 556 –556.

[327] Woodward, Dennis. The Political Economy of Uneven Development: The Case of China. Australian Journal of Political Science; Abingdon Vol. 35, Iss. 3 (Nov 2000): 556.

[328] Zengliang Luo, Qiting Zuo, Evaluating the coordinated development of social economy, water, and ecology in a heavily distubed basin based on the distributed hydrology model and the harmony theory, Journal of Hydrology, Volume 574, July 2019, Pages 226 –241.

[329] Zhang Zhenjia. Study on Imbalance Development of China's Economic Growth and Income Distribution, International Conference on Modern Economic Technology and Management (ICMETM), MAR 22 –23, 2014.

[330] Zhang, Dong Dong. China's Economic Development: Institutions, Growth and Imbalances, Asian-pacific Economic Literature. Volume 28, MAR 2014, Pages 206 –207.

[331] Zhang, LY. The political economy of uneven development: The case of China, Third World Planning Review. Volume 23, NOV 2001, Pages 452 –453.

[332] Zhun Xu, Decollectivization, Collective Legacy, and Uneven Agricultural Development in China World Development, Volume 98, October 2017, Pages 290 –299.

致　谢

　　本书的顺利出版首先要感恩我的博士导师，王振中教授，国内第四代马克思主义经济学家代表人物之一、中国社会科学院研究员、中国社会科学院大学博士生导师、经济学博士，中国社会科学院经济研究所时任副所长、《经济学动态》原主编、社长，曾在中国的马克思主义政治经济学处于低谷时期，坚持连续 17 年主编《政治经济学研究》，为政治经济学在中国的发展作出了重大贡献。

　　感谢我的师爷，一百岁的刘国光老教授，中国著名权威马克思主义经济学家，时任中国社会科学院副院长，经济所所长，是我的博士生导师王振中教授的导师，是中国马克思主义政治经济学界一面光辉旗帜和马克思主义经济学理论界泰斗。

　　感谢卫兴华老教授，中国人民大学已故教授，著名马克思主义经济学家，"人民教育家"国家荣誉称号与"最美奋斗者"荣誉称号获得者。

　　感谢程恩富教授，中国社会科学院学部委员，中国社会科学院大学首席教授。

　　感谢顾海良教授，北京大学博雅教授，全国人大常委会教科文卫委员会委员。

　　感谢李成勋教授，中国社会科学院大学教授，国内《资本论》研究权威专家。

　　感谢周新城教授、李慎明教授、候惠勤教授、左大培教授、辛向阳教授、姜辉教授、余斌教授、胡乐明教授、张政文教授、金民卿教授、赵智奎教授、赵家祥教授、逄锦聚教授、侯为民教授、丁堡俊教授、谢富胜教授、张旭教授、胡家勇教授、邱海萍教授、简新华教授、许兴亚教授、刘凤义教授、陈昌兵教授、沈利生教授、朱继东教授、贾利军教授、姚贵军教授、张嘉昕教授，张衔教授，冯锋教授、邰丽华教授、白雪秋教授、杨静教授，谢谢您们的学术指导。

最后，向给予本书提出宝贵意见的众多马克思主义经济学专家、教授、学者和同行评审者表示感谢。感谢所有在本书写作过程中给予帮助和支持的人。向我的父母、岳父母、爱人及孩子表示感谢，感谢你们对我的理解和支持。感谢序伦财经书库的出版资助。

吴庆军

上海市浦东新区

2024 年 4 月